阿蘇五岳（阿蘇市）

通潤橋（上益城郡山都町）

五家荘（八代市）

近代化遺産

三池炭鉱
旧万田坑施設
(荒尾市)

三角西港(宇城市)

烏帽子坑跡
(天草市)

旧国鉄宮原線
幸野川橋梁
（阿蘇郡小国町）

郡築三番町樋門
（八代市）

大畑駅
（人吉市）

文化財

八千代座(やちよざ)
(山鹿市(やまが))

熊本城(くまもとじょう)(熊本市)

松浜軒(しょうひんけん)
(八代市(やつしろ))

鞠智城跡
(山鹿市)

旧第五高等中学校本館
(熊本市)

青井阿蘇神社
(人吉市)

もくじ　　赤字はコラム

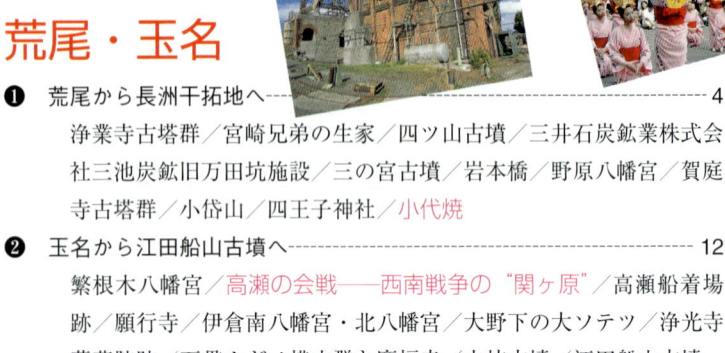

荒尾・玉名

❶ 荒尾から長洲干拓地へ -- 4
　浄業寺古塔群／宮崎兄弟の生家／四ツ山古墳／三井石炭鉱業株式会社三池炭鉱旧万田坑施設／三の宮古墳／岩本橋／野原八幡宮／賀庭寺古塔群／小岱山／四王子神社／小代焼

❷ 玉名から江田船山古墳へ --------------------------------------- 12
　繁根木八幡宮／高瀬の会戦——西南戦争の"関ヶ原"／高瀬船着場跡／願行寺／伊倉南八幡宮・北八幡宮／大野下の大ソテツ／浄光寺蓮華院跡／石貫ナギノ横穴群と廣福寺／大坊古墳／江田船山古墳

❸ 南関から横島干拓地へ --- 24
　豊前街道南関御茶屋跡／南関素麺と南関あげ／大津山／田中城跡／稲佐廃寺跡／前田家別邸

山鹿・菊池

❶ 旧豊前街道沿いから菊池川中流域へ -------------------------- 34
　八千代座と旧豊前街道／和紙の芸術品——山鹿灯籠／山鹿市立博物館とチブサン・オブサン古墳／日輪寺／方保田東原遺跡／清浦記念館／隈部館跡

❷ 田原坂から古墳群へ -- 43
　田原坂古戦場／円台寺磨崖仏群／康平寺／熊本県立装飾古墳館と岩原古墳群

❸ 菊池氏ゆかりの地を訪ねる ------------------------------------ 48
　菊池神社／菊池氏／正観寺／菊池の松囃子／玉祥寺／鞠智城跡／聖護寺跡／菊之城跡／菊池郡衙跡／木柑子古墳／高島舟着場跡／三万田東原遺跡／二子山石器製作遺跡／竹迫城跡／円通寺

大津・阿蘇

❶ 大津街道から南郷谷へ --- 68
　大津街道杉並木／梅ノ木遺跡／旧大津宿／江藤家住宅／長野阿蘇神社／柏木谷遺跡／高森城跡／中世阿蘇氏の本拠地——南郷谷

❷ 阿蘇谷から小国郷へ--- 77
　二重峠／的石御茶屋跡／内牧／坂梨／波野／阿蘇神社／国造神社／霜宮神社／西巖殿寺／小国両神社／阿弥陀スギ／北里柴三郎記念館／下城のイチョウ／下筌ダム／満願寺／阿蘇の自然／阿蘇の神事

熊本

❶ 熊本城とその周辺-- 98
　熊本城跡(本丸地区)／熊本城跡(二の丸・三の丸地区)／熊本城本丸御殿の復元／千葉城跡／隈本城跡／花畑屋敷跡・山崎練兵場跡／高麗門跡／旧第一銀行熊本支店／藤崎八旛宮

❷ 大江・水前寺から健軍へ--- 111
　徳富旧邸・大江義塾跡／味噌天神宮／水前寺成趣園／託麻国府跡・肥後国分寺跡／くまもと文学・歴史館／健軍神社／横井小楠記念館(四時軒)

❸ 立田山周辺から大津街道へ-- 118
　熊本大学／熊本藩主細川家墓所(泰勝寺跡)／宮本武蔵と熊本／つつじヶ丘横穴群／武蔵塚公園

❹ 坪井・京町台から豊前街道に沿って------------------------------ 124
　夏目漱石内坪井旧居／夏目漱石と熊本／報恩寺／熊本地方裁判所旧庁舎／往生院／浄国寺／八景水谷公園／御馬下の角小屋／鹿子木荘

❺ 熊本市西郊，金峰山周辺--- 132
　本妙寺／高麗上人(日遙上人)／島田美術館／雲巌禅寺(霊巌洞)／成道寺／釜尾古墳／熊本市の四季の風物詩

❻ 熊本駅周辺から川尻方面-- 141
　熊本藩主細川家墓所(妙解寺跡)／花岡山／来迎院／蓮台寺／池辺寺

もくじ

［本書の利用にあたって］

1．散歩モデルコースで使われているおもな記号は，つぎのとおりです。なお，数字は所要時間(分)をあらわします。

  ･･････････････････ 電車   ══════ 地下鉄
  ────── バス   ▪▪▪▪▪▪▪▪▪▪▪▪▪▪▪▪▪ 車
  ------------ 徒歩   〜〜〜〜〜〜〜 船

2．本文で使われているおもな記号は，つぎのとおりです。

  🚶 徒歩 🚌 バス ✈ 飛行機
  🚗 車 🚢 船 🅿 駐車場あり

 〈M▶P.○○〉は，地図の該当ページを示します。

3．各項目の後ろにある丸数字は，章の地図上の丸数字に対応します。

4．本文中のおもな文化財の区別は，つぎのとおりです。

 国指定重要文化財＝(国重文)，国指定史跡＝(国史跡)，国指定天然記念物＝(国天然)，国指定名勝＝(国名勝)，国指定重要有形民俗文化財・国指定重要無形民俗文化財＝(国民俗)，国登録有形文化財＝(国登録)
 都道府県もこれに準じています。

5．コラムのマークは，つぎのとおりです。

泊	歴史的な宿	憩	名湯	食	飲む・食べる
み	土産	作	作る	体	体験する
祭	祭り	行	民俗行事	芸	民俗芸能
人	人物	伝	伝説	産	伝統産業
‼	そのほか				

6．本書掲載のデータは，2020年1月末日現在のものです。今後変更になる場合もありますので，事前にお確かめください。

荒尾・玉名

Arao Tamana

地域で親しまれる小岱山

江田船山古墳出土品

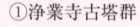

①浄業寺古塔群	⑧賀庭寺古塔群	⑯浄光寺蓮華院跡	㉔稲佐廃寺跡
②宮崎兄弟の生家	⑨小岱山	⑰石貫ナギノ横穴群	㉕前田家別邸
③四ツ山古墳	⑩四王子神社	⑱廣福寺	
④三井石炭鉱業株式会社三池炭鉱旧万田坑施設	⑪繁根木八幡宮	⑲大坊古墳	
	⑫高瀬船着場跡	⑳江田船山古墳	
	⑬願行寺	㉑豊前街道南関御茶屋跡	
⑤三の宮古墳	⑭伊倉南八幡宮・北八幡宮		
⑥岩本橋		㉒大津山	
⑦野原八幡宮	⑮大野下の大ソテツ	㉓田中城跡	

荒尾・玉名

◎荒尾・玉名散歩モデルコース

1. JR鹿児島本線荒尾駅 10 鎌倉将軍下馬石 5 浄業寺 2 宮崎兄弟の生家 10 JR荒尾駅 15 四ツ山古墳 15 JR荒尾駅
2. JR荒尾駅 5 万田炭鉱館 5 旧万田坑 5 三の宮古墳 10 岩本橋 15 JR荒尾駅
3. JR鹿児島本線長洲駅 15 野原八幡宮 10 賀庭寺跡 10 御成門 10 梅尾城跡 20 四王子神社 15 JR長洲駅
4. JR鹿児島本線玉名駅 5 県立玉名高等学校 5 疋野神社 10 玉名市立歴史博物館こころピア 5 保田木神社(高瀬城跡)周辺 5 高瀬裏川水際緑地公園 5 宝成就寺跡古塔碑群 5 繁根木八幡宮 5 同田貫跡 5 JR玉名駅
5. 九州自動車道南関IC 5 大津山阿蘇神社 5 太閤水 30 蕗嶽城跡 20 大津山阿蘇神社 10 正勝寺 5 豊前街道南関御茶屋跡 5 南関IC
6. JR玉名駅 40 豊前街道南関御茶屋跡 5 正勝寺 15 田中城跡 20 腹切り坂 40 稲佐廃寺跡 15 西安寺跡 10 JR木葉駅

荒尾から長洲干拓地へ

西に有明海を望み、東に小岱山を戴くこの地は、古代から近代までのさまざまな遺跡・史跡が多い。

浄業寺古塔群 ❶
0968-62-2120

〈M▶P.2,4〉 荒尾市宮内出目535 Ｐ
JR鹿児島本線荒尾駅🚶15分

小代氏ゆかりの百数十基からなる古墳群

荒尾駅前のロータリーから南へ約700m進むと、荒尾市役所北側の道路脇の樹下にひっそりと鎌倉将軍下馬石がある。この石碑は浄業寺の領域を示したものともいわれ、形が長刀に似ていることから長刀石の別名がある。

長刀石からJRの踏切を越え、南へ200mほど行き左折すると、浄業寺（浄土宗）がみえてくる。元寇の危機迫る文永年間（1264～75）、野原荘（現、荒尾市域および長洲町）の地頭職を与えられていた武蔵国比企郡（現、埼玉県東松山市）の御家人小代氏に、鎌倉幕府より下向の命がくだされた。浄業寺は、小代氏下向後、建治年間（1275～78）に同氏の菩提寺として法然の孫弟子弁智によって開かれた寺である。

境内には、百数十基の石塔からなる浄業寺古塔群（県文化）がある。鎌倉時代から江戸時代初期まで、当地の領主であった小代氏一族や、歴代住職の墓碑・供養塔などがある。大部分が五輪塔であるが、ほかに板碑・笠塔婆などもある。

古墳群のかたわらには樹齢約700年といわれる大銀杏があり、2

荒尾市役所周辺の史跡

本のイチョウがつながったもので，地元では「縁結びの銀杏」とよばれている。

宮崎兄弟の生家 ❷
0968-63-2595(宮崎兄弟資料館)
〈M▶P.2,4〉荒尾市荒尾949-1　P
JR鹿児島本線荒尾駅🚶15分

中国革命の父　孫文の訪問地

　浄業寺の南約150mの所に，宮崎兄弟の生家(県史跡)がある。宮崎家は，江戸時代初期，肥前国(現，佐賀県・長崎県)からこの地に移り住んだ郷士の家柄で，日本が近代国家として産声をあげ，成長を遂げた明治時代から大正時代に，宮崎家の4兄弟(八郎・民蔵・彌蔵・寅蔵)がはたした役割は，地元の誇りとなっている。

　八郎は自由民権思想を掲げながらも，西南戦争(1877年)で西郷軍に与して戦死，民蔵は困窮する農民の救済を目指して活動した。末弟の寅蔵(滔天)は志なかばに病に倒れた兄彌蔵の遺志を継ぎ，西欧諸国の侵略に苦しむアジアの解放を目指した。寅蔵は，中国革命を目指して日本に亡命中であった孫文と横浜(神奈川県)で会見し，革命成功を誓い合った。1897(明治30)年11月，孫文は寅蔵の招きを受け，この生家で亡命生活を過ごしており，辛亥革命(1911年)に成功した後には，寅蔵の尽力に謝するため再度この地を訪れている。

　生家は木造平屋・藁葺きで，見学可能である。敷地内には荒尾市宮崎兄弟資料館も併設されており，ビデオ上映や数々の遺品が展示・紹介されている。

四ツ山古墳 ❸
0968-62-1390(四ツ山神社)
〈M▶P.2,4〉荒尾市大島818　P
JR鹿児島本線荒尾駅🚶20分

6世紀後半築造の装飾古墳

　荒尾駅前ロータリーから西へ約350m，国道389号線大島交差点を右に折れ北上すると，前方に白い鳥居と小高い丘がみえてくる。この丘の頂上に四ツ山神社(祭神高御産巣日神・天之御中主神・神産巣日神)がある。虚空蔵菩薩降臨の伝承をもつこの神社は，地元では「虚空蔵(こくんぞ)さん」の愛称で親しまれている。社殿は，6世紀後半頃に築造された四ツ山古墳の墳丘上に立っており，一帯は四ツ山公園として整備されている。

　四ツ山古墳は全長4.4mの横穴式石室をもった装飾古墳で，封土は失われているが，発掘調査により金環・勾玉・剣・馬具などの副葬品(社務所保管)が出土した。近年整備され，本殿裏手にまわると

四ツ山古墳横穴石室

柵外から石室が見学できる。また、標高56mの丘の頂上からは荒尾市・福岡県大牟田市の市街地が一望でき、春はサクラの名所として知られ、市民憩いの場ともなっている。

三井石炭鉱業株式会社三池炭鉱 旧万田坑施設 ❹
0968-64-1300(万田坑館)

〈M▶P.2,4〉荒尾市原万田字蓮池250-2・300-1 P
JR鹿児島本線荒尾駅 庄山方面行万田公園前 3分、または 5分

近代日本の産業を支えた炭鉱施設

　万田公園前バス停から北へ200mほど進むと、レンガ造りの三井石炭鉱業株式会社三池炭鉱旧万田坑施設がある。第二竪坑巻揚機室、櫓、倉庫及びポンプ室、安全燈及び浴室、事務所、山ノ神祭祀施設が国重文に指定されている。

　荒尾と福岡県大牟田は、炭鉱によって繁栄した地区である。三池炭鉱は、官営事業の払下げによって、1889年から三井組の経営となった。産業革命の進展で重要性を増した三池炭鉱では、増産に対応するため、勝立坑・宮原坑(福岡県大牟田市)、万田坑などのあらたな坑口を開鑿した。

　万田坑は、第一竪坑が1902年、第二竪坑が1909年に操業を開始し、竪坑の深度は268mにおよび、採掘上の最大の問題であった坑内湧水の排水なども行われた。国内産業の基盤をになった国内炭であったが、第二次世界大戦後のエネルギー革命により、石油や輸入石炭への代替が進んだ。

　1951(昭和26)年、万田坑は三川坑(福岡県大牟田市)に合併され、第一竪坑の解体で採炭が中止された。第二竪坑は、その後も排水・坑内管理のために維持されたが、1997(平成9)年に三池炭鉱の閉山で閉坑となった。旧万田坑の敷地内への見学は、入口の万田坑ステーションで受け付けている(有料、月曜日休館)。

万田公園前バス停そばにあるレンガ造りの万田炭鉱館には，炭鉱資料が展示されており，万田坑の歴史を知ることができる。

三の宮古墳 ❺

〈M▶P.2,4〉荒尾市下井手 P
JR鹿児島本線荒尾駅🚌庄山方面行深瀬🚶10分，または🚖5分

兜・短甲着姿の石人が発見

深瀬バス停から関川沿いを北へ400mほど行き，萩尾橋を渡ってすぐに右折，さらに約400m進むと前方にみえる森が三の宮古墳である。

三の宮古墳は全長60mの前方後円墳で，6世紀初頭の築造とされる。前方部が採土のため削られているが，帆立貝型の墳形は比較的よく保たれている。前方部のくびれ部にある武装石人（県文化）は高さ約1m，兜・短甲をつけた武人の上半身像で，胴の部分に塗布された朱が残っている。この石人と古墳の関係については定かではないが，筑紫国造磐井と関連があるといわれている。

三の宮古墳武装石人

岩本橋 ❻
0968-62-2120

〈M▶P.2,4〉荒尾市上井手 P
JR鹿児島本線荒尾駅🚌庄山方面行尼ヶ島🚶2分，または🚖15分

筑後と肥後とを結ぶ石造りの眼鏡橋

熊本県荒尾市と福岡県大牟田市の県境を流れる関川は，大牟田側では諏訪川とよばれる。尼ヶ島バス停すぐ東側の交差点を左折すると，関川上流に架かる新岩本橋に至り，この橋上から左手に姿の美しい二重の石橋が目に入る。長さ32.7m・幅3.4m・高さ7.4mの阿蘇溶結凝灰岩製眼鏡橋の岩本橋（県文化）である。

岩本橋は，東陽村種山（現，八代市東陽町）の石工で，矢部の通潤橋を架設したことで知られる橋本勘五郎の作ではないかといわれている。関川は川幅が広く岸も低いため，2つのアーチ型が採用されたと考えられ，中央の橋脚には，水の抵抗をやわらげるための水切りの工夫などもみられる。1962（昭和37）年の集中豪雨の際，

岩本橋

岩本橋の一部が破損したことにより,その改修と分水路の造成・新岩本橋の架設がなされ,その後の関川環境整備事業を経て,現在の景観となった。

野原八幡宮 ❼
0968-62-1013

〈M▶P.2,4〉 荒尾市野原1529 P
JR鹿児島本線荒尾駅🚌玉名合同庁舎行八幡小学校前🚶5分,または長洲駅🚗6分

700年の伝統を伝える風流楽と節頭行事

八幡小学校前バス停の北約100mの所に,野原八幡宮(祭神応神天皇・住吉大明神・神功皇后)がある。平安時代,宇佐八幡宮の神宮寺である弥勒寺喜多院を領家とする,野原荘の鎮守社として創建されたと伝えられている。鎌倉時代,小代氏が野原荘の地頭職を与えられ,この地へ下向すると,野原荘は領家方と地頭方で下地中分され,東郷と西郷(現,荒尾市域の一部と長洲町)に分かれたが,野原八幡宮は東郷・西郷を問わず,人びとの信仰を集めた。

毎年10月15日に行われる大祭は,「野原さん」の名称で人びとに親しまれている。このときに奉納される風流楽と節頭行事は,700年以上の伝統と古式に則って行われるもので,公家と武家による二元支配の歴史を象徴している。

風流楽(野原八幡宮風流,県民俗)は公家的で,獅子頭の風流笠に狩衣・長袴・白足袋の衣装を身につけた打手といわれる稚児2人がそれぞれ小太鼓と大太鼓を打ちならしながら,笛や謡いとともに舞楽を演じる。一方の武家的な節頭行事は,着飾った子どもをウマに乗せ,その前を国内平穏・家内安全・収穫感謝を神に告げる節頭と随行2人が「ヘーロイ,ハーロイ」の掛け声とともにウマを先導して参内する。この日は七五三も行われ,振袖や羽織袴で着飾った家族連れで大変賑わう。

賀庭寺古塔群 ❽　〈M▶P.2,4〉荒尾市樺堂辺田
JR鹿児島本線荒尾駅🚌バスセンター行終点乗換え，八幡台経由府本循環 硯川 🚶2分，または🚌15分

復元された中世の古墳群

　野原八幡宮から隣接する市立荒尾第四中学校方向に進み，交差点を右折，県道46号線を北東へ約1km行くと，右手に賀庭寺跡がある。延暦寺(滋賀県大津市)末寺の天台宗寺院として，保元年間(1156〜59)，平清盛の長子重盛によって創建されたといわれる。一時は野原荘領主の保護によりおおいに栄え，大規模な境内では各地から集まった多くの学僧が学んだ。その後，衰退と興隆を経て，明治時代初期の廃仏毀釈で廃寺となった。

　現在，境内にある賀庭寺古塔群(県文化)のうち，小五輪塔・宝塔を中心とした163基の石塔は，鎌倉時代から室町時代の土豪たちの供養塔や墓塔であり，当時の人びとの信仰と賀庭寺の変遷を教えてくれる。

　賀庭寺跡から県道46号線に戻り，さらに北東へ1kmほど行くと，三池街道の宿場町であった府本に入る。府本公民館の交差点を約10m直進すると，巡察の際，熊本藩主細川氏が休憩する御茶屋として利用された豪商荒木別邸跡(府本御茶屋跡)に，1832(天保9)年に建てられた御成門がある。交差点まで戻り，左折して1.5kmほどのぼると，小代氏の本拠筒ヶ嶽城の出城であった梅尾城跡がある。堀切や土塁などが残り，現在は梅尾城公園として整備されている。

小岱山 ❾　〈M▶P.2,4〉荒尾市・玉名郡南関町・玉名市岱明町　Ⓟ
JR鹿児島本線荒尾駅🚌八幡台経由府本循環府本 🚶30分，または🚌15分

山麓には豊かな歴史と自然がある

　筒ヶ岳(501m)を主峰とする小岱山は，観音岳・丸山などが連なった山稜である。九州自然歩道や幾つかの登山道が整備されており，荒尾・玉名だけでなく，九州各県から登山客が訪れる名勝地で，有明海・雲仙岳，南東に阿蘇山が一望できる。また，希少植物であるトキワマンサクや，ツツジ・ヤマザクラなどが自生する。

　山麓の裾・谷部には，6世紀後半の須恵器窯跡や砂鉄を利用した製鉄跡が分布している。現在は荒尾市の市木となっているマツや陶土が原料として豊富であったことが，その背景となっている。京都

荒尾から長洲干拓地へ

の泉涌寺を再興したことで知られる俊芿が，1194（建久5）年に開基した正法寺跡は，観音岳（473m）山頂手前にあり，礎石群が残る。

天然の要害である筒ヶ岳には，小代氏の本城筒ヶ嶽城跡があり，府本の梅尾城など，一円に居館や出城を築いていた。

四王子神社 ❿　〈M▶P.2〉玉名郡長洲町長洲1273　P
0968-78-0426　　　JR鹿児島本線長洲駅🚶15分

長洲駅から約600m西進して踏切を渡り，600mほど行くと国道389号線に出る。右折して進むと，右手に大銀杏が聳える四王子神社（祭神日本武尊ら景行天皇の4王子ほか）がみえてくる。

四王子神社では毎年1月第3日曜日に破魔弓祭，通称的ばかいが行われる。神体を安置する円座をかたどった的を，裸の男たちが激しく奪い合う勇壮な裸祭りである。直径約60cm・重さ約6kgの藁と麻で編まれた的は編み方が特殊で頑丈につくられている。しかし，激しい奪い合いの中でぼろぼろにほつれてしまう。原形をとどめることができた的は，神事の終わりに細かく切られ，無病息災を願う氏子たちに配られる。

四王子神社から国道389号線を北へ約600m行くと，松林の中に，1792（寛政4）年の雲仙岳爆発による死者のための慰霊碑（古墳改葬の碑）がある。「島原大変，肥後迷惑」とよばれるこの災害は，雲仙岳の噴火にともなう大津波によってもたらされ，当時漁村であった長洲では数百人が溺死したという。

藁製の的を奪い合う勇壮な裸祭り

小代焼

コラム／産／延命長寿の五徳焼

経済産業大臣指定伝統的工芸品となっている小代焼は、「物を入れても腐敗しない」「生臭さが移らない」「湿気をよばない」「毒を消す」「延命長寿が得られる」の5つの徳のある器として、別名五徳焼ともよばれ親しまれている。

小岱山で産出される粘土を主原料とし、釉薬には藁灰・木灰のほか、熊笹灰・葺灰も用いられ、高温で焼き上げられる。暗青色・灰白色・褐色などの変化に富んだ下地に、素朴で自由奔放な流し掛けがみられるのが特徴である。

小代焼は、1632(寛永9)年、豊前小倉藩主であった細川忠利の肥後入国の際、これに従って小岱山北麓の宮尾(現、玉名郡南関町)に移り住んだ陶工たちによって始められたといわれる。現在そこは、1769(明和6)年築造の瓶焼窯跡と1836(天保7)年築造の瀬上窯跡が小代焼窯跡群として県史跡を受けており、それを中心に古小代の里公園が整備され、登り窯などが復元されている。

明治～昭和時代初期にかけて、小代焼の窯元の閉窯が続く苦難の時代があった。しかし第二次世界大戦後、伝統の小代焼の再興を目指した人びとの努力により、現在では20を超える窯元が荒尾市・南関町を中心にその技術を競うまでになっている。

小代焼古窯群跡登り窯

荒尾から長洲干拓地へ

❷ 玉名から江田船山古墳へ

船山古墳出土の銀象嵌銘の大刀を育んだ菊池川。この水運を利用した高瀬の町並み、眼鏡橋に商人の知恵が隠されている。

繁根木八幡宮 ⓫ 〈M▶P.2, 13〉玉名市繁根木188 P
0968-72-3734　JR鹿児島本線玉名駅🚶10分

村上天皇の勅願、大野別府鎮守

　玉名駅から県道165号線を北へ450mほど行くと、熊本県立玉名高等学校正門に行き当たり、これを抜けると前庭池を経て本館(いずれも国登録)に至る。これらは1937(昭和12)年に竣工した。旧制中学校としては県内で唯一の戦前の建造物である本館は、アールデコ様式の鉄筋コンクリート造り3階建てで、装飾された時計塔と内部のステンドグラスが有名で、日本人として初めて第5回ストックホルム大会(1912年)のマラソンに参加した金栗四三の銅像もある。さらに700mほど北上し県立北稜高校を過ぎると、古代、玉名郡一帯に勢力をもった豪族で、郡司でもあった日置氏の氏神として創建された、『延喜式』式内社の疋野神社(祭神波比岐神・大年神)に至る。神社の北端の一画には7個の礎石や焼米などが確認された玉名郡倉跡推定地があり、標柱が立つ。また、西方台地の塔の尾とよばれる地には同時期の寺院跡があり、礎石群や布目瓦が出土し玉名郡家と比定されている。

　疋野神社から東へ繁根木川をくだり国道208号線を横切ると、玉名市役所の南西約150mに繁根木八幡宮(祭神応神天皇・仲哀天皇・神功皇后)がある。社伝によれば、961(応和元)年、村上天皇の勅願により大野別府の地頭紀(大野)隆村が山城国の石清水八幡宮を勧請・創建したといい、菊池川右岸の筥崎宮領(本家は石清水八幡宮)の大野別府の鎮守であった。1597(慶長2)年に加藤清正、1652(承応元)年には細川光尚が修理したと伝えられている。高さ12mほどある二層

繁根木八幡宮

12　　荒尾・玉名

高瀬の会戦──西南戦争の"関ヶ原" コラム

繁根木八幡宮に官軍の本営がおかれる

西南戦争の際,熊本城を包囲した薩軍は,熊本城へ救援に向かう官軍の進行を阻止するため,菊池川を挟んで1877(明治10)年2月27日,激しい戦いを行った。これを高瀬の会戦という。この日以降,薩軍は守勢にまわることになる。繁根木八幡宮に官軍の野津少将の本営がおかれ,繁根木八幡宮の堅固な石垣は,巨大な自然石を積み上げた特殊な構築で,西南戦争に際し,官軍はこれを保塁とした。拝殿などには当時の弾丸跡が見受けられる。八幡宮東側の墓地の一隅にある「黒仏さん」の愛称で親しまれている青銅製の阿弥陀如来立像も,西南戦争の戦火に倒され,右袖に銃傷を負っている。

繁根木八幡宮の西約250mの吉田医院敷地には,有栖川宮熾仁親王西南戦争本営跡の記念碑が建てられている。また,永徳寺には西郷隆盛の末弟西郷小兵衛の戦死の地と記された標識の石碑が残っており,高瀬の願行寺境内の裏の北には,西南戦争で戦死した394人を合祀した高瀬官軍墓地合祀塔がある。

造の楼門や拝殿などには近世初期の様式を残す。社宝には,1835(天保6)年同田貫宗広作銘の太刀(県文化)などがある。毎年10月28・29日の秋季大祭では,節頭馬3頭に装束・烏帽子をつけた幼児が乗り,仲間・柄杓振を従えて市内をめぐる節頭神事が行われる。

八幡宮裏手には,葺石・埴輪円筒列と周溝が確認されている稲荷山古墳があり,現在その小高い場所に,稲荷堂と薬師堂が立つ。境内には,安山岩自然石板碑4基が並列した補陀落渡海供養塔 附 石塔群(県文化)がある。

このうちの1基に,1568(永禄11)年,弘圓上人が観音の浄土とされる補陀落山に渡海する際に,船出の大願成就を祈り建立した,表面に日・月,中央に阿弥陀・観音・勢至の

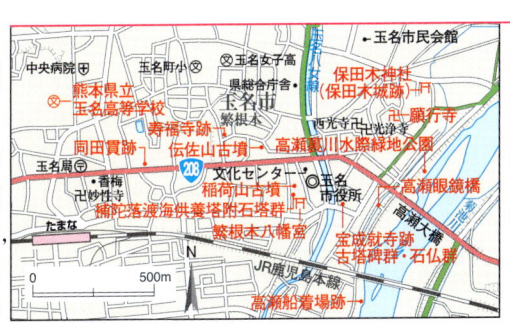

玉名市役所周辺の史跡

玉名から江田船山古墳へ

仏像3体の線刻と刻文がある補陀落渡海に関する碑がある。

　八幡宮東側の墓地の一隅には，「読坂の黒仏さん」の愛称で親しまれる読坂鋳造阿弥陀如来立像が安置されている。青銅製で像高2.4m，1786(天明6)年，高瀬の豪商古閑吉兵衛が，先祖供養のために京都の鋳物師に鋳造させたものである。この墓地から玉名市文化センターにかけては高瀬五山の1つに数えられ，繁根木八幡宮の社僧をつとめた寿福寺跡とされ，江戸時代後期の高僧で「肥後の三筆」といわれた豪潮律師が，1808(文化5)年に建立した宝篋印塔などが残る。豪潮建立の宝篋印塔は，国道208号線を渡った高台にある墓地や，旧新町の大覚寺境内にもみられる。

　玉名市文化センターから国道208号線を渡り，北の高台にのぼると，伝佐山古墳がある。直径35m・高さ5mほどの円墳で，短甲・環頭大刀・金象嵌飾付耳飾など，大陸文化の影響がある副葬品が出土し，注目された。

　再び国道に出て北西へ5分ほど歩くと，「同田貫跡」と刻まれた石碑がある。「兜割り正国」と異名を取った初代小山上野介正国以来，明治時代頃まで代々受け継がれた刀工一門同田貫の鍛冶場跡である。この同田貫は，加藤清正の頃に見出され，高瀬対岸の伊倉に移り住み，木下姓を名乗った兄の清国一門とともに，江戸時代を通して熊本藩主細川氏の庇護を受けた。

高瀬船着場跡 ⑫

〈M▶P.2, 13〉玉名市永徳寺414　P
JR鹿児島本線玉名駅🚶15分，または🚌熊本行玉名中町🚶5分

「俵ころがし」で知られる船着場

　菊池川と繁根木川の合流点に位置する高瀬は，菊池武時の子武尚が保田木城を拠点に勢力を振るい，子武国が高瀬氏を称した所である。南北朝時代から，菊池川水運を利用した肥後米などの農産物の集散地・積出港であり，商人の対外貿易の港町としても賑わった。

　玉名中町バス停から国道208号線を東進し，菊池川に架かる高瀬大橋方面から下流に熊本藩6代藩主細川重賢の宝暦の改革(1748～64年)の一環で植樹された菊池川堤防のハゼ並木(国登録)が続き，高瀬大橋から約500mで大倉河川緑地にある近世の高瀬船着場跡に出る。きれいに石敷きされた坂の上に藩の御蔵があり，そこから米

高瀬船着場跡

俵を転がして船に積み込んだことから「俵ころがし」とよばれた。

船着場跡から繁根木川の左岸方面に400mほど行くと、高瀬談議所町の一画に宝成就寺跡古塔碑群・石仏群がある。宝成就寺は、904(延喜4)年に京都の大覚寺末寺として建立された真言宗寺院で、西南戦争(1877年)の戦火により廃寺となった。寺跡地の南西部には、旧寺内から集められた「観応二(1351)年」「延享四(1747)年」などの銘のある40基の石造物が並べられている。

菊池川に架かる高瀬大橋の西側は、高瀬裏川水際緑地公園として整備されている。近世、米蔵のあった永徳寺村から北の秋丸村までの運河岸には、高瀬商人が個人の力で築いた高さ約6〜8mの石垣が約600mも連なり、50mおきに石段が取り付けられている。荷揚げの便につくられた石垣や船着場と並んで明治時代初期の町屋の高瀬蔵は、往時の商家を偲ばせる。

裏川には、1832(天保3)年、水流量を調整する分流板を備えて架橋された秋丸眼鏡橋を始め、幾つかの石橋がみられる。とくに、高瀬眼鏡橋(県文化)は素晴らしく、全長15m・幅4m、スパンドレルの径6.7mの規模をもつ阿蘇溶結凝灰岩製の二重橋で、1848(嘉永元)年、高瀬町奉行高瀬寿平によって町会所・高札場から裏川を渡る大渡口に架橋された。

願行寺 ⓭　〈M▶P.2,13〉玉名市高瀬字新町 P
0968-62-2123　JR鹿児島本線玉名駅 25分、または🚌熊本行玉名中町 3分

時宗寺院二カ寺の1つ

高瀬眼鏡橋を旧片町方面に渡り、裏川河畔の路地を北東へ600mほど行った台地上に保田木神社(祭神 道君首名・菊池武尚)がある。玉名平野を北に望む境内地一帯は、保田木城(高瀬城)跡である。神社の前には、のちに明治天皇の侍講となった元田永孚が奉行をつとめた高瀬町奉行所や奉行の屋敷地があった。

城跡南側の丘陵地一帯は、高瀬五山(寿福寺・宝成就寺・永徳寺・清源寺・願行寺)が立ち並び、文教の中心地として栄えた。1351(観

玉名から江田船山古墳へ

応2・正平6)年，後村上天皇の勅願により固山禅師が開山した臨済宗清源寺跡は，保田木神社の南側にあった。清源寺の廃寺後，銅造釈迦如来坐像・木造多聞天立像は新町の大覚寺に，六観音・木造釈迦如来坐像は談義所町妙法寺に移管され，今日におよんでいる。

保田木神社の南西約200m，丘陵突端にある願行寺は，県内でもきわめて数少ない時宗寺院二カ寺の1つとされ，高瀬五山のうち，唯一現存する寺院である。1349(貞和5)年，安国上人の開山と伝え，菊池氏から寺領の安堵がなされ，永禄年間(1558〜70)から天正年間(1573〜92)初め頃，大友宗麟が高瀬町人にも協力を求め仏殿再興にあたった。境内には，「文安二(1445)年」銘の当寺2世の五輪塔，「天文二(1533)年」銘の6世の板碑など歴代住持の墓碑，高瀬町別当をつとめた荒木家の五輪塔や有馬・島津軍に敗れた龍造寺隆信首塚と称される宝篋印塔などがある。

保田木神社から北西へ350mほど行き右折すると，玉名市民会館裏に玉名市立歴史博物館こころピアがある。1563(永禄6)年にポルトガルから日本で最初に高瀬港に陸揚げされたという南蛮大砲(国崩しの大砲)のレプリカや，高瀬御茶屋復元模型などが展示されている。

保田木神社から東進し菊池川右岸に出て，川沿いを300mほど北上すると，柳町遺跡に着く。弥生時代末期から平安時代初期にかけての遺跡で，古墳時代の遺跡からは全国初の後胴と頸肩部が一体となった木製短甲が出土し，棒状留具には「田」の字が書かれていた。

伊倉南八幡宮・北八幡宮 ⓮

0968-72-2924(南八幡宮)・0968-72-3537(北八幡宮)

〈M▶P.2,16〉玉名市宮原701・伊倉北方3015 P
JR鹿児島本線肥後伊倉駅🚶15分

道路を挟んで南北に神社が並立

肥後伊倉駅から南西へ約1km行くと，伊倉北方と伊倉南方を分ける道路を挟んで，神社が並立する伊倉南八幡宮・北八幡宮(祭神応神天皇・仲哀天皇・神功皇后ほか)がある。伊倉南八幡宮境内南には，樹齢400年の「雷神木」と

肥後伊倉駅周辺の史跡

伊倉北八幡宮

称される大樟のかたわらに,「応仁三(1469)年」銘の板碑がある。

両八幡宮から南西へ600mほど行くと,旧鍛冶屋町がある。一時,ウィリアム・アダムス(三浦按針)を船長として雇用し,日明貿易に従事した肥後四位官郭公の墓がある。中国式の墓は,子珍栄が1619(元和5)年に造立したもので,伊倉北八幡宮には郭公が寄付した麒麟香爐が伝えられる。片諏訪にある覚真寺には,同墓出土の青磁碗が所蔵されている。

郭公の墓から南西へ200mほど行くと,伊倉台地西北端の伊倉唐人町西屋敷墓地に出る。この崖下は,かつて菊池川下流左岸「丹倍津」(伊倉津)とよばれ,高瀬津と相対し,平安時代から室町時代にかけて唐人の居留地となった良港であった。しかし,加藤清正の菊池川改修・干拓事業により,港としての機能を失った。現在,伊倉南八幡宮境内を始め,鍛冶屋町・新町など7カ所に「恵比須さん」がまつられ,崖下には,空洞の幹の中に小社をまつる樹齢800年といわれる唐人舟繋ぎの銀杏(県天然)があり,往時を偲ぶことができる。

唐人舟繋ぎの銀杏から北方へ200mほど行くと,鎌倉時代の慶派の作とされ,木地に供養のために阿弥陀経の一部が墨書された木造阿弥陀如来立像(県文化)を安置する来光寺(浄土真宗)に至る。ここからさらに北へ300mほど行くと,バテレン(伴天連)の墓と推定されるキリシタン(吉利支丹)墓碑がある。墓石は長さ57cm・底幅35.5cmの蒲鉾形で,前面に花十字が刻印されている。玉名市立歴史博物館こころピアにその遺髪が残っている。

伊倉南八幡宮社務所より北西へ500mほど行った左手の丘陵部に,伊倉五山の1つで通称本堂山とよばれる伊倉山八幡宮の宮寺,真言宗の中尾山福寿院報恩寺跡がある。1582(天正10)年の島津氏と龍造寺氏の合戦ですべて焼失したという。旧境内には,「文応元(1260)年」から「建武三(1336)年」までの銘をもつ伊倉南八幡宮・北八幡

玉名から江田船山古墳へ　17

宮の祠官宇佐一族にかかわる6mに並ぶ宇佐八幡宮関係石造物群7基(県文化)があり,「伊倉本地主宇佐公満墓」の銘をもつ五輪塔もみられる。また,補陀落山渡海供養塔及び板碑群10基(県文化)の中には,「大明振倉謝公墳」と刻まれた墓や,阿弥陀三尊の種子が刻まれ,その銘によれば,1576(天正4)年に補陀落へ出帆したことがわかる。熱狂的な信仰の名残りをうかがい知ることができる。

対岸の大浜町には,1069(延久元)年に創建され,当地の産土神として尊崇を集めた大浜外嶋住吉神社(祭神底筒男・中筒男・表筒男神ほか)がある。社宝には,1830(文政13)年に大坂の廻船問屋から寄進された「大浜港絵馬」,1844(天保15)年製造で,大浜の船頭らが大坂・下関の廻船問屋の協力を得て寄進した総高2.6mの高麗犬がある。神社に伝わる年紀祭に,高瀬港の外港として栄えた往時を偲ばせる米引き行事と御神幸行事がある。

大野下の大ソテツ ❶❺ 〈M▶P.2, 18〉玉名市岱明町大野下
JR鹿児島本線大野下駅 徒10分

民家の庭にある樹齢800年の大ソテツ

大野下駅から500mほど南下して左折,さらに300mほど行くと樹齢800年と伝えられる大野下の大ソテツ(国天然)が民家の庭にある。大ソテツから南へ県道112号線に出て西へ1kmほど行った扇崎の鬼木の高台には,通称「千人塚」とよばれる寛政の津波碑がある。「島原大変,肥後迷惑」と語り継がれた1792(寛政4)年の雲仙岳爆発による大津波の溺死者を供養するために建立された。

玉名駅へ戻り長洲経由荒尾産交行のバスを利用して岱明総合支所バス停で下車し,南へ600mほど行くと,8粒の炭化米が出土した縄文時代中期の古閑原貝塚に出る。また,岱明総合支所から北東へ700mほど行くと,線路沿いの南手一帯の丘陵上に2個の巨石があり,弥生時代中期前半に比定される支石墓と確認された。遺跡の一画には「年の神」とよばれる石祠があり,年の神遺跡と名付けられた。支石墓の主体部は合口甕棺で,人骨片とゴホウラ製の貝輪7個が出土した。さ

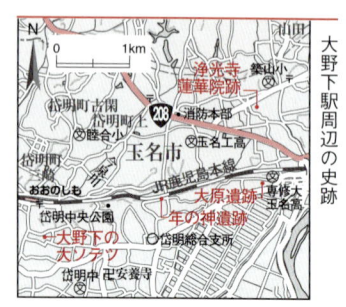

大野下駅周辺の史跡

らに，専大玉名高校バス停で下車して1分ほど行くと，弥生時代後期の大原遺跡がある。玉名駅から国道208号線を大牟田方面沿いに進むと，県立玉名工業高校東一帯の洪積台地に，弥生時代末期の野辺田式土器をともなう竪穴住居跡が検出された下前原遺跡がある。

浄光寺蓮華院跡 ⓰

〈M▶P.2,18〉玉名市築地字築地下ほか
JR鹿児島本線玉名駅🚶20分，または🚌大牟田行築地🚶6分

皇円生誕地と伝えられる浄光寺蓮華院跡地

玉名駅から国道208号線の築地バス停で降り，北へ600mほど行くと，蓮華院誕生寺（真言律宗）があり，境内一帯が平安時代の浄光寺蓮華院跡である。築地は，浄土宗の開祖法然の師で『扶桑略記』の著者として知られる皇円生誕地といわれる。寺伝によれば，皇円の死後ほどない1177（治承元）年，平重盛が父母滅罪のために建立し，衆僧を集めて常行念仏の道場にしたとされる。8町8段の境内に七堂伽藍を構えて栄えたが，1582（天正10）年兵火に遭い，堂宇は残らず焼失した。先祖関白藤原道兼の菩提を弔うために建立したと伝えられ，真言律宗の特色を有する高さ約2.68mの無銘の五輪塔2基が残っている。寺域跡からは，鎌倉時代の青銅製仏頭・鎮壇具・古瓦などが出土している。

築地から北へ20分ほど行くと，山田集落に出る。集落の仁王堂からまっすぐ北へ延びた道を

浄光寺蓮華院跡

600mほど行った突き当りに，『肥後国誌』に「山王二十一社」とみえる山田日吉神社（祭神大山咋神・白山比売神）がある。境内には，文化年間（1804〜18）に植栽された，長さ1mにおよぶ花穂で知られる山田の藤（県天然）があり，毎年4月中旬から5月上旬の開花期には多くの参拝者で賑わう。山田日吉神社の鳥居前毘沙門堂に北接する藪の一角に，山田毘沙門脇の宝塔がある。宝塔主体部の正面中央に正方形の仏龕をつくり，蓮華座をおき，2体の仏像を並べて厚く浮き彫りにしている。銘文から，1252（建長4）年に没した東山

田の地主戒念という女性の霊を供養するために建立されたことがわかる。

石貫ナギノ横穴群と廣福寺 ⑰⑱
0968-74-9011(廣福寺)

〈M▶P.2, 20〉玉名市石貫字後田2386／石貫1379 P
JR鹿児島本線玉名駅🚌南関行虎取 🚶3分

今も信仰の対象となる石貫穴観音

虎取バス停から繁根木川を渡り，約100m行き，右折して北上すると，高さ約7m・全長250mにおよぶ阿蘇凝灰岩の岩壁の東側に48基の石貫ナギノ横穴群(国史跡)が並んでいる。14基ないし3基とそれぞれグループをつくって分布している。墓室の天井は，切妻・寄棟・アーチの3種があり，羨門には2〜3重の飾縁に同心円文・三角文・菱形などの連続模様が線刻され，赤色顔料で彩色されている。また墓室奥壁の石屋形の内壁・外壁に，舟・弓・矢・盾などが線刻されている。

石貫ナギノ横穴群から西へ400mほど行くと，熊野神社近くの阿蘇泥溶岩の丘陵崖に石貫穴観音横穴(国史跡)がある。6世紀後半頃の築造とみられ，5基からなる。3基は大型で，このうち中央の横穴奥壁には，装飾古墳では例のない瓦葺きの庇がつくられ，中央の横穴には浮き彫りの千手観音と平安時代の十一面観音石像がまつられている。横穴の名称にも付されたこの「穴観音」は，今も信仰の対象となっている。

虎取バス停から繁根木川に沿って下流へ400mほど行くと紫陽山廣福寺(曹洞宗)に至る。1357(延文2・正平12)年，菊池武重の遺命により，弟の武澄が大智祖継禅師を迎えて開山したと伝えられる。戦国時代に兵火で荒

和水町役場周辺の史跡

廃したが，加藤清正や細川氏の保護を受けて再興された。多くの寺宝のうち，曹洞宗開祖道元自縫の袈裟の相伝を証する伝衣付嘱状附二十五条袈裟4通1領，大智墨蹟東谷明光除夜偈，菊池氏の寄進状を含む紙本墨書広福寺文書108通は国の重要文化財に指定され，熊本県立美術館に保管されている。

廣福寺の裏手に広がる小岱山の中腹から山麓にかけて，菊池川水系の砂鉄と小岱山の豊富な木炭資源に裏打ちされた約30カ所の製鉄遺跡がある。その中の1つは窯の全長が1.4mで，楕円形のもっとも広い中央部は幅55cm・深さ65cm，30度の傾きにつくられている。出土した瓦器などから，鎌倉時代の築造と推定されている六反製鉄跡(県史跡)がある。

大坊古墳 ⑲

〈M▶P.2, 20〉玉名市玉名字大坊
JR鹿児島本線玉名駅🚌江田行大坊🚶5分

なかのしま橋から繁根木川に沿って南へ約2km，玉名地域保健医療センターのある三差路を左折し，東へ600mほど行くと大坊バス停に至る。その北側の小高い丘陵部に，俗に「鬼ノカマ」とよばれる大坊古墳(国史跡)がある。全長42.3m，6世紀前半の横穴式石室をもつ前方後円墳で，奥壁には赤色と群青色で，三角形を上下から嚙み合わせ，横5段6つの円を配した装飾が描かれている。金・銀製耳飾り，大粒の真珠玉などが出土した。

「鬼ノカマ」とよばれる前方後円墳

大坊古墳の北東約900m，菊池川右岸の玉名平野を南に望む丘陵斜面に，大坊古墳とともに菊池川下流域の装飾古墳として重要な永安寺東古墳・永安寺西古墳(国史跡)がある。東古墳は，複室構造の横穴式石室をもつ6世紀中頃の円墳で，羨門に稲妻のような連続三角文，右側壁に円文・舟・ウマが赤色で描かれている。東古墳の西約60mの同じ丘陵上にある西古墳は，単室の横穴式石室をもつ円墳である。装飾模様は奥壁と両側壁の巨石にみられ，横線で区画した中に線刻

青木磨崖梵字群

した円文が上下3段に並ぶ。奥壁に15個，右側壁に16個，左側壁に12個見られる円文群に赤色が残る。

永安寺古墳から東へ200mほど行くと，景行天皇が熊襲を討つため軍を進めたという玉杵名の故地にまつられた玉名大神宮(祭神天照皇大神・比咩神ほか3神)がある。辺りは菊池川の汐留めの地である。玉依姫伝説をもつ古社で，裏手には玉依姫の墓と伝えられる石造物がある。

玉名大神宮から北へ1.3kmほど行くと，青木熊野座神社(祭神伊弉冊命)があり，境内の凝灰岩の壁面を利用した鎌倉時代の作と伝えられる青木磨崖梵字群(県史跡)がある。高さ10m・長さ60mにわたり，大小20の各種仏・菩薩などの梵字が陰刻され，このうち10文字が残る岩崖南半部にある剣不動の梵字は，唐の名僧善無畏三蔵法師が当地に阿弥陀堂を開き，刻んだものと伝えられる。

江田船山古墳 ⑳
0968-34-3047(和水町歴史民俗資料館)

〈M▶P.2, 20〉玉名郡和水町江田 P(肥後古代の森)
JR鹿児島本線玉名駅🚌山鹿行江田船山古墳下 🚶2分

75文字の銀象嵌のある大刀が出土

かつて石人・家形石製品(県文化)が発見された清原台地は，金銅製冠帽・金製耳飾・75文字の銀象嵌銘のある大刀など200余点の出土品(肥後江田船山古墳出土品附其他出土品，東京国立博物館所蔵)が一括して国宝に指定されている江田船山古墳(国史跡)や，鮮やかな装飾文様をもつ塚坊主古墳(国史跡)などの復元が進み，石人の丘・縄文の森として整備され，全国各地に残っている古民家を集めて紹介している肥後民家村もある。

江田船山古墳

民家村には，玉名郡玉東町から移転した2棟造りの旧境家住宅(国重文)や八代市泉町から移築した旧上田家住宅(県文化)がある。

近くの和水町歴史民俗

資料館には，清原石人や家形石製品を始め，古墳からの出土品を中心に陳列されている。また，そのほか江田川対岸一帯には，虚空蔵塚古墳・江田穴観音古墳(ともに国史跡)などの古墳群や江田川を間に清原古墳群と対峙した若宮古墳(県史跡)も存在し，『蒙古襲来絵詞』にみえる菊池氏の流れを汲む江田氏や焼米氏などがいた神話と伝説の町をゆっくりと散策できるようになっている。

　江田船山古墳下バス停の東の台地沿いには，謎の隧道遺跡トンカラリンがある。もともと構造や大きさの違った5つのトンネルが連なって遺跡を形作っており，トンカラリンの穴もそのうちの1つで，石が穴の中に落ちるときの音からこの名があるといわれている。また，バス停から北へ1.1kmほどで江田交差点に至り，その西方に，1349(貞和5)年の熊野宮宝塔(県文化)が残る江田熊野座神社が鎮座する。

❸ 南関から横島干拓地へ

名が示すように国境の要衝であった南関と干拓地の横島，古代から現代までの歴史を感じさせてくれる。

豊前街道南関御茶屋跡 ㉑
0968-53-0859

〈M▶P.2,24〉 玉名郡南関町関町1141-2 P
JR鹿児島本線玉名駅🚌南関行南関ターミナル🚶10分，または九州自動車道南関IC🚗5分

肥後・薩摩藩主の休息と宿泊地

　南関ターミナルバス停の向かい側に，「てうち素麺　戸ことかけなめ　日ざかりや　関のおもては　しづけかりにし」と刻まれた北原白秋の句碑がある。南関は詩人北原白秋の出生地であり，細い白糸のような手延べ素麺の産地として知られる。南関の名称は，古来，この地におかれた関所に由来し，交通の要衝・国境の地として重要な役割をはたしてきた。

　北原白秋の句碑の裏手に正勝寺（浄土真宗）がある。日野氏の子孫である色木正勝によって，1506（永正3）年に創建されたという。現在地には元禄年間（1688～1704）に移築されたが，1877（明治10）年，西南戦争の際には政府軍の大本営がおかれ，征討総督有栖川宮熾仁親王が楼門で指揮をとったといわれている。

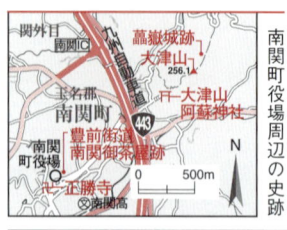

南関町役場周辺の史跡

　正勝寺から北東へ250mほど行くと，南関町公民館の裏手に豊前街道南関御茶屋跡（国史跡）がある。熊本城下から豊前小倉（現，福岡県北九州市小倉北区・小倉南区）を結ぶ豊前街道は，肥後細川氏・薩摩（現，鹿児島県）島津氏などの藩主たちが参勤交代時に利用した。

　もともと藩主の休息所・宿泊所として現在の公民館付近に御茶屋があったが，古くて狭小なうえに間取りが悪

豊前街道南関御茶屋跡

南関素麺と南関あげ

コラム

保存用ながら味は一品

　素麺は香川県，あげは愛媛県から江戸時代に伝えられたという歴史ある南関素麺は，南関の特産品である。

　南関素麺のコシの強さと歯ざわりのよさは，この地で産出される良質の小麦と食用油，温暖な気候風土によってつくり出される。そのおいしさはつとに知られ，参勤交代のおりに熊本藩主細川氏が将軍家への献上品としたほどである。白糸にたとえられるこの素麺は，代々受け継がれる伝統的な手作りの製法に加え，製麺日の気温・湿度にあわせて，加える塩水の濃度，麺の乾燥時間などへの細やかな気配りとともにつくられる。今もなお，一級の贈答品として評価されるゆえんである。

　南関あげも，熊本でその存在を知らぬ者のない特産品である。しかし，初めて南関あげを目にした人は，通常の油揚げとは似つかぬ姿に驚くだろう。水に浸した大豆をひきつぶし，その汁を煮て豆腐をつくるところまでは同じだが，その豆腐をスライスして，さらに水を抜いたところで油で揚げることで薄くパリパリと乾燥した揚げとなる。調理の際にいったん水分を吸い柔らかくなると，通常の揚げよりも，きめ細やかさを感じる歯ざわりと変化する。日持ちがよく，夏場でも常温で長期保存に耐える。

かったことから，1852（嘉永5）年，当地にあらたに建て替えられた。
　御茶屋はそれぞれの用途に応じて増改築などが行われて姿をかえ，老朽化も進んだが，2003（平成15）年に国史跡に指定されて修復が始まり，現在は建築当初の姿に復されている。建物は内部見学が可能で，南北に長い造りになっており，北側から御居間，御次の間，三の間となっている。建物の北側には，山の斜面を利用した庭園が広がっている。

大津山 ㉒

歴史と自然を味わう散策にもってこい

〈M▶P.2, 24〉玉名郡南関町　🅿（大津山自然公園）
JR鹿児島本線玉名駅🚌山鹿市役所行・瀬高駅行南関宮の前🚶4分，または九州自動車道南関IC🚗5分

　南関御茶屋跡から北東へ約900m，九州自動車道の高架をくぐると，その姿から「南関富士」とよばれる大津山（256m）が眼前に広がる。散策できる登山コースには，その所々に史跡が点在している。
　南関宮の前バス停から北東へ300mほど行くと大津山阿蘇神社が

南関から横島干拓地へ

あり，境内が登山口となる。大津山阿蘇神社は，1199(正治元)年，阿蘇一の宮阿蘇神社から健磐龍命と阿蘇津姫命の2神を勧請してまつったのが始まりと伝えられる。社殿は南西700mほどにある南関第一小学校付近にあったとされるが，室町時代から安土桃山時代にかけてこの地方の領主であった大津山(日野)氏によって現在地に遷された。サクラ・ツツジの名所でもある境内には，北原白秋がここを訪れた際に詠んだ「大津山　ここの御宮の見わたしを　族がもの　我らすずしむ」の歌碑が立つ。

　四季の草花を眺めながら約1kmのぼると，大津山氏により築城されたと伝えられる蕃嶽城跡に至る。北東側屋根筋には堀切が残り，復元された4基の木橋が架けられ，城主だった大津山一族の名前がつけられている。山頂の本丸跡からは礎石・建物跡のほか，中国製陶磁器・かわらけがまとまって出土した。この城跡を含む大津山一帯は，大津山自然公園として整備されており，公園内には1587(天正15)年，豊臣秀吉の九州征討のおりに，その水を使って茶を秀吉に献じたと伝えられる太閤水とよばれる湧水もある。

田中城跡 ㉓　〈M▶P.2〉玉名郡和水町和仁　P
山鹿バスセンター🚌板楠経由南関行福田橋🚶10分

　九州自動車道の南関インターチェンジから国道443号線を南東へ約5km進み，相谷バス停から右手の旧豊前街道に入ると，道沿いに肥猪町官軍墓地(県史跡)がある。西南戦争(1877年)の鍋田の戦い(現，山鹿市鍋田)で戦死した政府軍兵士179人が埋葬されている。国道443号線を東へ進み，県道194号線を約4.5km北上すると右手の丘陵が田中城跡(国史跡)である。独立丘陵全体が城郭で，本丸を取り囲む空堀がよく保存されている。山頂も整備され，柵の復元がなされている。1587(天正15)年，肥後国領主の佐々成政の検地に対して，隈部氏を始め主に肥後北部の国衆(国人)が蜂起，いわゆる「肥後国衆一揆」がおこった。現在の和水町一帯を支配していた国衆の和仁親実，辺春親行らも田中城に籠城して豊臣方の大軍相手に戦ったが，約2カ月で落城した。この戦いについては，1989(平成元)年に毛利家文庫(山口県立文書館蔵)で確認された「辺春和仁仕寄陣取図」で，攻撃側の陣の様子などが明らかになった。麓の駐車

肥後国衆一揆の最後の舞台となった城

腹切り坂（旧豊前街道）

場には和仁3兄弟の石像が立つ。

　田中城跡から県道195号線を南東に約3km進むと、三加和総合支所のある板楠に出る。板楠の西光寺薬師堂には、平安時代末期の様式を示す木造薬師如来坐像（県文化）がある。カヤの寄木造で高さ84.5cm。毎年元旦のみに開扉される。板楠から県道6号線を南へ約3km行き、国道443号線を東へ約1.5km進む。肥後岩下バス停から右折して約500m行き、左手の旧豊前街道に入ると133基の墓石が並ぶ下岩官軍墓地（県史跡）がある。隣接する光行寺（浄土真宗）は参勤交代の際に熊本藩主が休憩した所である。ここから旧豊前街道を東へ約300m行くと腹切り坂（国史跡）が始まる。急坂が約200m続き、難所で知られた。名称の由来は諸説あり、原の端を「切り」とよぶことから生まれたと考えられる。現在は歩きやすいように整備され、往時の景観が残る。

稲佐廃寺跡 ❷❹　〈M▶P.2〉玉名郡玉東町稲佐　Ｐ

JR鹿児島本線木葉駅 🚶 25分

新羅系瓦が出土した古代寺院跡

　玉名市から国道208号線で玉東町に入り約500m進み、稲佐バス停から左折して坂をのぼると熊野座神社（祭神熊野三神）があり、ここが稲佐廃寺跡（県史跡）である。奈良時代から平安時代にかけての古代寺院跡と推定され、塔の心礎石を始め基壇などが残り、新羅系の瓦が出土している。

　国道208号線をさらに熊本市方面へ進むと、左手に木の葉猿窯元があり、ユーモラスな郷土玩具をつくる。窯元から北東へ約1kmの所に徳成寺（浄土真宗）があり、西南戦争時に官軍の病院として使用された。寺院北側の宇蘇浦官軍墓地（県史跡）には、官軍の死者334人が葬られている。さらに南東へ約800m行き、玉東郵便局の東側の道を入ると、高月官軍墓地（県史跡）がある。970基の墓石が並び、西南戦争の官軍墓地としては最大規模である。

　高月官軍墓地から南へ約3km行くと、丘陵地に白山宮がある。西安寺跡（県史跡）で、西安寺は中世の山北郷（現、玉東町南部）を支配した山北相良氏によって1239（延応元）年に建てられたが、1597

(慶長2)年に焼失したと伝えられる。相良氏の供養塔とみられる五輪塔6基(うち4基には鎌倉時代の銘)が残る。塔は重厚な造りと深い薬研彫りの梵字が特徴で，西安寺の五輪塔(県文化)とよばれる。「正嘉元(1257)年」銘のある塔は高さ232cmで最大である。また室町時代から江戸時代の板碑が14基残る。

　西安寺跡から南西へ約1km行った所に，西原製鉄遺跡(県史跡)がある。平安時代の製鉄遺跡で，炉の残存状態が良い。ここから南へ約1.5km行くと西南戦争激戦地の吉次峠があり，熊本隊一番小隊長の佐々友房が死守した場所として知られる。

前田家別邸 ㉕　〈M▶P.2〉玉名市天水町小天 P
JR鹿児島本線玉名駅🚌熊本桜町バスターミナル行小天温泉🚶5分

夏目漱石の小説「草枕」の舞台

　国道501号線の小天温泉バス停から東へ約100mの所に前田家別邸がある。民権派の政治家前田案山子が1878(明治11)年に建てたもので，多くの政客を招き，一部を旅館として開放した。1897年，第五高等学校教授の夏目金之助(漱石)が同僚と2人で訪ねている。漱石はこの旅から，1906年に小説『草枕』を発表。小説の中では，前田家別邸は「那古井の宿」として登場する。ヒロインの「那美さん」は，前田案山子の2女がモデルとされる。漱石が宿泊した離れや浴場，庭園は修復され，2005(平成17)年から一般公開されている。前田家別邸から北へ約2.5km行くと，ミカン畑の丘陵上に経塚・大塚古墳群(県史跡)がある。4～5世紀にかけて築造された4基の古墳からなり，最大の大塚古墳は墳長約100mの前方後円墳で，小塚古墳・経塚古墳・経塚西古墳は円墳である。大塚古墳の被葬者は，古代の有明海交易を支配していたとされている。

　経塚・大塚古墳群から国道501号線を西へ進み，唐人川を渡ると横島町(玉名市)である。この地は菊池川河口の島で，1588(天正16)年の加藤清正に始まり，江戸時代の熊本藩，明治時代の個人事業，そして1967(昭和42)年の国営事業の終了まで約400年間の干拓で広大な農地が形成された。横島総合支所から北東約1kmの所にある唐人川右岸には，加藤清正が海水流入を防ぐために築いたと伝えられる石塘遺跡が残る。同支所から南へ約2kmの所に，高さ5～6

mの石堤防が約5kmにわたって連なり，1893(明治26)年に築造された明丑開潮受堤防と明豊開潮受堤防，1895(明治28)年築造の末広開潮受堤防，1902(明治35)年築造の大豊開潮受堤防がある。1929(昭和4)年，部分改修されてコンクリートが混在するが，明治時代の堂々たる土木遺産である。関連の樋門(石造)などを含め，「旧玉名干拓施設」として2010(平成22)年に国重文に指定された。

Yamaga Kikuchi

山鹿・菊池

八千代座（内部）

鞠智城跡

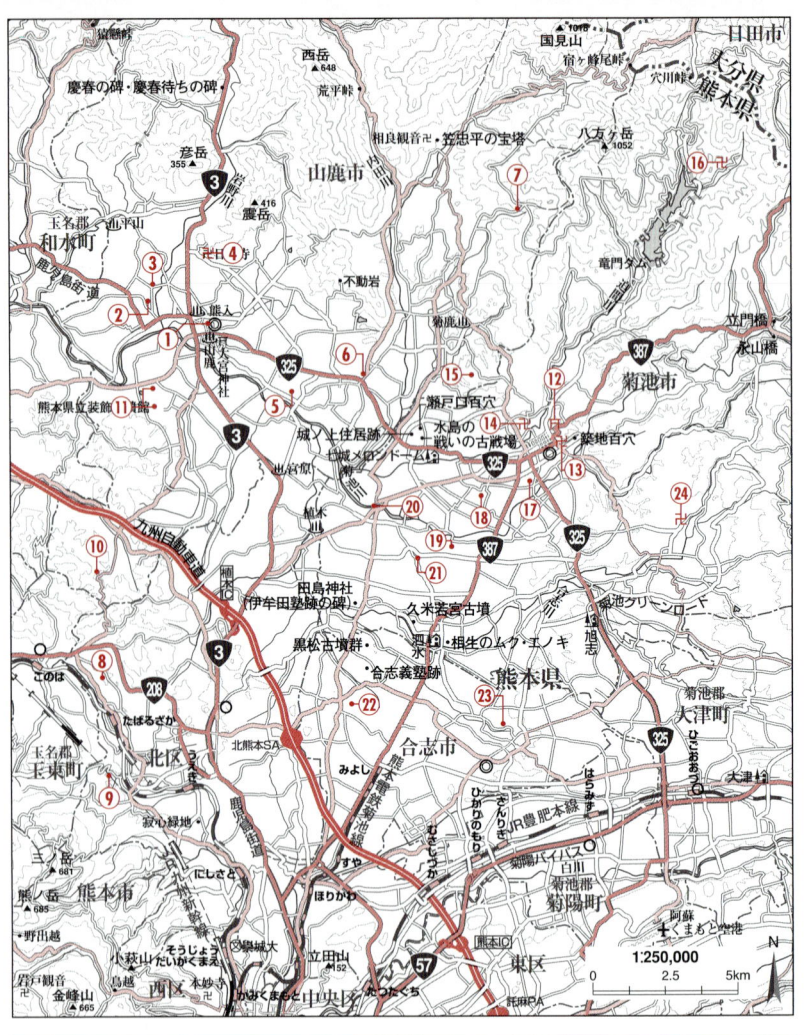

①八千代座と旧豊前街道	⑥清浦記念館	⑫菊池神社	⑲木柑子古墳
②山鹿市立博物館	⑦隈部館跡	⑬正観寺	⑳高島舟着場跡
③チブサン・オブサン古墳	⑧田原坂古戦場	⑭玉祥寺	㉑三万田東原遺跡
④日輪寺	⑨円台寺磨崖仏群	⑮鞠智城跡	㉒二子山石器製作遺跡
⑤方保田東原遺跡	⑩康平寺	⑯聖護寺跡	㉓竹迫城跡
	⑪熊本県立装飾古墳館と岩原古墳群	⑰菊之城跡	㉔円通寺
		⑱菊池郡衙跡	

山鹿・菊池

◎山鹿・菊池散歩モデルコース

古墳文化コース　　山鹿市産交バスターミナル_10_山鹿市立博物館_10_チブサン・オブサン古墳_15_岩原横穴群_5_岩原古墳群・熊本県立装飾古墳館_15_山鹿市産交バスターミナル

山鹿市街地コース　　山鹿市産交バスターミナル_10_八千代座_5_山鹿灯籠民芸館・旧豊前街道_15_大宮神社_15_日輪寺_10_山鹿市産交バスターミナル

鹿本・菊鹿コース　　山鹿市産交バスターミナル_15_清浦記念館_15_相良寺_15_隈部館跡_15_鞠智城跡_10_菊池市産交バスセンター

植木・鹿央コース　　JR鹿児島本線植木駅_10_田原坂資料館_10_七本官軍墓地_10_円台寺磨崖仏群_15_康平寺_20_山鹿市産交バスターミナル

菊池一族コース　　菊池市産交バスセンター_10_松囃子能場・将軍木_10_孔子堂跡の碑_10_菊池神社_10_正観寺_10_菊之城跡_50_聖護寺跡_50_菊池市産交バスセンター

旧豊前街道沿いから菊池川中流域へ

宿場町として栄えた山鹿には芝居小屋「八千代座」を中心に古い商家が残る。周辺は装飾古墳の宝庫である。

明治時代の芝居小屋と古い商家の町並みが残る

八千代座と旧豊前街道 ❶
0968-44-4004(八千代座管理資料館「夢小蔵」)

〈M▶P.32,34〉山鹿市山鹿1499 P(山鹿温泉観光協会)
JR鹿児島本線・豊肥本線熊本駅・JR鹿児島本線玉名駅🚌山鹿バスセンター行終点🚶10分

　山鹿は，江戸時代の菊池川舟運の物資集散地であるとともに，肥後熊本から豊前小倉(現，福岡県北九州市小倉北区・南区)へとつながる豊前街道の宿場町でもあった。

　山鹿市役所から西へ約100m行くと，旧豊前街道にあたる九日町に八千代座(附 土塀2棟・棟札・獅子口・奉納扁額，国重文)がある。山鹿の旦那衆の財力で，1910(明治43)年に竣工した芝居小屋である。木造2階建て瓦葺き，間口29.49m・奥行35.4mの規模を誇る。枡席・桟敷席，花道や廻り舞台(直径8.5m)・スッポンなどを備えており，江戸時代の歌舞伎劇場の様式をよく伝えている。1996(平成8)年から2001年にかけて大修築が行われ，大正時代の姿が蘇り，内部を見学することができる。八千代座の斜め向かいには，白壁の土蔵造の八千代座管理資料館「夢小蔵」があり，芝居の小道具・映写機などが展示されている。

　八千代座から九日町通りを南へ約100m行くと，右手に金剛乗寺(真言宗)がある。平安時代初期の創建と伝わる古刹である。当寺の凝灰岩製の石門は1804(文化元)年に建てられたもので，円形をしている。金剛乗寺のすぐ南に山鹿灯籠民芸館(国登録)がある。1925(大正14)年建造の旧安田銀行山鹿支店の内部を改造して，伝統

山鹿市役所周辺の史跡

和紙の芸術品──山鹿灯籠

コラム 産

和紙灯籠による優美な祭り

「主は山鹿の骨なし灯籠 ヨヘホ ヨヘホ 骨もなければ肉もなし ヨヘホ ヨヘホ」(作詞野口雨情)と『よへほ節』に歌われる山鹿灯籠は、歌詞のとおり和紙と糊だけでできた工芸品である。一般的な金灯籠を始め、寺社を模した座敷造り・宮造りなどの様式がある。

毎年8月15～17日に行われる山鹿灯籠まつりは、この和紙灯籠による優美な祭りとして知られる。金灯籠を頭に載せた浴衣姿の女性たちが山鹿の町を練り歩き、16日は山鹿小学校校庭で千人踊りが披露される。17日午前0時、各町内から、精巧な奉納灯籠が大宮神社に献上される。祭りの起源は、古代、景行天皇巡幸のおり、山鹿の人びとが松明をもって出迎えたことに始まるといわれる。室町時代に大宮神社への灯籠奉納が習わしとなったと伝えられるが、盛大になったのは江戸時代後期からであり、文政年間(1818～30)の『山鹿灯籠見物記』には、山鹿の旦那衆から94基もの灯籠奉納がされたとある。

江戸時代、熊本藩は和紙の原料となる楮の栽培を奨励した。とくに山鹿地方では楮の生産量が増大し、藩の紙御蔵や紙楮会所が設置された。このような背景があって、山鹿灯籠の技術と祭りは発達したのであろう。

灯籠踊り

工芸品の山鹿灯籠を展示している。

山鹿の温泉町としての歴史は古く、平安時代の『和名抄』に「山鹿郡温泉郷」の郷名がみえる。1763(宝暦13)年の「山鹿湯町絵図」によると、この一帯は熊本藩主細川氏の山鹿御茶屋跡とみられる。1640(寛永17)年、御茶屋の完成を祝い、初代藩主細川忠利は客分の宮本武蔵を山鹿に招待したとの記録が残る。

国道325号線の交差点から旧

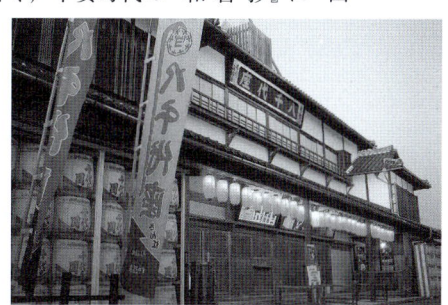

八千代座外観

旧豊前街道沿いから菊池川中流域へ　35

豊前街道をさらに南へ約300m行くと、左側に光専寺(浄土真宗)がある。1877(明治10)年、戸長征伐と称する大規模な農民一揆で、1万人集会が開催された所である。旧豊前街道は、老舗蔵元の千代の園酒造を過ぎると菊池川に突き当る。この付近が、江戸時代から明治時代後期頃まで、町の区画と治安維持のために設けられていた惣門跡で、現在は、冠木門形式の門が復元されている。

山鹿市立博物館とチブサン・オブサン古墳 ❷❸
0968-43-1145(山鹿市立博物館)

〈M▶P.32,37〉 山鹿市鍋田2085／城字西福寺1785・1786 P
JR鹿児島本線・豊肥本線熊本駅・鹿児島本線玉名駅🚌山鹿バスセンター行終点乗換え、南関経由高瀬行博物館前🚶10分

チブサンは色鮮かな幾何学文様の装飾古墳

八千代座の北西約650m、西上町交差点で国道3号線から国道443号線に入り、約1.2km西進し岩野川を渡るとすぐ右手に折れる道が旧豊前街道になる。鍋田橋を渡り、北へ約100m行くと岩野川に面した凝灰岩の崖に鍋田横穴(国史跡)がある。築造は6～7世紀と推定され、55基の横穴のうち10基に装飾文様が確認されている。27号横穴は、弓をもった人物や盾などの浮き彫りが外壁にある。

旧豊前街道に沿って、鍋田台地へのぼって行くと、山鹿市立博物館がみえてくる。菊池川流域の考古・歴史・民俗を展示している。『古事記伝写本』44巻(県文化)は、久原の一ツ目神社の神官帆足長秋とその娘京が、1801(享和元)年、伊勢坂(現、三重県松阪市)の本居宣長のもとを訪れて、『古事記伝』を書き写したもので、当館の前庭には帆足父娘の銅像が立つ。銅製の白山宮の鰐口(県文化)は、1365(貞治4・正平20)年、鹿央町米野岳の白山宮に勧進僧能善坊により奉納されたものである。凡導寺の経筒(県文化)は蒲生の不動岩西麓から発見され、高さ36.3cmの滑石製で、「久安元(1145)年」の銘があ

チブサン古墳石棺の壁画

旧豊前街道周辺の史跡

り、平安時代末期の末法思想の流行を示す遺物である。当館の敷地内には、2連式眼鏡橋の大坪橋がある。1865(慶応元)年の築造で、熊入町の吉田川に架かっていたが、河川改修にともなって移築・復元された。また、1840(天保11)年建造の茅葺き民家も復元されていて、内部も見学できる。

山鹿市立博物館を中心とした一帯は、肥後古代の森(山鹿地区)歴史公園として整備が進み、旧豊前街道と分かれて「古代への道」が北に延びている。博物館から北へ約500mの所に西福寺古墳群があり、円墳1基、方形周溝墓2基からなる古墳時代前期から中期の古墳群で、各種石棺(箱式・家形・舟形)、貯蔵穴跡などが見学できる。石棺は県内各地からも移築されている。

西福寺古墳群に隣接してオブサン古墳(国史跡)がある。地形的には標高約60mの半小城台地東端に位置する。6世紀後半築造の直径約22m・高さ約4mの円墳で、凝灰岩の複室の横穴式石室を有する。玄室・前室・羨道ともそれぞれ巨大な板石1枚を立てて、その上に割石を積み上げ、天井石を載せている。玄室左の仕切石に赤色の連続逆三角文が描かれている。また、外側に向かってラッパ状に開く前庭部が特徴的である。オブサンの名称は「産土」の転訛と考えられ、前室まで入って自由に見学できる。

チブサン古墳(国史跡)は、オブサン古墳から東に約200mの所にあり、6世紀初めに築造された、全長約44m・高さ約5mの前方後

旧豊前街道沿いから菊池川中流域へ

円墳である。墳丘部には石人が立っていたが，現在は東京国立博物館に保管されている。凝灰岩割石を積み上げた複室の横穴式石室の形式をもち，玄室の奥に石屋形が残る。石屋形の内壁には，赤と白の彩色で，菱形・円形などの幾何学文様や，冠をかぶり両足を踏ん張り，両手を挙げた人物像が描かれている。チブサンの名称は，中心点のようなものが描き加えられた円文が乳房のようにみえることから生まれた。地元では，今も乳の神として信仰されている。見学は，山鹿市立博物館への申し込み制となっている。

山鹿市立博物館がある鍋田地域は，1877(明治10)年の西南戦争の際，政府軍と薩摩軍との間で山鹿口の戦いが行われた所で，オブサン古墳の閉塞石や鍋田横穴の崖面には弾痕が残る。

日輪寺 ❹

〈M▶P. 32, 37〉 山鹿市杉1607 **P**
0968-43-5802
JR鹿児島本線・豊肥本線熊本駅・JR鹿児島本線玉名駅🚌山鹿バスセンター行終点乗換え，鹿北道の駅行日輪寺前🚶10分

山鹿市街地から国道3号線を北上し，吉田川を越えて約2km行き，日輪寺前交差点で右折すると日輪寺(曹洞宗)がみえてくる。菊池武時の再興と伝えられる古刹で，サクラ・ツツジの名所として知られる。山門をくぐると，左側に赤穂義士遺髪塔がある。赤穂事件(1703年)後，江戸の熊本藩下屋敷にお預けとなった大石良雄ら赤穂義士17人の接待役をつとめた堀内伝右衛門が，自刃した義士の遺髪をもらい受け，みずからの菩提寺の日輪寺に建立したものである。遺髪塔の脇には，鎌倉時代後期の五輪塔と，1766(明和3)年に地元の俳人が建立した松尾芭蕉句碑が並ぶ。

境内裏手には湯町橋(県文化)がある。1814(文化11)年に築造された長さ17.7mの2連式眼鏡橋である。もとは豊前街道と吉田川が交差する山鹿口にあったが，河川改修で移築され，楔石の銘文から，鍋田村(現，

日輪寺楼門

赤穂義士ゆかりの古刹

山鹿市鍋田)の石工の作であることがわかる。

　湯町橋から少しのぼった所に，西南戦争の薩摩軍兵士墓が残る。政府軍の東京巡査隊第二小隊長である押川仙太郎が，3人の薩摩軍兵士戦死者を弔うために，1877(明治10)年4月6日に建立したものである。墓碑の脇には，地元有志により建てられた押川仙太郎顕彰碑がある。

　国道3号線で吉田川を越えず，左折して国道443号線を約700m行き，右折して県道195号線を三加和町方面へ進み，石の八幡宮の所で岩野川を渡ると，左手崖面に付城横穴群(県史跡)がみえる。6世紀前半の築造で，97基からなり，このうち3基に装飾文様が残る。さらに県道を200mほど進み，下古閑バス停の手前から右に入ると6世紀中頃の円墳馬塚古墳(県史跡)がある。装飾古墳だが内部の見学はできない。

　馬塚古墳の北方約1km，岩野川に架かる舞鶴橋から北へ約500m行き，標識から左手に入った断崖に，6世紀前半の城横穴群(県史跡)がある。城横穴群の背後の丘陵部が城村城跡である。1587(天正15)年の肥後国衆一揆において，有力国衆であった隈部親永とその子親安は当城に立てこもり，肥後国主佐々成政と激戦を展開した。

　日輪寺の南方約2km，熊入町に弁慶ヶ穴古墳(国史跡)があり，直径約15mの円墳で横穴式石室を有する。ウマと舟の絵が多く描かれていることで有名な装飾古墳だが，現在，内部見学はできない。

　日輪寺前交差点から国道3号線を約4.5km北上すると鹿北町芋生に入る。さらに約1.5km行くと国道沿い左手に慶春の碑・慶春待ちの碑が並ぶ。2基とも江戸時代初期建造の石碑で，紙漉きの技術をこの地に伝えた朝鮮人技術者の慶春ゆかりのものである。

方保田東原遺跡 ❺
0968-46-5512(山鹿市出土文化財管理センター)

〈M▶P.32, 37〉 山鹿市方保田東原　P
JR鹿児島本線・豊肥本線熊本駅🚌熊本・山鹿行方保田🚶5分

弥生後期から古墳時代にかけての大集落遺跡

　山鹿市街地から県道301号線を南東へ約3.5km，市立大道小学校近くの案内板を目印に左折すると，方保田東原遺跡(国史跡)に至る。菊池川中流域右岸の台地に広がる弥生時代後期から古墳時代前期の集落遺跡である。菊池川流域中最大の環濠集落跡で，巴形銅器・

旧豊前街道沿いから菊池川中流域へ

石包丁形鉄器・家形土器など多くの注目すべき遺物が出土している。遺跡一帯は歴史公園化の整備が進んでいる。さらに約300m，道なりに進むと山鹿市出土文化財管理センターがあり，方保田東原遺跡出土品などの整理過程が一般公開されている。

山鹿市街地から県道301号線を約200m南下し，山鹿郵便局の先で左折して400mほど進むと，左手に大宮神社がある。景行天皇と阿蘇大明神をまつり，古くから山鹿の氏神として信仰を集めている。毎年8月15～17日に開催される山鹿灯籠まつりで名高い。また，6月15日の祇園祭では，米の粉でつくった「犬子ひょうたん」とよばれる無病息災のお守りが授けられ，多くの参拝者が訪れる。

山鹿大橋付近の菊池川は，チスジノリ発生地(国天然)として知られる。チスジノリは環境省により絶滅危惧Ⅱ類に分類されている希少種であり，秋から春にかけて繁茂する。

巴形銅器

清浦記念館 ❻
0968-46-5127

〈M▶P.32,37〉山鹿市鹿本町来民1000-2 ᴘ

JR鹿児島本線・豊肥本線熊本駅🚌来民経由山鹿行鹿本総合支所前🚶10分，🚌山鹿行日置乗換え，大津行来民原部🚶7分

県内初の内閣総理大臣の記念館

鹿本町来民は，熊本藩政下は山鹿新町とよばれ，中村手永の中心を占めていた。中村手永会所跡は，現在，下町の大銀杏が聳える小公園付近と伝えられる。

来民は，江戸時代から昭和時代初期にかけて団扇作りで知られた。和紙に柿渋を塗る伝統の手法は現在も継承され，県伝統工芸認証品として栗川商店において生産販売が行われている。

来民の中心部にある鹿本総合支所から菊鹿町方面へ約1km進むと，県道9号線の西側に清浦記念館がある。清浦奎吾は，1850(嘉永3)年，同館に隣接する明照寺(浄土真宗)に生まれた。豊後日田(現，大分県日田市)の咸宜園で学んだ後，明治時代から大正時代にかけて官界・政界で活躍し，とくに司法制度の確立に尽力したこ

とで知られる。1924(大正13)年には23代内閣総理大臣に就任。記念館には，清浦奎吾直筆の書簡や愛用品などが展示されている。

清浦記念館から北東へ約1km行くと津袋古墳群(県史跡)がある。4世紀末から5世紀中頃にかけての7基の古墳が，県道9号線沿いに点在している。主墳は茶臼塚古墳(方墳で一辺17m)，大塚古墳は直径32mの円墳で，3基の箱式石棺が露出している。大塚古墳から内田川に向かって東に道をくだって行くと，左手に御霊塚古墳(県史跡)がある。6世紀半ば頃の築造と推定される直径20m(1号墳)と17m(2号墳)の円墳で，装飾古墳だが横穴式石室内部の見学はできない。

隈部館跡 ❼

〈M▶P.32〉山鹿市菊鹿町上永野字高池 P
JR鹿児島本線・豊肥本線熊本駅🚗約30分

肥後国衆一揆の隈部氏の拠点だった中世の山城

清浦記念館から県道9号線を約1.7km北上すると菊鹿町に入り，右折して内田川に向かって500mくだると水田の中に川西の宝篋印塔(県文化)がみえてくる。一辺4mで平方の土壇上に建てられており，高さ2.68mの堂々たる石塔である。相輪部分は失われているが，基礎部には「正和三(1314)年」や建立者の「大旦那地頭沙弥道妙」の銘文が残り，県内最古の宝篋印塔である。

県道9号線に戻り約2km北上，内田川に架かる三井原橋手前で左折し，約400m行くと相良のアイラトビカズラ(国天然)と見学のための休憩所がみえる。マメ科の蔓性常緑木で，日本では唯一ここだけに自生しており，樹齢は約1000年と推定される。4月下旬～5月中旬にブドウの房のような濃い紫の花をつける。

アイラトビカズラから約1km北上すると相良寺(天台宗)に着く。平安時代初期の創建で，本尊の木造十一面千手観音坐像は1517(永正14)年の制作で，子授け・安産に霊験があることで知られる。「相良観音」ともよばれ，親しまれている。相良寺の東側に吾平神社があるが，こ

隈部館跡

旧豊前街道沿いから菊池川中流域へ

の間の細い道を入ると笠忠平の宝塔(県文化)がある。塔身と相輪の下半部のみが現存し，塔身の高さは67cm。銘文から，笠忠平という人物を供養するために，正治二(1200)年に建てられたことがわかる。在銘石造宝塔としては，わが国最古のものである。

　三井原橋を渡り県道19号線を南下して，上永野バス停で左折し約4km進むと，標高350mの丘陵地に隈部館跡(国史跡)がある。隈部氏は，中世肥後に勢力を誇った菊池氏の重臣で，当地はその歴代の居城跡と考えられる。主廓は16世紀初頭の築造と推定され，中心部の平場は東西85m・南北60mで，典型的な中世山城の構造を呈する。大手・馬屋・空堀跡，数棟分の家屋礎石や心字形の泉水をもつ庭園跡などが残る。また，野面積みの石垣に囲まれた枡形の遺構は，近世の城郭建築の先駆けとして注目される。

2 田原坂から古戦場へ

西南戦争の田原坂古戦場から，平安時代の仏像群，そして古代の古墳群へとたどる道。

田原坂古戦場 ❽
096-272-4982（田原坂西南戦争資料館）

〈M▶P.32,43〉熊本市北区植木町豊岡 P
JR鹿児島本線木葉駅🚶20分，または田原坂駅🚶30分

西南戦争最大の激戦地である古戦場

　田原坂は，1877（明治10）年の西南戦争において，3月4日から20日までの17昼夜，激しい戦闘が繰り広げられた所として名高い。西南戦争中最大の激戦地とされており，「雨は降る降る人馬は濡れる　越すに越されぬ田原坂」と民謡にも歌われている。

　田原坂古戦場には，木葉駅東方約1.5km，国道208号線と県道31号線の交差する豊岡方面からのぼるとよい。登り口には，1802（享和2）年築造という県内最古の豊岡の眼鏡橋がある。豊岡から一の坂，二の坂，三の坂と約1.4kmのだらだら坂が連なり，両側は崖が迫り，道は曲折して見通しが悪く，要害の地を実感できる。三の坂の標識前に谷村計介戦死の地碑が立つ。谷村は，薩摩軍包囲中の熊本城を脱出し高瀬（玉名市）の政府軍との連絡に成功し，その後，田原坂の戦いに加わり戦死した。

田原坂古戦場周辺の史跡

　田原坂の頂上一帯は公園として整備されており，歴史の生き証人である大楠や西南戦争戦没者慰霊碑などがある。田原坂西南戦争資料館には，西南戦争関連の資料が数多く展示されているが，なかでも，小銃弾が空中で衝突したままの「空中かち合い弾」は戦いの激しさを物語る

田原坂公園

田原坂から古墳群へ　43

ものとして目を引く。

　田原坂資料館から南に約800m進むと、七本柿木台場の薩軍墓地があり、この地で戦死した300余人の薩摩軍兵士が埋葬されている。ここから200mほど進むと、七本官軍墓地(県史跡)には、田原坂を始め、植木地域における戦いでの戦死者が埋葬されている。

　七本官軍墓地の東約1km、鹿南中学校の角で右折、南へ約500m行くと、滴水のイチョウ(県天然)がある。幹周り14m・樹高42mの大樹で、樹下には阿弥陀堂が立ち「天文二(1533)年」銘の板碑が残る。

円台寺磨崖仏群 ❾

〈M▶P.32,43〉熊本市北区植木町円台寺
熊本桜町バスターミナル🚌西里経由植木行菱形小学校入口🚶10分

鎌倉時代の磨崖仏群

　菱形小学校入口バス停で降り、鹿児島本線の線路を越える。300mほど進むと左手に案内板があり、七曲がりの細い崖道をのぼると、阿蘇溶結凝灰岩の崖面に阿弥陀如来を始め、大小の仏像が刻まれている。この円台寺磨崖仏群(県史跡)は県内最古で、鎌倉時代前〜中期の造立と推定される。彩色を確認できるものもあるが、全体に風化が激しい。『肥後国誌』によると、鎌倉時代初期、豊後国(現、大分県中・南部)守護大友能直が、比叡山延暦寺末寺として円台寺をこの地に建立したとされる。

　磨崖仏群から西へ200mほど進むと、右手に薬師堂がある。その先の案内板に従い右折して約100m行くと、果樹園の中に円台寺の石造笠塔婆(県文化)が2基立っている。「建久四(1193)年」の銘がある塔は、笠と相輪を欠いており、塔身の高さは87cm。15歳で亡くなった弥朗という少年のため、建立されたことがわかる。「建久七年」の銘がある塔は高さ110cm、学僧の追善供養のために建立されたものである。2基と

円台寺磨崖仏

山鹿・菊池

も民有地にあり，見学の際は配慮を要する。

菱形小学校近くの三差路まで戻り，線路沿いを約800m北上すると県道31号線に出る。豊岡方面へ約2km進み，案内板に従い右折すると500mほどで厳島神社に着く。境内には船底五輪塔 附 板碑2基（県文化）がある。五輪塔は，円台寺住僧貞珍を弔うために「元亨二(1322)年」に建立されたものである。板碑は2基とも安山岩製で，五輪塔が浮き彫りにされている。また境内の観音堂には，「大永四(1524)年」の墨書銘をもつ木造十一面観音立像が安置されている。

康平寺 ❿

〈M▶P.32,43〉 山鹿市鹿央町霜野1870-2 P
JR鹿児島本線植木駅🚗25分

平安・鎌倉時代の仏像の宝庫

植木町中心部から国道3号線を約6km北上，植木温泉入口交差点で右折する。約500m進んだ所で左折すると慈恩寺区公民館に至り，さらに坂道をのぼると慈恩寺 経塚古墳（県史跡）がある。5世紀に築造された直径43m・高さ7.5mの大型円墳で，墳頂付近に長さ2.5mにおよぶ舟形石棺が露出している。

植木町に戻り県道3号線を北上して鹿央町に入り，北谷交差点で左折，県道55号線を霜野方面へ約2.5km行くと，康平寺（天台宗）に着く。康平寺は，1058(康平元)年に建立され，中世の大寺院であったと伝えられている。戦国時代には衰退し，現在では観音堂が残るのみである。

観音堂裏手の収蔵庫には30体の古仏像群が安置されており，往時の繁栄を物語る。木造地蔵菩薩立像（県文化）はカヤの一木造で，平安時代前期の作とされ，県内最古の木造彫刻である。また，木造千手観音立像および二十八部衆立像（27軀，県文化）は，鎌倉時代の様式を示し壮観で，なかでも翼をもつ迦楼羅像の特異な姿が目を引く。仏像群は，今も霜野地区老人クラブの手によって守られている。なお月曜

康平寺仏像群

田原坂から古墳群へ

日は拝観できない。

　北谷交差点から県道55号線を北東へ約3km行き，右折すると鹿央総合支所に至る。さらに約1km北上して案内標識に従い東へ入ると，台地上に持松塚原古墳(県史跡)がある。装飾文様をもつ石棺が確認されているが未発掘のままである。円墳だが，墳丘は半分ほどに削られている。

熊本県立装飾古墳館と岩原古墳群 ⓫

0968-36-2151(熊本県立装飾古墳館)

〈M▶P.32,37〉山鹿市鹿央町岩原 P
JR鹿児島本線玉名駅🚌米の岳経由山鹿行県立装飾古墳館入口🚶20分

古墳群に囲まれた全国唯一の装飾古墳博物館

　熊本県立装飾古墳館は，肥後古代の森(鹿央地区)歴史公園の中核施設である。現在，全国で確認されている装飾古墳は666基あるが，熊本県にはこのうち193基が存在し，とくに菊池川流域に128基と集中している。当館はこの歴史的特色を踏まえて，1992(平成4)年，装飾古墳をテーマとする博物館として開館した。県内の主要な装飾古墳12基のレプリカを展示する装飾古墳室を始め，菊池川流域の出土遺物を見学できる常設展示室，舟形石棺を展示する屋外体験広場などがあり，事前申込みで勾玉作りや火起こし体験ができる。

　熊本県立装飾古墳館の北側に，復元整備された岩原古墳群(国史跡)が広がる。中心をなす双子塚古墳は，全長107mの県内最大級の前方後円墳で，5世紀中期の築造とされる。主軸方向は北北西，前方部幅約50m・高さ約8m・後円部直径約56mで，3段築成されている。未発掘のため，内部主体や副葬品は不明である。周囲に8基の円墳が点在している。古墳群の景観はまことに壮観で，被葬者が菊池川中流域を支配した豪族であることを物語っている。

　県道16号線の北側一帯の集落に長岩横穴群(県史跡)が広がっている。7世紀の築造で阿蘇溶結

双子塚古墳

凝灰岩の壁面に大小122基の横穴があり、なかでも108号墓入口の人物像の浮き彫りは知られている。

　県道16号線のすぐ手前に岩原横穴群(県史跡)がみえる。岩原台地の北側から南西側の崖に131基の横穴が穿たれており、見学者用の駐車場から見上げると、まさに古代の死者の谷の光景である。ここから装飾古墳館に約400m戻り、案内板から左折し150mほど行くと桜の上横穴群(県史跡)がある。志々岐台地の東南端斜面に10基の横穴が築かれており、1・2号墳は装飾古墳だが、見学はできない。

③ 菊池氏ゆかりの地を訪ねる

南北朝時代の九州で唯一南朝方を支えた菊池一族の根拠地。
残る遺跡や伝承は，中世当時の面影を色濃く伝えている。

菊池神社 ⑫
0968-25-2549（菊池神社歴史館）
〈M▶P.32, 48〉菊池市隈府字高野瀬1257 P
JR鹿児島本線・豊肥本線熊本駅🚌菊池温泉行終点
🚶10分

16代菊池武政から26代義武までの中世山城跡

菊池市の隈府は，中世肥後の代表的な豪族菊池氏の本拠地で，南北朝時代には肥後の政治・経済・文化の中心地であった。江戸時代には，菊池氏家臣の末裔たちが豪商となり，在町として栄えた。

菊池温泉から北西へ300mほど行くと，御所通りに接して菊池神社の第一鳥居があり，桜並木の参道を通って石段をのぼると，城山（117m）山頂の菊池神社（主祭神菊池武時・武重・武光）に着く。当社は，幕末の熊本藩士河上彦斉・青木保弘らの建白もあって，1870（明治3）年，菊池氏の居城隈府城（雲上の城・守山城）跡に創建された。

境内には菊池神社歴史館があり，13代菊池武重の起請文「寄合衆内談よりあひしゅのないたんの事」（菊池家憲）などを含む紙本墨書菊池神社文書41通・絹本著色伝菊池能運像（ともに国重文），木造僧形男神坐像（県文化），福田太華が模写した『蒙古襲来絵詞』，箱根竹ノ下戦い（1335年）の際に武重が考案したと伝えられる菊池千本槍などが展示されている。また展示室奥には，1978（昭和53）年，福岡市地下鉄工事現場で発見された，110体分の軸椎（第2頸椎）が保管されている。これらは，1333（元弘3）年，菊池武時勢が鎮西探題を襲撃した博多合戦で殺害された将兵のものと考えられる。

菊池神社の谷向こうには「内裏尾」と伝えられる征西将軍懐良・良成親王の伝御座所跡があり，2親王をまつる別宮雲上宮が立つ城山公園内の南には，徳富蘆花文学碑・愛子夫人髪塚・荒木精之文学碑など

菊池市役所周辺の史跡

菊池氏

コラム 人

菊池氏の興亡は、肥後中世武士の歴史ロマン

　菊池氏は大宰府府官大宰少監の出身で、九州の中世武士団でも優位をしめた豪族であった。出自については藤原氏下向説や菊池土豪説など諸説ある。初代の菊池則隆が、1070(延久2)年に菊之城(館城)を築いて本拠とし、菊池氏一族と在地武士団を組織したといわれている。

　紫式部の『源氏物語』の玉鬘には、菊池氏の祖政則(大宰大監)を、「肥後の国に族広くて、彼の処につけてはおぼえあり。勢ひいかめしき兵ありけり」と記されている。また菊池地方には、「つくし(筑紫)なる矢筈(八方)が岳の麓にぞ、鬼とりひしぐ(押し潰す)武士はす(住)め」という俚謡がある。

　1221(承久3)年の承久の乱では、7代隆定・8代能隆が後鳥羽上皇方について敗北したため、一時、菊池氏の勢力は衰えたが、文永・弘安の役(1274・81年)で10代武房やその武将赤星有隆らが奮戦して武功を挙げ、勢力を盛り返した。

　1333(正慶2・元弘3)年、12代武時は博多の鎮西探題を襲撃して討死。南北朝の争乱期には、13代武重・15代武光らが征西将軍懐良親王を支えて奮戦し、一時は大宰府を席巻して、征西将軍府をおいた。この間、武重は足利尊氏と1335(建武2)年に箱根竹ノ下、1336(建武3・延元元)年に筑前多々良浜(現、福岡市東区)で戦い、武光は少弐頼尚と1359(延文4・正平14)年に筑後川および大保原(現、福岡県小郡市)で戦った。

　菊池氏は、隈府本城を取り巻くように見張り出城として、十八外城を構えた。

　17代武朝は、1375(永和元、天授元)年に九州探題今川了俊(貞世)勢を水島(現、菊池市七城町台)で破り、また1378年にも託麻原(現、熊本市水前寺付近)で破ったが、その後しだいに北朝方の勢力に押されていった。

　1392(明徳3・元中9)年、3代将軍足利義満により南北朝合一がなると、武朝は肥後守となった。その後、重朝は父為邦の跡を継ぎ、孔子堂を建て桂庵玄樹を招くなど、積極的に学問を保護・奨励した。

　しかし肥後守護職をめぐる菊池氏の内紛が生じ、1504(永正元)年22代能運が没すると、重臣たちの離反がおきた。1509年、23代政隆が阿蘇氏にかわられるにおよんで、菊池氏の正統は完全に途絶えた。

　その後、肥後国は薩摩(現、鹿児島県)の島津氏・豊後の大友氏・肥前(現、佐賀県・長崎県)の龍造寺氏による三つ巴の草刈り場と化した。

菊池氏ゆかりの地を訪ねる

菊池神社

がある。

　菊池神社の第一鳥居から御所通りを西へ約500m行くと、徳冨蘆花夫人愛子(旧姓原田)生誕地の碑や、1887(明治20)年に県内最初の公営図書館として建設された菊池書籍館の碑がある。

　御所通りの北に面して、県立菊池高校正門左横に、懐良親王の手植えと伝えられる推定樹齢650年のムクの巨木(根回り約10m)である将軍木(県天然)が生い茂っている。また校内には日本では九州にしか生育しないチャンチンモドキ(県天然)の雄株の老木(幹回り3.7m)、南約300mの中央通りに面した妙蓮寺(日蓮宗)には妙蓮寺のクス(県天然)がある。

　将軍木西隣の「わいふ一番館」では、菊池の歴史の概要を知ることができる。道路を挟んだ真向かいには、江戸時代の建築様式を残す松囃子能場(県民俗)があり、毎年10月13日には菊池の松囃子(国民俗)が奉納される。

正観寺 ⓫
0968-25-0606
〈M▶P.32,48〉菊池市隈府字東正観寺1128 Ｐ
JR鹿児島本線・豊肥本線熊本駅🚌菊池温泉行終点🚶2分

15代武光の菩提寺、菊池五山の上位

　菊池神社から南に500mくだると、熊耳山正観寺(臨済宗)に至る。1344(康永3・興国5)年に15代菊池武光が菩提寺として創建し、66町歩を寄進した。最盛期には14坊を抱えた寺院で、菊池五山(九儀山大琳寺を中心に、東西南北を付した輪足山東福寺・無量山西福寺・手洗山南福寺・袈裟尾山北福寺)の上位におかれた。菊池氏とともに寺運も衰退したが、江戸時代には熊本藩主細川氏の保護を受けた。

　寺宝に、開山を描いた紙本著色秀山元中和尚画像と、その法嗣を描いた紙本著色大方元恢和尚画像(ともに県文化)がある。境内には、1781(天明元)年に建立された菊池正観公神道碑や、樹齢600年のクス(県天然)がある。また裏の墓地の一角には、菊池武政・武澄・武国の墓と伝えられる宝篋印塔が残る。

菊池の松囃子

コラム 芸

室町期の「松囃子能」を今に伝える民俗芸能

1757(宝暦7)年の『松囃子起源覚書』によれば，菊池の松囃子の始まりは，南北朝時代，15代菊池武光が，征西将軍として西下した懐良親王のために，正月2日に守山城内で行った「天下平安の予祝神事」であったという。漢学・国学者の渋江松石の著『菊池風土記』によれば，武光の出陣で実施できず，帰陣した7月15日に行った年があり，以後，これが恒例化したという。

江戸時代には疫病退散などの夏祭と一緒になり，従来別々に行われていた「通し物」(山車・俄踊り)がつけ加えられた。1870(明治3)年創建の菊池神社の秋例祭礼である新宮祭と結び，収穫感謝祭の一環として毎年祭礼初日の10月13日に行われている。

菊池の松囃子能は，もともと将軍木を「神降ろしの神木」と見立て，その前に仮舞台を設け，開口・勢利婦・祝言や狂歌を演じていた。しかし，1796(寛政8)年に，隈府町人の請願により定舞台「松囃子能場」が設けられ，今日に至っている。

すぐ近くのわいふ一番館には，松囃子の能面・衣装等一式，『松囃起源書』や『能番組旧記』などの関係古文書が展示されている。

この松囃子の能は，室町時代の能楽の原初的形態を伝えるといわれ，1998(平成10)年に，国の重要無形民俗文化財に指定された。

正観寺西隣には地蔵堂があり，室町時代後期作の木造地蔵菩薩坐像(像高159cm)が安置されている。その周囲には正観寺の礎石群(県史跡)があり，平安時代中期から後期の布目瓦が出土している。創建以前の寺院跡とされ，正面3間・側面4間の堂宇と庫裏があったと推定されている。

正観寺から東南へ300mほど行くと，加藤清正が築いたという築地井手の分水堰があり，その近くに22代菊池能運の墓がある。さらに井手沿いに東行すると，輪足山東福寺(天台宗)の参道入口に着く。開山は，709(和銅2)年覚仏によるとも，938(天慶元)年澄慶によるともいわれる。1072(延久4)年に初代菊池則隆が再興し，盛時には36坊を有したといい，武光のとき，菊池五山の1つとなった。現在は，1819(文政2)年建立の本堂と庫裏が立つのみである。

本尊は平安時代末期の木造千手観音立像で，室町時代前期の脇侍木造不動明王立像・木造毘沙門天立像と，同時期の絹本著色不動

菊池氏ゆかりの地を訪ねる

明王画像(いずれも県文化)とともに本堂に安置されている。境内には、元弘〜寛正年間(1331〜1466)の五輪塔や宝篋印塔など10基が残っている。

　東福寺の西隣には、渋江晩香(公木)の遜志堂跡がある。菊池では、1749(寛延元)年開設の渋江紫陽「衆玄亭」から1906(明治39)年の渋江晩香の「遜志堂」までの約160年間も続いた、全国的にも珍しい渋江氏代々の私塾である。また向かいの水田(東福寺歓喜院跡)には、1816(文化13)年に建立された菊池武重の墓がある。

　東福寺から東へ約300m行くと、井手沿いに古墳時代後期に築造された横穴墓群の築地百穴がある。上木庭の棚田間の農道を右に50mほど進み、さらに左に折れて少し坂道を登ると、宝永・享保期の銘をもつ墓地がみえてくる。その一角に、7基からなる凝灰岩の自然石製の墓石で、頭部に十字を刻んだいずれも無銘のキリシタン墓地がある。

玉祥寺 ❶
0968-25-4453
〈M▶P.32, 48〉 菊池市玉祥寺378-1 🅿
JR鹿児島本線・豊肥本線熊本駅🚌菊池温泉行菊池プラザ🚶15分

『朝鮮王朝実録』に登場する菊池為邦・重朝

　隈府の中心部から迫間川に架かる玉祥寺橋を渡り、西方へ200mほど行くと、江月山玉祥寺(曹洞宗)がある。1452(享徳元)年、20代菊池為邦が竺菴仲失和尚を迎えて開山した。本堂右脇には、1760(宝暦10)年に境内から掘り出された「明応五(1496)年」銘の梵鐘(県文化)がさがっている。境内西側には菊池為邦・重朝の墓と伝えられる宝篋印塔があり、室町時代の寺領安堵状からなる玉祥寺文書9通が伝存する。

　玉祥寺の東南約100mの所にある春日神社(祭神天之児屋〈根〉命)があるが、室町時代の創建とされ、毎年例祭の前夜2月27日には、玉祥寺このみや踊りが奉納される。どてらに編み笠、腰に頭陀袋、背中に杵を背負った御大将の監視役2人、姉さんかぶりにたすきがけした男性2人が、太鼓をたたきながら、讃頭の歌にあわせて踊る。

　玉祥寺前の道を西へ900mほど行くと、伝教大師の開山と伝えられる袈裟尾山北福寺(天台宗)がある。かつて12坊の伽藍をもって

いたという。10代菊池武房が再興し，正平年間(1346〜70)，15代武光が菊池五山の1つにした。現在は無住で山門と大日如来を安置した堂宇のみで，境内には「建武二(1335)年」銘の五輪塔がある。

北福寺から北へ800mほどのぼると，菊池平野を一望できる袈裟尾高塚古墳(県史跡)に着く。6世紀後半の横穴式石室をもつ円墳(径24.5m)で，菊池市唯一の装飾古墳である。奥壁に靫と連続三角文の線刻がある。また出土品には翡翠勾玉・硝子玉・須恵器などがある。菊池市中央公民館(TEL0968-25-1672)に申し込めば，古墳内部の見学ができる。また同館の許可を得れば，隈府の豪商たちによって，1672(寛文12)〜1862(文久2)年まで190年間書き継がれた『嶋屋日記』や，1855(安政2)年に作製された「菊池川全図」がみられる。

袈裟尾高塚古墳から北へ約1.8km行くと，稗方バス停の東方に菅原神社(祭神菅原道真)があり，祭日には，稗方神楽(3月15日・12月21日)や嫁取り祭り(12月20日)が行われている。

鞠智城跡 ❶⓹
0968-48-3178
(歴史公園鞠智城・温故創生館)

〈M▶P.32, 37, 55〉山鹿市菊鹿町米原字長者原・菊池市木野字堀 [P]

JR鹿児島本線・豊肥本線熊本駅🚌菊池・山鹿行稗方🚶20分，または菊池温泉発菊池プラザ🚌10分

朝鮮式古代山城の南限、百済菩薩立像の発見

稗方バス停から西に約2km行くと，標高140mの鞠智城跡(国史跡)に着く。長者原地区を中心に，多数の倉庫などの礎石群と周囲5kmの内郭と11kmの外郭の土塁をもつ古代朝鮮式山城で，外郭には三枝の石垣・馬こかしの石垣・深迫門・堀切門・池の尾門などがある。以前，堀切の木野神社(祭神大山咋神)の階段横におかれていた枘穴の礎石は，堀切門の礎石の片方で，現在は堀切門跡に移築されている。

『続日本紀』には，663年の白村江の戦いで唐・新羅連合軍に敗れ，天智天皇は大宰府防衛のために，大野・基肄(瑿)城

鞠智城跡

菊池氏ゆかりの地を訪ねる

を築き，698年にはそれらとともに鞠智城を修繕したとあり，『日本文徳天皇実録』には，858（天安２）年に「菊池城の不動倉十一宇」が焼失したとある。その場所の特定には，この地方に伝わる「米原長者伝説（3000町歩の田植えを１日に終えたことなど）」と大量の炭化米の表土採集が大きなきっかけとなった。

現地では，まず2002（平成14）年につくられた熊本県立鞠智城温故創生館（熊本県立装飾古墳館分館）で，出土遺物や復元模型などの説明を受け，その後に史跡の見学をすすめたい。復元された八角形の鼓楼や兵舎・校倉造の米倉，木簡が出土した貯水池などを見学し，防人たちの生活を偲ぶことができる。

聖護寺跡 ⓰

〈M▶P.32,55〉菊池市班蛇口字鳳来 P
JR鹿児島本線・豊肥本線熊本駅🚌菊池温泉行菊池プラザ乗り換え穴川行中山🚶40分，または🚌菊池温泉行終点🚌40分

大智和尚の教えは，菊池一族の精神的支柱

菊池神社の第一鳥居前から迫間川の左岸を北へ約300m行くと，菊池市老人福祉センターの前庭に孔子堂跡の碑がある。1472（文明４）年に菊池重朝とその重臣隈部忠直が当地に孔子堂を建て，1477年には京都南禅寺の桂庵玄樹を迎えて盛大な釈奠の礼を行った。また1481年に実施した，一日一万句の連歌会の「菊池万句」（菊池万句連歌）が残っている。

迫間橋西詰から350mほど南下すると，隈部忠直に縁のある桑林山光九寺跡がある。現在は，観音堂が残るのみである。

迫間橋西詰から川沿いに約５km北上すると，寺小野集落のほぼ中央部の山裾に寺尾山大円寺跡がある。寿永年間（1182〜85）の文覚による創建と伝えられ，寺跡の一角には寺小野の宝篋印塔（県文化）が立つ。「天授四（1378）年」の銘をもち，全高は約2.3m，相輪までほぼ完全な形で残る。

迫間川上流，勢返の滝のすぐ北側に竜門ダ

聖護寺跡

ムがある。2002（平成14）年に完成し、これによって上半尺・下半尺、中山・中須の4集落が湖底に沈んだ。

竜門ダムの北約1.5km、大分県との県境をなす穴川には菅原神社があり、穴川夜神楽が行われる。穴川の東隣の集落鳳来から約2km東奥に聖護寺跡（県史跡）がある。

聖護寺は、13代武重が大智禅師を招いて開山させ、1338（暦応元・延元3）年には、広大な寺領を寄進して（一説には1330年頃）、菊池一門が教えを乞うた曹洞宗の寺院であった。20年後、大智が玉名の廣福寺に去ると、法灯は続けられたが菊池氏とともに衰退し、廃寺になった。今も残る「明応六（1497）年」の銘をもつ9世令俊の墓や石塔片群がそれを物語っている。

1942（昭和17）年頃、大智禅師の遺徳を慕う村上素道が、旧寺地に聖護寺（曹洞宗）を再興し、現在では「国際禅道場」として海外からの参禅者も受け入れている。本堂には、1797（寛政9）年に天台宗の高僧豪潮が京都の仏師につくらせたとの銘をもつ銅造薬師如来立像が安置されている。

菊之城跡 ⓘ

〈M▶P.32〉菊池市北宮 Ｐ（菊之池公園横）
JR鹿児島本線・豊肥本線熊本駅🚌菊池温泉行深川🚶10分、
または菊池プラザ🚗10分

15代武光までの居城　菊池氏初代則隆から

国道387号線の深川バス停から東へ300m行くと、菊池神社の秋例祭の御旅所があり、その横に五輪塔が立っている。1818（文化15）年に建立された菊池氏初代則隆の墓（顕彰碑）である。墓の南西約100mの所が菊之池跡で、菊池則隆はこの湧水を利用して最初の居住を構えたとされている。またこの付近の浜や上市場・下市場の小字地名から、菊池川舟運の最上流の発着場で、菊池氏の海外貿易の

品々は，ここで陸揚げされたと推定される。対岸の赤星には，明治時代まで船つなぎ場があった。また6世紀後半の円墳赤星やんぼし塚があり，菅原神社では赤星天満宮神楽が再興されている。

菊池則隆の墓から東に200mほど行くと，菊之城(深川城)跡がある。1070(延久2)年に菊池則隆が，河岸段丘を利用して築いた堀割をもつ館城跡の遺構がある。16代武政が1373(応安6)年に城山の隈府本城に移るまで，300年余にわたって菊池氏の本拠地であった。

菊之城跡から菊池川沿いに東進，国道325号線の高架をくぐり，さらに150m行くと，北宮阿蘇神社(祭神国造速瓶玉命)がある。1375(永和元・天授元)年に16代武政が，一説には1378年に17代菊池武朝の勧請と伝えられ，全盛期には神輿行列や能楽が演じられたという。

1579(天正7)年，薩摩の島津勢の兵火に遭い，楼門を残してことごとく焼失したが，1656(明暦2)年，隈府の豪商宗善右衛門重次によって再興された。現在の本殿は改築されたが，楼門は再興時のもので数度の補修を受けており，柱が切り詰められて低くなっているという。

社宝には，懐良親王奉納と伝えられる軍配団扇や，菊池武朝を大願主として造立された「応永十(1403)年」の底銘をもつ木造男女神坐像各5体(県文化)がある。また楼門の唐獅子1対は南北朝時代の作で，木造随神(左大臣・右大臣)像には室町時代初期の作とされる像と「永禄五(1562)年」の銘をもつ像がある。

菊池郡衙跡 ⓲ 〈M▶P.32〉 菊池市西寺 **P**(菊之城小学校正門前)
JR鹿児島本線・豊肥本線熊本駅🚌菊池温泉行深川🚶15分

深川バス停から西へ2kmほど行くと，西寺集落の中心部に，菊池五山の1つであった無量山西福寺(浄土宗)がある。本尊は室町時代末期の木造阿弥陀如来像で，1728(享保13)年作の釈迦涅槃図(掛軸)を所蔵する。本堂裏の墓地には，20〜30基の五輪塔・宝篋印塔が散在し，その一角には元寇で奮戦した菊池氏の武将赤星有隆やその一族城武岑の墓と伝えられる石塔も残る。

西福寺の西約150mの八坂神社(旧唐崎神社，祭神素戔嗚尊)の境内には古井戸があり，菊池氏抱えの刀工延寿国村の屋敷跡と伝え

古代菊池の政治・経済・文化の中心地

られ，北東250mの畑の中に五輪塔2基がある。

西福寺を中心に取り囲む地域は，奈良〜平安時代初期の菊池郡衙(郡家)跡と推定されている。周辺は古くから古代の布目瓦・軒丸瓦が出土することで知られていたが，1965(昭和40)年の発掘調査により複数の建物跡が検出されるとともに，高さ1.5mの土塁跡が，北側に東西425m，西側に南北160m残存していることが確認された。

また郡衙跡の西北約1.5km，七城町水次には，奈良〜平安時代初期の菊池郡寺と推定される十蓮寺跡の塔心礎が残る。なお菊池平野全体に条里制の遺構が残っている。

木柑子古墳 ⑲

〈M▶P.32,57〉 菊池市木柑子 P
JR鹿児島本線・豊肥本線熊本駅🚌菊池温泉行広瀬🚶30分，または花房🚶20分

筑紫国造磐井と同時期の石人出土の古墳群

深川から国道387号線を約2km南下，広瀬バス停先の交差点で県道139号線に入り西へ約1.6km行くと，南側の花房台地上に木柑子(双塚)古墳がある。古墳時代前期，全長65mの前方後円墳で，前方部の凹みに高さ109cmの凝灰岩製の木柑子石人(県文化)が立っている。右手と頭部は欠損し，頭部は地元住民により川原岩の石で補われている。短甲を着け，両手を腰部にあてた立ち姿で，左手の6本指が特徴的である。

高島舟着場跡周辺の史跡

1998(平成10)年の県の圃場整備事業にともなう発掘調査で，木柑子古墳が2重の周壕(全体で約100m)をもつことが明らかになった。その壕から石製の蓋や銀象嵌を施した太刀鍔が出土した。この太刀鍔と同系同種で同規模の鍔が，1979(昭和54)年，遠く離れた三重県伊勢市南山古墳から出土している。また西方約300mには，6世紀後半に築造された木柑子高塚古墳(前方後円墳，一部発掘調査のため全長は不詳，墳丘は消滅)があり，祭祀人と思われる

木柑子石人

4体の石人が出土している。なお、木柑子集落の菊池川の対岸の長田にある弥生時代中期の長田外園遺跡からは、1世紀前半の中国の新の王莽がつくった貨泉が出土している。

広瀬バス停の南東約150mの所には、創建850年と伝えられる若宮神社がある。毎年11月25日に行われる祭礼では、出田の獅子舞が奉納される。若宮神社から東南へ700m行った花房台地の麓に手洗山南福寺跡(浄土宗)がある。もとは天台宗の寺で、菊池五山の1つに数えられた。本尊は室町時代末期の木造薬師如来坐像である。寺の上には「イワミさんの墓」と称された全高318cmの五輪塔、東方の通称ミツル山には「永正十五(1518)年」の銘をもつ自然石の板碑がある。境内に湧水池があり、さらに東へ300m行くと坂道沿いに6世紀後半の出田堂坂横穴墓群がみられる。

横穴墓群の背後の丘陵に、6世紀の出田鬼石古墳がある。この古墳の北側一帯が菊池十八外城の1つ古池城跡である。隈本城主になった城親賢の父親冬が天文年間(1532〜55)に、親賢が天正年間(1573〜92)に在城したと伝えられている。

高島舟着場跡 ⑳

〈M▶P.32,57〉菊池市七城町高島 Ｐ(七城温泉)
JR鹿児島本線・豊肥本線熊本駅🚌七城経由菊池温泉行
高島🚶2分、または菊池プラザ🚌20分

菊池氏の時代から大正まで続いた菊池川舟運

菊池市の西端七城町は、江戸時代、大坂堂島の米相場の基準とされた肥後米の産地であり、現在でも七城米として人気を博している。町名は、菊池十八外城のうち、馬渡城・打越城・亀尾城など7城があったことによる。

近世、肥後米は高島や西隣の加恵の舟着場で川平太船に積み込まれ、菊池川舟運を利用して高瀬(玉名市)まで搬送、そこから大型廻船に積み替えられて、大坂まで海上輸送された。高島バス停すぐ西方付近が高島舟着場

高島舟着場跡

跡で，今は往時の繁栄を物語る遺構はない。

　高島から北へ約2km行くと，台台地の麓の水島に至る。1375(永和元・天授元)年，菊池武朝が九州探題の今川貞世(了俊)を迎え撃った水島の戦いの古戦場である。また台台地西部にある弥生時代後期の城ノ上住居跡からは貨泉が出土し，その下方には，古墳時代後期の横穴墓400基以上(252基とも)からなる瀬戸口百穴があり，人骨・鉄鏃・鉄斧・馬具・須恵器や多数の亀甲などが出土した。

　高島舟着場跡から県道37号線を南に1kmほど行くと，花房台地の北縁に古墳時代後期頃の円墳3基からなる長明寺坂古墳群(県史跡)がある。1975(昭和50)年，採土作業中に発見された1号墳は，直径18m。横穴式石室の側壁は安山岩の割石積みで，朱が彩色され，左右の屍床から人骨・土師器・須恵器などが出土した。2号墳(直径23m)・3号墳(直径16m)は未開口である。

　長明寺坂古墳群から東へ1km行くと，板井に神龍山碧巌寺(曹洞宗)がある。菊池重朝との守護職の戦いに敗れた菊池為邦が，1466(文正元)年に出家，日夜『碧巌録』を講じたという。「慶長十七(1612)年」銘のある紙本著色菊池為邦画像(県文化)は菊池神社に寄託されている。また碧巌寺から東へ800m行った前川には，「沢村さんの墓」とよばれる「延享三(1746)年」の銘をもつ沢村大九郎(友武)の五輪塔と，キリシタン灯籠(織部灯籠)がある。

三万田東原遺跡 ㉑

〈M▶P.32,57〉菊池市泗水町亀尾字三万田 Ｐ
JR鹿児島本線・豊肥本線熊本駅🚌七城経由菊池温泉行三万田🚶10分

縄文時代後期の大集落，三万田土偶の中心地

　碧巌寺から県道138号線を南東へ約1km行くと，縄文時代後期で10haの三万田東原遺跡がある。2棟の円形竪穴住居跡が確認されたほか，多数の縄文土器には三万田式土器(土器型式)や打製の石斧・石鏃・石匙・十字形石器が出土した。また県北部の「肥後台地」に多く出土する，祭祀用の三万田土偶の中心地である。縄文農耕の性格をもつ遺構として注目されている。

　三万田東原遺跡から南へ1.5kmほど行くと，久米若宮古墳がある。古墳時代中期に築造された円墳で，墳丘中央の家形直埋め石棺からは，方格丁字鏡・鉄鉾・鉄剣などが出土している。久米若宮

菊池氏ゆかりの地を訪ねる　59

古墳から2km、市立泗水中学校の正門脇には、相生のムク・エノキ(県天然)の珍樹がある。

　泗水中学校から北東へ約5km行くと花房台地に、陸軍特別攻撃隊の中継基地として、1935(昭和10)年から40年にかけて造成された花房飛行場跡がある。1945年5月には、アメリカ軍の爆撃を受け、陸軍航空通信学校菊池教育隊69人が犠牲者になった。現在、跡地には慰霊碑が立ち、掩体壕・水タンクの残骸の一部が残っている。

　泗水地方は明治30年代から養蚕業が盛んで、1910(明治43)年、福本には泗水社が開業、1927(大正6)年には212釜あり、最盛期の従業員は500名を越えた。戦時中はでんぷん工場にもなった。現在2本の高い煙突が残っている。

　合志川に沿って3.5kmほど東へ行った住吉には、住吉日吉神社(祭神大山咋神)があり、雨乞太鼓や神楽は、菊池市指定無形民俗文化財となっている。また東へ800m行くと合志氏8代隆門が築いた飛熊館城跡がある。合志氏は、南朝方の菊池氏に北朝方として対抗した。

二子山石器製作遺跡 ㉒

〈M▶P.32,61〉合志市野々島　🅿(野々島公民館)
JR鹿児島本線・豊肥本線熊本駅🚌七城経由菊池温泉行野々島🚶5分、または熊本電気鉄道菊池線御代志駅🚕20分

二子山石器製作遺跡

合志歴史資料館には、同遺跡の石材類が展示

　高島舟着場跡から県道37号線を約4km南下すると、田島菅原神社(祭神菅原道真)横には、幕末から明治時代にかけて子弟教育をした伊牟田塾「清乃屋」跡の碑がある。

　田島菅原神社から南へ1km行くと、5～6世紀に築造された黒松古墳群がある。ヌレ(濡れ)観音古墳(円墳)を中心に6基の古墳と11基の横穴墓群、それを囲むように5基の古墳がある。合生には、1892(明治25)年に工藤左一・平田一十が開いた合志義塾跡がある。地方中堅人物の育成を目的に、教育勅語の

精神を実行し、多くの子弟を教育したが、1949(昭和24)年に閉塾した。

辻久保周辺の史跡

　田島菅原神社から県道37号線を南へ約3.7km、野々島バス停から東へ300mほど行くと、標高80mの二子山石器製作遺跡(国史跡)に至る。全国でも珍しい縄文時代晩期の石器製作遺跡で、安山岩の石材母岩や石片が散在している。なお、合志歴史資料館には、同遺跡の地図、石材採取の実物大模型、石材・石器類が展示されている。

　国道387号線へ出て、熊本方面に4kmほど行くと須屋に着く。北東にみえる竹林が、戦国時代に活躍した菊池氏一族の須屋市蔵の居城須屋城跡である。現在、土塁の一部や堀割などが残っている。

　須屋城跡から北へ500mほど歩くと、妙泉寺公園に着く。湧水池は回遊式庭園となっている。その横の須屋神社(祭神伊弉諾尊)は、1308(延慶元)年、菊池武時の勧請と伝えられ、須屋市蔵夫妻の木像がまつられている。

竹迫城跡 ❷

〈M▶P.32,61〉合志市竹迫字上ノ庄 P
JR鹿児島本線・豊肥本線熊本駅🚌合志経由泗水行竹迫城跡入口🚶2分、または九州自動車道熊本IC🚗15分

絵図とセットで竹迫城の遺構と環濠を確認

　竹迫の交差点から西北へ1kmほど行くと、竹迫(合志城・上庄城)跡に着く。竹迫城は、建久年間(1190～99)に竹迫氏の祖となる地頭中原師員(竹迫輝種)が築いたと伝えられる。以後、代々竹迫氏の本城とされたが、竹迫氏は永正・大永(1504～28)頃、豊後(現、大分県中部・南部)に移住した。その後、合志氏が当城に入り、合志郡内で勢力を張っていたが、天正年間(1573～92)、大友・島津の肥後争奪戦の間に没落を余儀なくされた。

　竹迫城跡は現在公園として整備されている。本丸跡には数基の五輪塔があり、その本丸跡の北側に日平・高見・田久保や本丸のすぐ南側には、大規模な空堀と土塁のセットの遺構をみることができる。また合志歴史資料館(合志市立ビーブル内)には、1825(文政8)年作製の「竹迫城絵図」が展示されていて、竹迫城跡を囲むように「惣ボリ」(環濠)が記されている。

　竹迫城跡の南西400mには、中原師員が1200(正治2)年に勧請

菊池氏ゆかりの地を訪ねる　61

した竹迫日吉神社(祭神大山咋神)があり，また竹迫日吉神社から東へ1.2kmには医音寺跡がある。そこには歴代の僧侶の墓や「元亀三(1572)年」の銘のある合志親為の逆修碑がある。その近くの竹迫観音堂には，馬頭観音像(時代不詳)が安置されて，毎年7月10日の夜には竹迫観音祭が開催されている。

円通寺 ㉔　〈M▶P.32〉菊池市旭志字弁利105-1　P
JR鹿児島本線・豊肥本線熊本駅🚌菊池温泉行御代志乗換え，旭志行岩本🚶3分，または菊池プラザ🚌15分

円通寺の石門と岩壁の「大慈」がシンボル

旭志は，東に阿蘇外輪山の鞍岳(1118m)を控えた酪農の盛んな集落である。鞍岳の中腹には熊本市出身の放浪歌人宗不旱の歌碑が立っている。臨終の地は，その下の1.3kmの所である。

岩本バス停の南250mほどの所に，1070(延久2)年，初代菊池則隆の創建と伝えられる大宝山円通寺(臨済宗)がある。本堂には聖観音菩薩像が安置され，広い境内に16羅漢・13仏石像・各首座の供養塔などがある。その後，菊池氏の衰退とともに荒廃したが，1667(寛文7)年に再興されたと伝えられる。境内入口には天保年間(1830～44)につくられたアーチ式の石門(県文化)がある。また岩壁に彫られた「大慈」の大文字は，江戸時代後期のものと伝えられている。

円通寺から南西に1.5km行くと，伊萩バス停に着く。そこから東へ200mほど行くと，かつて1根に25幹をもつ杉井川のスギ(樹齢不詳)が落雷と台風で倒木，現在は2幹ほどを残し，ひこばえの状態である。もと岩本の鶴の宮にあったが，1441(嘉吉元)年の大洪水で流され，現在地に根を下ろしたといわれている。さらに北東に2.5kmほど行くと，藤尾支石墓群(県史跡)がある。弥生時代中期の支石墓9基，積石墓4基，甕棺墓2基など，朝鮮半島に源流をもつ埋蔵遺構である。

また伊萩バス停から南

円通寺石門

へ300mほど行くと,都留集落の東端にキリシタン墓12基がある。そこから東へ3kmほど遡ると,安政年間(1854〜60),大津手永惣庄屋山隈權兵衛・新左衛門父子によって造成された灌漑用水の湯舟の堤があり,現在も540haをうるおしている。

大津・阿蘇

Ōtsu
Aso

大津街道杉並木

雲海に浮かぶ阿蘇五岳

大津・阿蘇

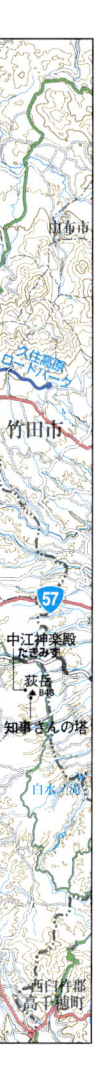

◎大津・阿蘇散歩モデルコース

1. JR豊肥本線三里木駅 _5_ 大津街道杉並木 _5_ 鉄砲小路 _10_ 梅ノ木遺跡 _5_ 上津久礼眼鏡橋 _30_ 鼻ぐり井手 _10_ 江藤家住宅 _5_ 岡本家住宅 _15_ 矢野家住宅 _20_ 旧大津宿 _10_ JR豊肥本線肥後大津駅

2. 南阿蘇鉄道長陽駅 _30_ 長野阿蘇神社 _20_ 柏木谷遺跡 _25_ 南阿蘇鉄道高森駅 _20_ 含蔵寺 _5_ 高森城跡 _10_ 高森駅 _7_ 白川水源 _20_ 南阿蘇鉄道阿蘇下田城ふれあい温泉駅

3. JR豊肥本線阿蘇駅 _3_ 西巌殿寺 _10_ 阿蘇神社 _5_ 霜宮神社 _5_ 中通古墳群・小嵐山 _5_ 国造神社 _45_ 中江神楽殿

4. 道の駅ゆうステーション _10_ 北里柴三郎記念館 _5_ 旧国鉄宮原線幸野川橋梁 _10_ 鏡ヶ池 _5_ 小国両神社 _15_ 下城の大イチョウ _15_ 下筌ダム _5_ しもうけ館

5. 道の駅ゆうステーション _3_ 鏡ヶ池 _5_ 小国両神社 _7_ 千光寺 _10_ 満願寺 _7_ 白内切の千人塚

6. 二重峠石畳 _11_ 的石御茶屋跡 _3_ 的石 _15_ 内牧御茶屋跡 _18_ 阿蘇神社 _5_ 坂梨御茶屋跡 _15_ 西南戦争薩摩軍砲台跡・カヲの墓 _10_ 小地野 _15_ 境の松の石畳

①大津街道杉並木	⑨的石御茶屋跡	⑰小国両神社
②梅ノ木遺跡	⑩内牧	⑱阿弥陀スギ
③旧大津宿	⑪坂梨	⑲北里柴三郎記念館
④江藤家住宅	⑫波野	⑳下城のイチョウ
⑤長野阿蘇神社	⑬阿蘇神社	㉑下筌ダム
⑥柏木谷遺跡	⑭国造神社	㉒満願寺
⑦高森城跡	⑮霜宮神社	
⑧二重峠	⑯西巌殿寺	

大津街道から南郷谷へ

参勤交代路である大津街道を通って、宿場町大津へ。さらに中世阿蘇氏の拠点であった南郷谷を訪ねる。

大津街道杉並木 ❶

〈M▶P.66,70〉 菊池郡菊陽町津久礼・原水
JR豊肥本線三里木駅🚶3分

加藤清正が整備、藩主の参勤交代に使用

　熊本城下を起点とする豊後街道は，大津街道ともよばれ，県道337号線(旧国道57号線)に沿って進み，武蔵塚のある熊本市龍田町弓削を経て，菊池郡菊陽町に入る。江戸時代，起点からの里程を示すために，街道には1里(約4km)ごとに里数木としてエノキが植えられた。三里木駅の名称もこれにちなみ，駅前には三里木の標識がある。この辺りから大津にかけて約3kmにわたって大津街道杉並木が残っている。加藤清正が慶長年間(1596〜1615)に整備したものといわれ，後を継いだ細川氏の歴代藩主もスギを補植するなど街道の整備に努めた。当時の道幅は30〜40m，スギの植えられた両土手間の幅は60〜80mにもおよぶ大規模なものであった。現在は，杉並木の間を県道とJR豊肥本線が並行して走っている。

　1818(文政元)年，肥後を訪れた頼山陽はこの景観に感動して，「大道平々砥も如かず，熊城東に去れば総て青蕪，老杉路を夾んで他樹無く，缺くる處時々阿蘇を見る」(原漢文)と詠じた。1934(昭和9)年，三里木駅から東へ500mほど行った街道側に，この詩を刻んだ頼山陽詩碑が建てられている。また豊肥本線原水駅の東約1.2kmの所に四里木跡の標柱がある。

　三里木駅の北約1.2kmの所に鉄砲小路がある。1635(寛永12)年，藩主細川忠利が，熊本城下町の防衛と未開地の開墾をかねて，浪人を配置した地鉄砲の村で，平時は農事に従事するかたわら，鉄砲など武芸の修練を行っていた。集落は東西4kmにわたり，道路沿いには，住民によって整備された生垣が，落ち着いた景観をつくり出している。集落の中央付近にある氏神の蘇古鶴神社

大津街道杉並木

68　　大津・阿蘇

(祭神健磐龍命ほか2神)は，忠利が熊本城の鬼門封じとして阿蘇神を勧請したもので，寛永年間(1624〜44)の様式を残すとされる楼門がある。

梅ノ木遺跡 ❷　〈M▶P.66,70〉菊池郡菊陽町津久礼 P
JR豊肥本線三里木駅🚶10分

弥生時代の集落・墓地、支石墓2基を復元

　三里木駅の南約900m，白川に架かるみらい大橋の橋脚下の一帯が梅ノ木遺跡である。弥生時代中〜後期の集落跡と墓地で，1982(昭和57)年と1995(平成8)年の2度の発掘調査により，竪穴住居跡200棟以上が確認された。遺跡の一部は整備されて小公園となり，支石墓2基が復元されている。

　梅ノ木遺跡の北側，段丘下を通る県道207号線は殿様往還とよばれ，大津街道が整備される以前の主要な交通路であった。この一帯は古くから開け，付近には今石横穴古墳群(古墳時代)，今石城跡(中世)など，各時代の遺跡が点在している。

　みらい大橋北詰から東へ約2km，上津久礼バス停の南約300mの所に上津久礼眼鏡橋がある。1838(天保9)年に建造された，長さ16.2m・幅2.8m・高さ3.5mの2連アーチの石橋である。津久礼井手と瀬田下井手に架かる橋であったが，1989(平成元)年，圃場整備事業にともなって現役を退き，公園化され保存されている。

　上津久礼眼鏡橋南東の辛津橋を渡り，白川沿いに東へ約800m行くと，県道145号線が県道209号線と高架下で交差する所に鼻ぐり井手がある。加藤清正の治水事業の一環として，1608(慶長13)年に掘削された。岩盤を約4〜5m間隔で幅約1m・高さ約4mの橋のように残し，下辺に直径2m強の水流穴を刳り抜いたもので，穴の形がウシの鼻ぐり(鼻輪)に似ているところからその名がある。

　鼻ぐり井手から約2.5km南下すると，国道443号線の道明入口バス停の南約150mに南郷往還(高森往還)跡の石畳がある。南郷往還は，江戸時代，熊本・大津と阿蘇南郷谷・

鼻ぐり井手

大津街道から南郷谷へ

三里木駅周辺の史跡

高千穂を結ぶ重要な道路であった。ここから熊本空港のある高遊原台地にかけては急坂で、石畳が敷かれていたが、現在はその一部のみが残っている。また、石畳の西側国道沿いに立つ1840(天保11)年造立の道標は、国道向かい側の角から移設したもので、「右まんとく(現、阿蘇郡西原村万徳) 左おふつ(大津)」と刻まれている。

旧大津宿 ❸　　〈M▶P.66〉菊池郡大津町大津
JR豊肥本線肥後大津駅 🚶 3分

豊後街道の宿場町 手永会所表門が移築現存

肥後大津駅北側の県道30号線に沿って旧大津宿の町並みが広がる。大津は、かつて阿蘇・菊池方面からのさまざまな産物が集まる交通の要衝で、多くの旅人で賑わった。旧街道は県道北側の上井手沿いの道路で、大願寺・光尊寺(ともに浄土真宗本願寺派)がある。

町の中心は、駅の北東約500m、大津郵便局から北に向かう町道沿いの中町集落である。参勤交代時に藩主が宿泊した大津御茶屋、上級武士の宿舎御客屋を始め、大津手永会所や近郷の年貢米を収納した大津御蔵などの跡があり、標柱が建てられている。なお、手永会所表門は、集落西側の丘陵上にある浄正寺(浄土真宗本願寺派)に移築されて現存する。

集落東側の丘陵は、中世の領主大津氏の居城東嶽城跡で、大津の氏神である大津日吉神社(祭神大山咋神ほか8神)が立つ。1644

大津手永会所表門（浄正寺）

（正保元）年，白川北岸の上町にある天神森に近江坂本の日吉神社を勧請・創建されたもので，1926（大正15）年，現在地に遷された。一帯はツツジの名所で，毎年4月中旬〜5月中旬に開催されるつつじ祭りには多くの参拝者で賑わう。集落の北はずれの簀戸口に大津番所跡があり，ここで手形が改められていた。番所跡の少し先，町民グラウンドに向かう道との三差路には五里木跡がある。

　大津中町から高尾野を経て，二重峠に至る豊後街道を通称清正公道という。加藤清正が整備したもので，現在，高尾野の県道339号線沿いに石畳が残っており，清正公道公園として整備されている。また公園の東200m，新小屋地区に六里木跡がある。

　大津から県道202号線を約7km北上すると，二鹿来川と矢護川に挟まれた台地上に無田原遺跡（県史跡）がある。縄文時代早期・前期の遺跡で，多量の土器・石器が出土し，配石遺構や集石遺構も確認されている。大津町から菊池市旭志にかけての阿蘇外輪山西麓には，古くから人が住んでおり，旧石器時代からの遺跡が点在している。

　肥後大津駅から国道57号線を東へ約10km行くと，立野駅の南側，白川を挟んでみえる標高790mの北向山の斜面が阿蘇北向谷原始林（国天然）である。シイ・カシなどの常緑樹，ケヤキ・カエデなどの落葉樹の原生林になっている。

江藤家住宅 ❹　〈M▶P.66〉菊池郡大津町陣内1652ほか
JR豊肥本線肥後大津駅🚌陣内経由交通センター行陣内 🚶1分

江戸時代後期の豪農住宅　毎年4月、11月に一般公開される

　肥後大津駅から県道202号線に出て，南へ約2km行くと江藤家住宅（国重文）がある。江藤家は，江戸時代に大津手永の豪農として栄え，第二次世界大戦後の農地改革まで県内有数の大地主であった。屋敷は江戸時代後期から明治時代後期にかけてつくられたものである。母屋（主屋）建坪196坪（約647m²）で，23部屋をもつ一部2階建

大津街道から南郷谷へ

江藤家住宅

て・桟瓦葺きの主屋(附小屋)の周囲に,長屋門・中の蔵・馬屋・裏門を配し,庭園など総面積6227m²にもおよぶ。4月,11月の各1日に屋敷内の一般公開が行われる。

江藤家住宅から西へ約600m行き左折,窪田阿蘇神社(祭神健磐龍命ほか11神)の前を通って南下すると,上町公民館の裏手に天神森の椋(県天然)がある。一帯は大津日吉神社の旧境内地である。さらに西へ約500m行った大津下町バス停近くには,幕末から明治時代初めに活躍した11代横綱不知火光右衛門の墓がある。

江藤家住宅から東へ約2km,右折して南へ200mほど行くと,下森集落内に岡本家住宅がある。岡本家は,幕末の在郷武士で,明治時代からは地主として繁栄した。1840(天保11)年に建てられた二重屋根が特徴的な主屋のほか,馬屋・南の倉・三階の倉・表門・裏門・塀・石橋・外便所・浄化槽(いずれも国登録)が残り,在郷武士・旧地主層の屋敷構えがわかる貴重な建造物である。

岡本家住宅より南進,白川に架かる森橋を渡るとまもなく阿蘇郡西原村に入る。さらに約6km南下すると,河原集落内に矢野家住宅がある。本宅は,主屋・倉・味噌倉・納屋・表門・裏門・中門(いずれも国登録)がほぼ完璧に残され,明治時代の地主層の住宅を代表する建造物となっている。本宅に隣接する新宅主屋(国登録)は1929(昭和4)年に建てられたもので,本宅とくらべると建物全体が高くつくられ,大正〜昭和時代初期の住宅の変遷がよくわかる。

長野阿蘇神社 ❺ 〈M▶P.66〉阿蘇郡南阿蘇村長野542 P 南阿蘇鉄道阿蘇下田城ふれあい温泉駅🚌地獄・垂玉温泉行上長野🚶2分

岩戸神楽が有名 毎月第2日曜日に定期公演

国道325号線の河陽交差点から県道149号線に入り,約500m行くと,京都大学火山研究センター(本館)がある丘陵の麓に西南の役公園がある。ここには西南の役で戦死した佐川官兵衛碑や戦死者慰霊碑がある。佐川官兵衛は元会津藩家老で,藩主松平容保に従って

長野岩戸神楽

京都で活動した。戊辰戦争を転戦した後，明治時代になると警視庁に出仕し，西南の役では警視隊長として従軍した。村内には，村立白水中学校正門前に足跡碑，吉田に鬼官兵衛記念館がある。南阿蘇鉄道立野駅より長陽駅への1.5kmの所には，1927（昭和2）年に建設された日本最初の鋼鉄製バランスド・アーチ橋の第一白川橋梁が架かる。白川の水面からは62mある。

　長陽駅から北西へ約700m行くと，南阿蘇村役場長陽庁舎の隣に歴史民俗資料館がある。村内の遺跡の出土品や，古文書・絵図などの歴史資料，生活用品や農耕用具などの民俗資料が展示されている。なかでも西野宮神社梵鐘（県文化）は銘によると，「延徳二（1490）年」に寄進されたもので，その重厚な造りが目を引く。

　長陽庁舎の北東約2km，上長野バス停の100mほど北側に長野阿蘇神社（祭神阿蘇五宮・阿蘇惟英）がある。5月中旬と10月下旬の大祭で奉納される長野岩戸神楽（国選択）は，寛文年間（1661〜73），長野城主の孫長野九郎左衛門が，日本古来の神楽のほか，宮中雅楽や舞楽などを参考に原型を創作したものとされ，33座の演目が受け継がれている。

　現在，神社近くの神楽の里公園にある神楽殿で，毎月第2日曜日に定期公演が行われている。

柏木谷遺跡 ❻

〈M▶P.66〉阿蘇郡南阿蘇村久石　P
南阿蘇鉄道長陽駅🚌久木野経由高森駅前行あそ望の郷🚶1分

古墳時代の方形周溝墓・円墳など史跡公園として整備

　南阿蘇鉄道中松駅の南約1.7km，県道28号線沿いの久木野村体験道場「おふくろ館」の裏手に，柏木谷遺跡（県史跡）がある。縄文時代前期から近世にかけての複合遺跡で，1991（平成3）年の発掘調査により弥生時代の住居跡19基のほか，古墳時代の方形周溝墓12基・円形周溝墓9基・円墳1基などが確認された。現在は史跡公園をかねたパークゴルフ場として整備され，人びとの憩いの場となっている。

大津街道から南郷谷へ

柏木谷遺跡

　中松駅から北西へ約1km行くと，中松に一心行の桜がある。1580（天正8）年，矢崎城（現，宇城市三角町）で薩摩（現，鹿児島県西部）の島津氏と戦って討死した阿蘇氏の家臣中村伯耆守惟冬の妻子が故郷である白水村（現，阿蘇郡南阿蘇村）へ戻り，惟冬の菩提を弔うためにこの地に1本のサクラを植え，一心に行を修めたと伝えられる。

　中松駅の東隣の阿蘇白川駅から東へ約1km行くと，白川吉見神社（祭神国龍大明神・罔象女命）の境内に白川水源がある。毎分60tもの湧水量を誇り，水が池底の砂とともに吹き上げられているのがわかるほど透明度が高く，神秘的な雰囲気をかもし出している。

高森城跡 ❼　〈M▶P.66〉阿蘇郡高森町高森 P
南阿蘇鉄道高森駅 🚃 草部南部線行高森峠 🚶 5分

阿蘇氏家臣高森氏の居城 島津氏の攻撃で落城

　高森駅から北に向かい，高森交差点を右折して国道325号線を高森峠方面に約4km行くと，高森城跡の石碑がある。高森城は，阿蘇氏の家臣高森伊予守惟直の居城とされ，1586（天正14）年，薩摩の島津氏の攻撃で落城し，惟直も討死したといわれる。城跡北麓の含蔵寺（曹洞宗）は高森氏の菩提寺で，高森惟直の墓のほか，落城当時の客将であった武田大和守元実の墓がある。

　高森駅の北約3km，中岳登山口バス停手前を左折して山鳥集落へ向かうと300mほどで色見熊野座神社（祭神伊弉諾命・伊弉冊命・石君大将軍）に至る。毎年10月24日に行われるめし食い祭りは1升2合をもり立てた食膳に，簔笠を着けて食べる珍しい祭りである。

含蔵寺

中世阿蘇氏の本拠地——南郷谷

コラム

阿蘇氏館跡から大量の輸入・国産陶磁器が出土

　阿蘇国造に系譜をもち、阿蘇社の神主家である阿蘇氏は、武士団化して、12世紀前半には社領を王家領の荘園とするとともに、阿蘇郡だけでなく、託麻・益城・宇土など肥後中央部に巨大な勢力を形成した。

　阿蘇氏が南郷谷に本拠をおいたのもこの時期と考えられ、『吾妻鏡』治承5(1181)年2月29日条に「南郷大宮司惟安」とある。南郷谷に移ったのは、阿蘇氏よりも肥後全体をにらむうえで好都合であったためと考えられる。以後、鎌倉時代を通して、阿蘇氏は南郷谷を拠点に活動していくことになる。

　南北朝時代になると、阿蘇氏は、北朝方の惟時の系統と南朝方の惟澄の系統に分裂するが、北朝方が矢部(現、上益城郡山都町)あるいは甲佐(現、上益城郡甲佐町)を本拠として、益城郡を勢力下においていた。南朝方は南郷谷を本拠として、阿蘇郡を支配した。この対立は南北朝合一後も続くが、1451(宝徳3)年に北朝系の惟忠が南朝系の惟歳を養子にすることで合一が実現し、以後、阿蘇氏の本拠は矢部におかれることとなった。

　1994(平成6)年から1995年にかけて県教育委員会が発掘調査を行い、南阿蘇村(旧白水村)の二本木前遺跡と祇園遺跡は、この時期の阿蘇氏の居館跡と推定されている。

　二本木前遺跡は中世の遺跡で、とくに平安時代末期から鎌倉時代のものと推定される100m×150mの方形溝は、水堀であったことが判明し、多数の木製品や輸入・国産の陶磁器などが出土した。また溝の内側には10棟の掘立柱建物跡が整然と並んで検出された。

　また祇園遺跡からは、38棟の掘立柱建物跡が確認され、磁州窯系鉄絵壺(県文化)を始めとする12～15世紀にかけての輸入・国産の陶磁器などが大量に出土し、その内容は貿易港博多の都市遺跡群に匹敵するものである。

　遺物の出土状況から、二本木前遺跡の館跡は比較的早い時期に廃棄されたと考えられることから、ここが当初の居館跡で、のちに祇園遺跡に移転したものと考えられている。

　高森の中心部から国道325号線を南東へ約13km行くと、奥阿蘇大橋を渡る。さらに約2km行き右折、南下すると草部吉見神社(祭神日子八井命など12神)に至る。社殿が鳥居より百数十段下に立つ、全国的にも珍しい「下り宮」である。

　高森峠隧道の東約2kmの地点で国道325号線から県道212号線に

入り，さらに北東へ約8km行った峯の宿（みねしゅく）地区には，盆踊りとしてばんば踊り（県民俗）が伝承されている。毎年8月14～15日に初盆のある家の庭か，初盆のないときには村の広場で踊られる。

峯の宿の東方約8km，尾下（おくだり）集落内の多々野バス停北側には尾下菅原（すがわら）神社（祭神菅原道真（みちざね）・国常立命（くにとこたち）・天宇受女命（あめのうずめ））がある。毎年10月3日の秋の大祭で奉納される獅子舞（ししまい）（県民俗）は，雌雄2体の獅子が唐うちわをもった勢子（せこ）と競い合って舞うものである。

尾下の北東約5km，大野川の最上流，支流の大谷川と牧戸川が合流する大分県竹田市荻町との県境部に白水の滝（国登録）がある。最奥部に所在する1段目の滝は，高さ約20m，幅約19m，その下流に位置する2段目の滝は高さ約17m，幅約20mの規模をもつ。

国道325号線と県道212号線の分岐点から約3.7km南下すると高畑赤立遺跡（たかはたあかだていせき）（県史跡）がある。阿蘇外輪山南東部の標高700mの台地に位置する弥生時代の遺跡で，発掘調査により，広場を中心としてほぼ円形に配置された7棟の竪穴（たてあな）住居跡がみつかり，1世紀頃のものと考えられる土器・石器などが出土した。ほかに石材や剥片（はくへん）などが多く出土することから，石器製作を行った小規模な集落遺跡と考えられている。なお，出土品などは熊本大学が保管している。

② 阿蘇谷から小国郷へ

『隋書』倭国伝にも記された霊山阿蘇の裾野に広がるこの地方は、自然豊かな有史以前からの歴史の宝庫である。

二重峠 ❽ 〈M▶P.66〉阿蘇市車帰 P
JR豊肥本線赤水駅🚶11分

かつての阿蘇地方の玄関口

菊池郡大津町から国道57号線を経て旧豊後街道(清正公道)である県道339号線(通称ミルクロード)に入り、阿蘇方面へ向かって約9km北上すると二重峠に至る。

二重峠の名は、阿蘇の国造神である健磐龍命が、火口原の水を干すために外輪山がもっとも低かったこの地を蹴破ろうとしたが、山が二重になっていたため失敗したとの伝説に由来する。

大津町から阿蘇市方面へ通じる豊後街道は、加藤清正によって開かれ、参勤交代道として細川氏によって整備された。二重峠は、小国・阿蘇・大津を結ぶ交通の要地であり、江戸時代、阿蘇地方の農民たちは大津にある熊本藩の米蔵に年貢米を運ぶためにこの峠を越えた。

1864(文久4)年には、四国艦隊下関砲撃事件調停の幕命を受け、江戸から長崎に向かった勝海舟が、坂本龍馬らとともにこの峠を大分方面から越えている。『海舟日記』の「二重の峠あり。甚だ高く、峠の道十八、九町、最難所、路、道の脚、ほとんど頂上をめぐる」との記事に、峠を越える苦労がうかがえる。また、西南戦争(1877年)の際には砲台を築いた薩摩軍と官軍(東京府警視隊)の激戦が行われた場所でもあり、「二重峠西南之役戦碑」と刻まれた石碑が立っている。

この石碑からさらに東へ1.5kmほど行くと、右手に「歴史の道　豊後街道石畳」の看板が立っており、阿蘇谷へ標高差225mをくだる、幅2～3m、全長約2kmの石畳が残されている。坂をくだって行くと、途中、旅人ののどをうるおしたであろう牛王の水、「岩坂村つくり」と刻まれた石などがあり、くだ

二重峠の石畳

りきった所が，坂の下御茶屋とよばれた旅人の休息所跡である。阿蘇地区の豊後街道では，二重峠のほか，阿蘇市一の宮町坂梨から外輪山をのぼる滝室坂，大分県竹田市久住町方面へ抜ける阿蘇郡産山村などの急坂のある難所に石畳がつくられたが，これらの道の整備は近隣の村々に割り当てられた。近年，これらの地には案内板が建てられている。豊後街道は，1884(明治17)年に国道57号線が開通すると，主要道としての役割を譲った。

的石御茶屋跡 ❾ 〈M▶P.66〉阿蘇市的石 P
JR豊肥本線赤水駅 🚗 5分

豊かな湧き水と見事な庭園に心癒される

二重峠をくだり，外輪山沿いの県道149号線を東へ進むと，ほどなく杉木立の中に「八里木址」の白い標柱がみられる。さらに約1km進むと，参勤交代のおり，藩主の休息所となった的石御茶屋跡に着く。現在は小糸氏の住宅となっており，駐車場や案内板も整備されている。建物の間取りは保存されているようだが，建物内の見学はできない。ただ，みごとな庭園に往時を偲ぶことができる。

御茶屋跡の裏手には，熊本藩3代藩主細川綱利が創建したとされる隼鷹天満宮(祭神菅原道真)がある。境内には渾々と清水が湧いており，御茶屋の庭園の池に流れ込んでいる。なお，この旧道沿いは外輪山直下の湧水帯で，古くから集落が形成された所である。

御茶屋跡から北へ約1km，案内板に従って左手の階段を100mほどあがると，地区名の由来にもなっている高さ約10m・周囲約20mの巨岩である的石がある。健磐龍命が，往生岳の山頂からこの岩を的にして弓矢の訓練をしていたとき，矢拾いをさせられていた鬼八が100本目の矢を足で投げ返したため，怒った健磐龍命は鬼八を捕らえ，首をはねたと伝えられている。この伝説は役犬原の霜宮神社の伝説へとつながる。

さらに東へ1kmほど行くと「九里木の址」の

的石御茶屋跡

標柱が立っている。地元では一里山とよぶが，それは江戸時代の阿蘇支配の拠点であった内牧から1里（約4km）にあたることによる。

なお，県道149号線沿いには，2000（平成12）年頃，小野原遺跡（狩尾），下扇原遺跡（三久保）といった弥生時代の集落跡が発見されている。また，県内の古墳の石室や石棺などに塗られたベンガラの産地でもある。

内牧 ❿

〈M▶P.66, 80〉阿蘇市内牧
JR豊肥本線内牧駅🚌内牧行，または内牧経由阿蘇駅前行内牧🚶15分，または🚗7分

阿蘇を代表する温泉街で文人の足跡も多い

内牧は，16世紀半ばに阿蘇氏により内牧城が築かれ，阿蘇地方に進入した薩摩の島津氏との激戦地となったと伝えられている。加藤清正が肥後に入国した後，加藤右馬允可重が内牧城城代をつとめたが，1615（元和元）年の一国一城令で廃城とされた。細川氏の入国後，内牧には郡代がおかれ，熊本藩の阿蘇地方支配の拠点となり，また内牧御茶屋なども設けられて豊後街道の宿場町としても栄えた。現在，阿蘇市立体育館の立つ場所が，かつての内牧城・内牧御茶屋跡である。

内牧では古くから温泉が発見されていたが，明治時代に温泉街として発展し，多くの文人墨客がこの地を訪れた。ホテル山王閣には夏目漱石が投宿した当時の部屋が保存され，文学碑がある。また，旅の途中で与謝野鉄幹・晶子らが訪れた座敷や句碑などが蘇山郷ホテルにある。また，観光施設「はな阿蘇美」近くのともした旅館には，種田山頭火の句碑がある。

坂梨 ⓫

〈M▶P.66, 80〉阿蘇市一の宮町坂梨
JR豊肥本線宮地駅🚶20分，または🚌産山環状線坂梨小学校前🚶4分，または🚗3分

かつての宿場の名残をとどめる静かな町並み

宮地駅から国道57号線を東へ約2km行き，市立坂梨小学校前で右手に入ると坂梨の町に入る。江戸時代には，豊後街道・日向往還・野尻往還の結節点の宿場町として栄え，坂梨手永会所もおかれた。往時には，造酒屋や呉服屋，旅籠などが軒を連ねて賑わったが，鉄道の開通で宿場としての機能を失い，全長1km余りの通りも今は静かな町並みである。現在，坂梨地区では，かつての宿場町の史跡

阿蘇谷から小国郷へ

天神橋

と景観の整備に取り組んでおり，歩いて風情を楽しめる。

国道57号線との分岐点から旧豊後街道を150mほど行くと，坂梨手永会所跡標柱がある。さらに50mほど行くと，通称天神橋とよばれるアーチ型の石橋が架かっている。橋の欄干には，「弘化四(1847)年丁未寿吉辰　八代郡種山手永　棟梁石工　卯助」と刻まれている。棟梁の卯助は，通潤橋や霊台橋などを架けた種山石工の1人である。天神橋の最後の一石を積む際に，アーチの下に座したという。現在，表面はアスファルト舗装されているが，下部は原形をとどめており，1990（平成2）年の大水害にも耐えた。石工たちが，その命をかけた施工技術の高さに驚かされる。

通りの奥，高森方面へ向かう国道265号線(旧日向往還)との交差点付近には，かつての大地主で虎屋の屋号をもっていた菅家があり，その白壁と長塀の風情が印象的である。虎屋を過ぎて少し歩くと，左手に木喰上人作の木造子安観音立像が納められた祠があり，そ

阿蘇駅周辺の史跡

大津・阿蘇

の先の狭い道を左手に折れ，現在の国道57号線を渡ると坂梨御茶屋跡がある。現在立っている家は，御茶屋を管理していた市原家が明治時代に建てたもので，この屋敷地一帯に御茶屋があった。案内板がなくわかりにくいが，旧街道からまっすぐ御茶屋まで引かれた道には，かつて大きな門もあった。なお，木喰上人作の子安観音立像から少し先へ旧街道沿いに進むと，枡形とよばれるクランク状の道筋に出合う。

旧宿場の町筋を抜けると，いよいよ豊後街道最難所の滝室坂である。「大坂に坂無し，坂梨に坂有り」といわれた滝室坂は，かつて石畳が整備され，外輪山を一気に200m以上もあがる急峻な坂道である。入口付近は石畳が残るが，いよいよ外輪山へののぼりにかかる辺りからは，1990(平成2)年の大水害で大きな被害を受け，廃道となっている。

国道57号線となっている現在の滝室坂をのぼり，1kmほど行くと，左手に西南戦争薩軍砲台跡の白い標柱と「カヲの墓」と書かれた案内板が立っている。西南戦争(1877年)のおり，薩摩軍がこの背後の丘の上に砲台を築き，官軍と激しい戦いとなった場所である。豊後街道は，この後，御茶屋のあった笹倉地区(阿蘇市波野)から阿蘇郡産山村へ入り，大分県竹田市久住町方面へ抜けて行く。産山村にも旧街道の石畳が残されており，とくに現在の熊本県と大分県の県境にある境の松の石畳は保存状態もよい。

波野 ⑫ 〈M▶P.66〉阿蘇市波野
JR豊肥本線宮地駅🚗15分

阿蘇の原野に抱かれた神楽の里

滝室坂を越え，国道57号線を3kmほど北上すると，1993(平成4)年に九州で最初にできた道の駅である，道の駅「波野」がある。ここには地元名産の蕎麦を食べられるレストランや岩戸神楽の実演がみられる神楽苑が併設されている。

道の駅「波野」からさらに2kmほど進むとかつての宿場町笹倉地区である。西南戦争で町が焼かれ，往時を偲ぶことは難しいが，旧街道の石畳などが残っている。ここから国道57号線を右折し南へ4kmほど行くと，九州でもっとも標高の高い駅(754m)，波野駅がある。波野駅を過ぎて南西へ8kmほど進んだ中江地区に伝わる

阿蘇谷から小国郷へ

知事さんの塔

中江の岩戸神楽(国選択)は、地区内の中江神楽殿で4〜11月第1日曜日の13〜15時(10月をのぞく)に公演が行われる。

中江神楽殿の南方に荻岳(おぎだけ)(843m)山頂へ続く登山道があり、車でものぼることができる。阿蘇山・久住山・祖母山が見渡せる山頂には、細川家の家紋九曜紋(くようもん)を刻んだ知事さんの塔が立っている。これは、1870(明治3)年に当時の知藩事(ちはんじ)細川護久(もりひさ)が率いる実学党政権(じつがくとう)が、雑税の廃止を行ったことを記念して建てられた石碑である。同様のものが阿蘇市波野、阿蘇郡産山村などに7基確認されている。また、この碑の脇には、方角を示した丸い石版(せきばん)が埋めてある。荻岳の頂上からは、豊後との国境を含め、まさに360度の眺望が開けており、かつて国境を監視するためにおかれたものであろう。

阿蘇神社(あそじんじゃ) ⓭
0967-22-0064
〈M▶P.66,80〉阿蘇市一の宮町宮地3083-1 P
JR豊肥本線宮地駅🚌宮地環状線内牧行、または道尻・内牧経由阿蘇駅前行阿蘇神社前🚶4分、または🚗4分

火の国阿蘇を鎮め阿蘇開闢の神々を祀る社

宮地駅の駅舎を出て、正面の道を北へ1.5kmほど行くと、阿蘇開闢(かいびゃく)の神である健磐龍命を主神として12の神々をまつった阿蘇神社がある。10世紀初めに成立した『延喜式(えんぎしき)』神名帳(じんみょうちょう)にも記載された式内社(しきないしゃ)で、明治時代には官幣大社(かんぺいたいしゃ)とされた。阿蘇神社の末社(まっしゃ)は、現在、県内に300社を超えるが、このことからも肥後国一宮(いちのみや)という社格の高さと、中世阿蘇氏の勢力の大きさをうかがい知ることができる。ただし、社殿がこの地に鎮座するようになった時期については、はっきりした記録がない。

天文年間(1532〜55)に社殿を焼失し、300年ほど仮社殿の状態が続いていたが、1835(天保(てんぽう)6)年から1849(嘉永(かえい)2)年にかけて、熊本藩主細川氏の援助により現在の社殿(一の神殿・二の神殿・三の神殿、国重文)が建てられた。参道中央にある2層の屋根をもつ楼門(ろうもん)(国重文)には、肥後国一宮としての風格が漂う。門に架かる「阿蘇神

阿蘇神社楼門

社」の扁額の文字は、有栖川宮熾仁親王の手によるものである。

阿蘇神社の宮司であり、現在91代を数える阿蘇氏は、主神である健磐龍命の後裔とされており、古代以来、この地方を支配した国造の子孫と考えられる。

中世には大宮司を称し、11世紀後半から12世紀後半にかけて旧阿蘇郡一帯を社領とした。『延喜式』では3柱であった阿蘇神社の祭神が、12世紀後半頃までに12柱に増えているが、これは、阿蘇大宮司を中心に、阿蘇地方の在地勢力が大規模な武士団を結成したこととつながりがあると考えられている。

その後、阿蘇氏は矢部・甲佐・益城などに進出して、菊池氏と並ぶ大きな武士団となった。この頃の阿蘇氏の居館跡と考えられているのが、近年発見された阿蘇郡南阿蘇村の二本木前遺跡・祇園遺跡である。

南北朝時代には、阿蘇氏は同族内で分裂・抗争を繰り返し、豊後(現、大分県中部・南部)の大友氏と薩摩(現、鹿児島県西部)の島津氏という二大勢力の狭間で勢力の維持に苦心して徐々に勢力が衰えた。そして、豊臣秀吉の九州征討(1587年)後は神職として、江戸時代に入ると、藩主の加藤氏や細川氏から厚い保護を受けた。

阿蘇神社に伝わる農耕祭事は、国造神社などのものも含め、阿蘇の農耕祭事として国の重要無形民俗文化財に指定されている。

国造神社 ⑭　〈M▶P.66,80〉阿蘇市一の宮町手野2110　P
0967-22-4077　JR豊肥本線宮地駅🚌15分

阿蘇の国造神をまつる歴史のある社

阿蘇神社から北へ5kmほど行くと手野集落に至り、その中を流れる宮川の上流に国造神社がある。主神は、健磐龍命の子で国造神とされる速瓶玉命である。境内隣の畑の中に、6世紀頃の築造と考えられる上御倉古墳・下御倉古墳(ともに県史跡)がある。ともに横穴式石室をもつ円墳であり、内部をみることもできる。この付近の水田には小さな円墳が点在している。

阿蘇地方最大の古墳群は、阿蘇神社から北へ3kmほど、水田の

阿蘇谷から小国郷へ

上御倉古墳

中の農道を行った，大小12基の古墳からなる中通古墳群(県史跡)である。主墳の長目塚古墳は，もとは全長111m，後円部の高さ9.2mという県内最大級の前方後円墳であった。1950(昭和25)年の河川改修によって，前方部が削られたが，このときの発掘調査で被葬者が女性であったことがわかっている。長目塚古墳近くの小嵐山にのぼると，中通古墳群の全体像がよく見渡せる。

霜宮神社 ⓯

〈M▶P.66,80〉阿蘇市役犬原
JR豊肥本線宮地駅 8分

鬼八伝説ゆかりの地元の人々に守られた社

阿蘇神社から県道110号線を内牧方面へ約2.5km行くと，役犬原集落である。豊富な湧水に恵まれた地で，幾つもの自噴井がみられる。集落から案内板に従って800mほど歩くと，鬼八の伝説とそれにまつわる火焚き神事で知られる霜宮神社がある。

健磐龍命の矢を足で拾い返したために首をはねられた鬼八が，「死んだら天にのぼって霜を降らす」と怨念の言葉を残して息絶え，その後，阿蘇地方は霜害や冷害に苦しみ，そこで健磐龍命が鬼八の魂を鎮め，農作物を霜害から守るために行ったのが，当社の火焚き神事の始まりと伝えられる。毎年8月19日から60日間，幼い火焚き乙女が火焚殿の中に寝泊まりしながら，神体を暖める火の番を続ける。これは，斬られた首の傷口を痛がる鬼八の痛みを和らげるためだという。この神社の主神である天津神については，北斗信仰の神であるとの説もある。なお，2009(平成21)年9月の神事中に火焚殿は全焼した。

西巌殿寺 ⓰

0967-34-0928

〈M▶P.66,80〉阿蘇市黒川1114 P
JR豊肥本線阿蘇駅 10分

阿蘇修験道の伝統を今に伝える古刹

阿蘇駅前は，近年，道の駅「阿蘇」ができて賑わっているが，ここから阿蘇登山道沿いに南へ600mほど行くと西巌殿寺(天台宗)がある。最栄という僧が，阿蘇山上に十一面観世音菩薩像をまつっ

西巌殿寺

たのが始まりとされ、726(神亀3)年と1144(康治3)年との2説がある。その後、阿蘇山を修行の舞台とした修験道寺院として発展し、最盛期には37の坊舎、60余りの庵室をもっていた。
　現在の西巌殿寺のある坊中地区から阿蘇登山道路を10kmほどのぼると、阿蘇火山博物館や草千里に着くが、これより少し山頂側に進んだ付近が山上伽藍が営まれた場所とみられる。現在は草原となっており、「古坊中」と書かれた案内板が建てられている。
　西巌殿寺は、戦国時代の終わり、山伏たちがほうぼうに散り、山上伽藍は放棄され、ほとんど廃墟と化したという。しかし、肥後に入国した加藤清正が、「麓坊中(現在は坊中とよばれる)」とよばれる37坊を再建し、山上に本堂を建立し、細川氏も引き続き保護を与え、修験道場として再び繁栄を取り戻した。明治時代初期の神仏分離令で神仏混淆が禁止され、廃仏毀釈運動が始まると、山伏たちの多くは還俗し、坊舎は破壊された。1871(明治4)年に古跡を保存しようという運動がおき、山上の本堂を麓におろし、これが現在の西巌殿寺となった。
　かつて、本堂には県指定文化財の十一面観世音菩薩像などがあったが、2000(平成13)年の不審火によって、本堂とともに灰燼に帰した。ただし、後奈良天皇の宸筆とされる紺紙金泥般若心経、懐良親王の筆とされる紙本墨書仏舎利渡状(ともに国重文)や中世・近世の古文書類は別に保管されており、難を逃れている。
　西巌殿寺では、毎年4月13日、火渡りで知られる阿蘇山観音祭りが催される。火渡りとは熾火の上を渡るものだが、修験者を先頭に、一般の人びとも参加する。

小国両神社 ⑰　⟨M▶P.66⟩ 阿蘇郡小国町宮原1670 P
0967-46-2649　　JR豊肥本線阿蘇駅🚌55分

　阿蘇駅から国道212号線を約25km北上すると、国道387号線沿いに円形で総ガラス張りのユニークな建物がある。宮原線小国駅跡

阿蘇谷から小国郷へ

鏡ヶ池

伝統ある小国郷の鎮守社と悲恋伝説の鏡ヶ池

に建てられた、道の駅「小国ゆうステーション」である。

ここから静川沿いに南東へ1kmほど行くと、左手に小松女院と清原正高(清原元輔の子、清少納言の兄)の悲恋伝説が伝わる鏡ヶ池がある。円融天皇の頃(10世紀後半)に、醍醐上皇によって豊後に左遷された正高を追って九州にくだった小松女院とその侍女11人が、正高との再会を願って12面の鏡を沈めたと伝えられている。女院は、その後、正高が豊後玖珠(現、大分県玖珠郡)の地で地元の女性と結婚したとの噂を聞き、傷心の末、侍女とともに滝に身を投げたという。その事を伝え聞いた正高は女院の骸を探し出し、手厚く葬ったと伝えられている。

鏡ヶ池から300mほど道なりに進むと、小国両神社に至る。健磐龍命の孫高橋神と火の宮神が主神であり、そのため「両神社」の名がある。この2神は、小国出身の雨宮媛命と国造神社の主神速瓶玉命の子と伝えられている。創建時期は判然としないが、公式の文献に登場するのは14世紀半ばである。平安時代後期の火災の記録や、鎌倉幕府5代執権北条時頼との関係を伝える伝説も残っている。

阿弥陀スギ ⑱　〈M▶P.66〉阿蘇郡小国町黒淵
JR豊肥本線阿蘇駅🚌65分

田園の中にひっそりと立つ大樹

道の駅「小国ゆうステーション」から国道387号線を西へ3kmほど行き、右折すると坂本善三美術館がある。1872(明治5)年に建てられた下城の豪農屋敷を移築・利用した総畳敷きの珍しい美術館で、小国の生んだ世界的な画家坂本善三の作品を収蔵・展示する。

坂本善三美術館から北西へ1.7km

阿弥陀スギ

ほど行くと，阿弥陀スギ（国天然）がある。樹齢1300年以上といわれ，1999（平成11）年の台風で大きな被害を受けたが，地元の人びとの尽力でずいぶんと樹勢が回復している。

北里柴三郎記念館 ⓳
0967-46-5560
〈M▶P.66〉阿蘇郡小国町北里371-1 Ｐ
JR 豊肥本線阿蘇駅🚌65分

北里柴三郎博士を生んだ静かな山里

　道の駅「小国ゆうステーション」から国道387号線を北東へ約4.5km行き右折，県道318号線を北上すると北里柴三郎記念館がある。ここには，細菌学者として有名な北里柴三郎が1916（大正5）年に迎賓館と北里文庫という図書館を建てており，その後，1987（昭和62）年，北里研究所・北里学園が中心になって，生家の復元と修復を行い，小国町に寄贈した。記念館とともに財団法人「学びやの里」が運営する木魂館・北里バランなどもある。

　北里柴三郎記念館から町立北里小学校の前を通過し，300mほど行くと奴留湯温泉がある。モダンな建物だが，温泉としての歴史は古く，文字通り38℃のぬるめの湯は夏もよいが，真冬でも湯冷めしない良質なものである。

　再び国道387号線を北へ向かい，鶏の地獄蒸しで知られる湧蓋山麓の秘湯，岳の湯・はげの湯を目指して約2.5kmほど行くと，岳の湯温泉にくだる峠の左側丘上の共同墓地内に義民七兵衛の墓がある。

　細川重賢の時代に，阿蘇地方の年貢の納入場所が内牧から大津へ移された際，七兵衛は運搬距離が延びた分の年貢の軽減を求めて越訴し，死罪となった。この墓標は大正時代に建てられたものである。

　北里地区入口の作助松には，七兵衛の顕彰碑が建てられている。また，重賢は形式上死罪としたが，実は彼を殺さなかったとの説もある。

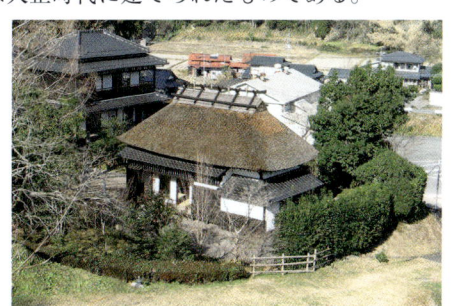

北里柴三郎記念館

阿蘇谷から小国郷へ

下城のイチョウ ⑳ 〈M▶P.66〉阿蘇郡小国町下城 P
JR豊肥本線阿蘇駅🚗60分

山里の秋を彩る大イチョウと古よりの出湯の里

　小国町の中心地宮原から北へ杖立温泉を目指して国道212号線を約4km行くと，右手の谷間の集落に下城のイチョウ(国天然)がみえてくる。古くから乳の出ない女性たちがこの木に触れると乳が出ると信じられている。幹回り9.6m，樹高25mの巨木が色づくと圧巻で，紅葉の時季にはライトアップもされている。

　下城地区から南下して北里地区につながる県道318号線に入り，約1.5km行くと，旧国鉄宮原線幸野川橋梁がみえてくる。これを含め，北里柴三郎記念館近くの北里橋梁，北里地区から約1kmほどの山川温泉の谷間に架かる堂山橋梁と汐井川橋梁など，1984(昭和59)年に廃止された旧国鉄宮原線の6基のコンクリート橋が小国町にある。いずれも，第二次世界大戦による鉄材不足のため，鉄筋のかわりにタケを使用したと伝えられていたが，近年の調査の結果，タケに近い硬さの何かが骨組みに使用されていることがわかり，2004(平成16)年には国の登録有形文化財に指定され，話題となっている。

　下城のイチョウから国道212号線を約4km北上すると杖立温泉である。神功皇后が応神天皇を生むときに，この地を訪れて温泉を発見したと伝えられる。また，空海(弘法大師)が唐から帰国後に立ち寄ったとの伝説もある。一時，人気は衰えたが，近年は昭和の名残りをとどめる温泉街として再び人気が回復しつつある。

下城のイチョウ

下筌ダム ㉑ 〈M▶P.66〉阿蘇郡小国町小竹・大分県日田市中津江村栃野
JR豊肥本線阿蘇駅🚗85分

　杖立温泉から国道212号線を杖立川沿いに西へ3kmほど行くと，

下筌ダム

左手に赤い杖立大橋があり、左折して県道12号線をさらに3kmほど行くと下筌ダムに至る。この下流にある松原ダムとともに、1953(昭和28)年の筑後川大洪水をきっかけに建設されたものだが、この計画に反対した室原知幸らが「蜂の巣城」における13年間にわたる闘争(1958〜70年)を行った場所でもある。

現代に通じるダム闘争の記憶をたどる

　下筌ダムを過ぎて右手の丘の上に「望郷志屋校之碑」と銘された石碑がある。ダム湖に沈んだ志屋小学校と志屋地区の人びと、およびダム闘争の歴史が碑文に刻まれている。

　下筌ダム(蜂の巣湖)から県道647号線を上流に向かい、600mほど進むとしもうけ館がある。室原知幸の人物紹介がなされ、下筌ダム闘争の歴史に関する詳細な資料が数多く展示されている。

満願寺 ㉒
0967-42-0384
〈M▶P.66〉阿蘇郡南小国町満願寺2292　P
JR豊肥本線阿蘇駅🚌55分

北条氏ゆかりの古刹と静かな出湯の里

　南小国町の中心地市原から県道40号線を南東へ約1km進み、左へ折れて川を渡ると竹の熊菅原神社境内に竹の熊の大ケヤキ(国天然)がある。樹齢1000年を超え、樹高33mに達する全国でも有数のケヤキである。

　ここから南へ約500m行くと、平重盛が創建したと伝えられる千光寺がある。小国地方は、平家の落人伝説の地でもある。

　千光寺対岸の県道40号線を約2.5km南下すると山間の秘湯として人気のある満願寺地区に入る。13世紀半ば、鎮西奉行として九州にくだった鎌倉幕府5代執権北条時頼の弟北条時定の創建と伝えられている満願寺(真言宗)がある。

　境内には、室町時代様式の庭

北条三代の墳墓

阿蘇谷から小国郷へ

園(県史跡・県名勝)が残され,寺宝として,絹本著色北条時定像・北条時宗像(ときむね)(国重文)が伝えられている。寺の脇道を行くと杉木立があり,そこに北条時定ら北条三代の墳墓(満願寺石塔群 附(つけたり) 杉群,県史跡)がある。

　また,その裏手の杉山を30分ほどのぼると,北条時定が植えたと伝えられる推定樹齢1000年・樹高28mの金比羅(こんぴら)スギ(国天然)がある。

阿蘇の自然

コラム

人びとの暮らしと常にともにあった草原

　阿蘇といえば、外輪山から久住山に続く広大な草原を想起する人は多いだろう。春・秋のリンドウや夏のキスゲ・ユリ・ヒゴタイなど、多くの野の花が人びとの目を楽しませてくれる。

　この草原に、かつて、至る所に、夏になれば草をはむ赤牛の姿が、晩秋には冬期の牛馬の飼料となる干し草を積んだ「草こづみ」がみられた。そして、雪に覆われる冬が終わり春になれば、野焼きである。この野焼きが、雑木の成長を防ぎ、放牧中の牛馬の大敵であるダニを駆除し、この草原は守られてきた。しかし、近年は農村の高齢化と畜産の衰退により、こうした阿蘇の原野の年中行事は、その維持が難しくなってきている。徐々に放置された原野が増え、雑木に覆われ始めている。

　近年、草原を守るためにボランティアを募り、野焼きが行われるようになった。野焼きはたいへん危険をともなう作業であり、ボランティアの人びとによる作業に不安の声もあがったが、最近はようやく定着しつつある。

　このほかにも、貴重な野草の盗掘が後を絶たないことや外来植物・外来魚の増加も多くの人を悩ませており、阿蘇の自然環境を守る試みと努力が、多くの人びとによって行われている。

草こづみ

阿蘇の神事

コラム

芸

地元の人びとによって守られ続けた神事

　阿蘇地方には、国の重要無形民俗文化財に指定されている阿蘇神社の農耕祭事や貴重な神楽などがある。

　まず阿蘇神社については、【表1】（国の文化財指定のもののみ掲載）のとおり、1年間を通じて農耕祭事が行われている。これ以外にも、節分祭などが行われる。

　また、【表2】のように阿蘇神社関係の神楽は国選択無形民俗文化財に指定されている。

　そして、阿蘇谷の竹原・内牧・成川・折戸・狩尾に虎舞（阿蘇神社に奉納するときのみ獅子舞とよび、それ以外をよぶ）が伝わっている。ただし、これらの伝統芸能も、近年は後継者の不足が問題となっている。

御田植神幸式（おんだ祭）

【表1】

時　期	名　称	概　要
旧暦1/13	踏歌節会（阿蘇神社）	田歌の歌い初め
旧暦1/16	歌い初め祭（国造神社）	仁田歌の歌い初め
3月初卯の日〜次の卯の日	卯の祭	3月最初の卯の日は、健磐龍命が阿蘇に入った日とされている。
3月初巳の日〜亥の日	田作り祭 ※申の日に火振り神事	国龍神（年弥神）が姫神を迎える結婚の儀式であり、同時に五穀豊穣を祈る祭りである。
3/28	春祭り	
旧暦4/4 旧暦7/4 （年2回）	風祭り	宮地と手野にある風宮で行われる。風封じの祭り。手野の風宮の風穴に悪風を封じ込める。
7/26	おんだ祭（国造神社）	白装束の宇奈利を先頭に、阿蘇神社のものより小規模な神幸行列が行われる。
7/28	御田植神幸式（阿蘇神社） （おんだ祭）	阿蘇神社例大祭のうち最大のもの。白い宇奈利を先頭にした神幸行列で知られる。

8/6	柄漏流神事(阿蘇神社等) 眠り流し(国造神社)	夜,高張提灯を捧げて,男性たちが田歌を歌う祭り。
8/19 ～10/18	火焚き神事(霜宮神社)	60日間,氏子の少女が火をたき続ける。
9/23・24	田の実祭(国造神社)	
9/25・26	田の実祭(阿蘇神社)	豊饒会(放生会)とよばれ,神前に新穀が捧げられる。阿蘇神社では流鏑馬が行われる。

【表2】

時　期	名　　称	神社・所在地
10/27	長野岩戸神楽	長野阿蘇神社・南阿蘇村
4/20 9/30	中江岩戸神楽	荻神社・阿蘇市波野村 年2回
9/20 10/16～18	吉原岩戸神楽	吉原大神宮(南小国町) 両神社(小国町)

Kumamoto 熊本

熊本城

熊本藩主細川家墓所（妙解寺跡）

①熊本城跡(本丸地区)	練兵場跡	⑯横井小楠記念館(四時軒)
②熊本城跡(二の丸・三の丸地区)	⑥高麗門跡	⑰熊本大学
③千葉城跡	⑦旧第一銀行熊本支店	⑱熊本藩主細川家墓所(泰勝寺跡)
④隈本城跡	⑧藤崎八旛宮	⑲つつじヶ丘横穴群
⑤花畑屋敷跡・山崎	⑨徳富旧邸・大江義塾跡	⑳武蔵塚公園
	⑩味噌天神宮	
	⑪水前寺成趣園	
	⑫⑬託麻国府跡・肥後国分寺跡	
	⑭くまもと文学・歴史館	
	⑮健軍神社	

熊本

◎熊本散歩モデルコース

城下町探訪コース　熊本桜町バスターミナル_10_熊本城本丸_10_二の丸広場・熊本県立美術館本館_10_旧細川刑部邸_5_千葉城跡_15_藤崎八幡宮_10_小泉八雲旧居_10_隈本城跡_5_新一丁目御門札の辻跡_15_高麗門跡_10_旧第一銀行熊本支店_10_花畑屋敷跡・山崎練兵場跡_5_熊本桜町バスターミナル

大江・水前寺・健軍コース　熊本桜町バスターミナル_15_徳富旧邸・大江義塾跡_10_水前寺成趣園_5_ジェーンズ邸_15_くまもと文学・歴史館_10_健軍神社_20_横井小楠記念館(四時軒)_10_熊本市電2・3号線健軍町

立田山周辺コース　熊本桜町バスターミナル_20_熊本大学・五高記念館_10_熊本藩主細川家墓所(泰勝寺跡)_5_桜山神社・神風連資料館_5_つつじヶ丘横穴群_5_熊本国際民藝館_10_武蔵塚公園_5_JR豊肥本線武蔵塚駅

坪井・京町台から豊前街道コース　熊本桜町バスターミナル_15_報恩寺_15_夏目漱石内坪井旧居_15_熊本地方裁判所旧庁舎_15_往生院_10_浄国寺_15_八景水谷公園_15_御馬下の角小屋_40_熊本桜町バスターミナル

金峰山周辺コース　熊本桜町バスターミナル_15_島田美術館_10_叢桂園・釣耕園_10_岳林寺_10_本妙寺_20_雲巌禅寺(霊巌洞)_30_成道寺_15_釜尾古墳_15_寂心さんの樟_5_JR鹿児島本線植木駅

熊本駅周辺から川尻方面コース　JR鹿児島本線・豊肥本線熊本駅_5_北岡神社_10_北岡自然公園・熊本藩主細川家墓所(妙解寺跡)_20_花岡山山頂_30_来迎院_10_蓮台寺_20_池辺寺跡_15_千金甲古墳群_15_新開大神宮_15_川尻御蔵前船着場跡_10_大慈寺_10_JR鹿児島本線川尻駅

㉑夏目漱石内坪井旧居
㉒報恩寺
㉓熊本地方裁判所旧庁舎
㉔往生院
㉕浄国寺
㉖八景水谷公園
㉗御馬下の角小屋
㉘本妙寺
㉙島田美術館
㉚雲巌禅寺(霊巌洞)
㉛成道寺
㉜釜尾古墳
㉝熊本藩主細川家墓所(妙解寺跡)
㉞花岡山
㉟来迎院
㊱蓮台寺
㊲池辺寺跡
㊳千金甲古墳群
㊴新開大神宮
㊵川尻御蔵前船着場跡
㊶大慈寺

① 熊本城とその周辺

熊本城を中心とした肥後54万石の旧城下町は歴史の街。美術館や博物館の文化施設も集まる。

熊本城跡(本丸地区) ❶
096-352-5900(熊本城総合事務所)

〈M▶P.96,98〉熊本市中央区花畑町9-6 ℗
JR九州新幹線・鹿児島本線・豊肥本線熊本駅,熊本市電2号線熊本城前電停,または熊本桜町バスターミナル🚶5分

本丸御殿も復元され、威容よみがえる熊本城

　熊本市の中心部に,今も天下三名城の1つとしての偉容をみせる熊本城は,戦国武将の加藤清正の築城で知られる。城域は茶臼山(50m)とよばれた丘陵地全域を占め,周囲5.3km・総面積98万m²におよぶ。往時,城内には大小の天守閣を始め,櫓49・櫓門18・城門29が配置され,重臣たちの屋敷も立ち並んでいた。茶臼山は東から南に坪井川,外側に白川,西を井芹川が流れる要害の地である。

　熊本城の歴史は,15世紀後半,菊池氏の一族出田秀信が茶臼山の東端に築いた千葉城に遡る。その後,戦国武将の鹿子木親員(寂心)が茶臼山の西南部に居城を築いたが,これを現在の熊本城と区別して隈本城(古城)とよぶ。1588(天正16)年,加藤清正は最初この隈本城を居城としたが,朝鮮出兵(1592・97年)から帰国後,城郭造営に着手したとみられる。1600(慶長5)年の関ヶ原の戦いの軍功で肥後一国の国守となった清正は,翌年から熊本城の築城を始め,1607年に完成させたと伝えられる。加藤家は1632(寛永9)年,清正の子忠広の代に

熊本城跡周辺の史跡

本丸御殿昭君之間

改易となり、細川忠利が入国した。寛永年間(1624〜44)、細川氏によって大改修が行われたが、今日の熊本城の原型はこのときに定まったとみられる。明治維新後、城内に政府軍の鎮台がおかれたため、1876(明治9)年には神風連(敬神党)が斬り込み、1877年の西南戦争で戦場となり、その際に、天守閣を始め多くの櫓を焼失した。

熊本城跡(国特別史跡)を訪ねるには、熊本城前電停西側の熊本市民会館前を通り、行幸橋を渡るのが一般的だろう。橋のたもとで床机に腰掛けた加藤清正の銅像が人びとを迎える。城の内堀にあたる坪井川沿いには長塀(国重文)が連なる。漆喰壁の白と下見板の黒のコントラストが印象的で、242mの長さは現存する国内の城郭の塀として最長を誇る。長塀前の河川敷では、秋の「くまもとお城まつり」において武田流〈細川流〉騎射流鏑馬(県民俗)が披露される。行幸橋を渡り、備前堀を右手にのぼって行くと、左前方に南大手門(復元)がみえる。南大手門を過ぎると右手に頬当御門(復元)がある。この門が本丸への正門にあたる。頬当御門以外の本丸への入場口は、櫨方門(備前堀の南)・須戸口門(厩橋北詰)・不開門(熊本県伝統工芸館前)の3つがある。

頬当御門から入り、折れ曲がった道を通り抜けると、右に数寄屋丸二階御広間(復元)、左に宇土櫓(国重文)がみえる。数寄屋丸は接客のための茶会・歌会・能会が開かれた所で、建物の前には、表面を平らにして隙間なく組んだ特異な石組みが残り、「地図石」とよばれている。宇土櫓は、慶長年間(1596〜1615)の築城当時の姿を残す木造櫓で、内部が公開されている。3層5階地下1階の構造で最上階に高欄があり、直線的な破風が特徴である。宇土櫓は、近年の調査によって、熊本城にもともと存在していたことが判明した。

天守台への石段をのぼると、右手に本丸御殿があり、大広間や茶室・大台所が復元されている。本丸御殿の地下には天守台への通路があり、その入口を闇御門とよび、警備の侍が常駐していた。

熊本城とその周辺

天守閣前に聳え立つ大銀杏は，熊本城の異名銀杏城の由来となったもので，現在の木は西南戦争焼失後に再び芽吹いたものである。天守閣(復元)は大小2つの天守からなり，大天守は3層6階，32mの高さがある。熊本藩主細川氏が参勤交代の際に乗船した御座船，「波奈之丸」(細川家舟屋形，国重文)の豪華な造りは目を引く。現在は熊本市立熊本博物館で公開されている。

　天守台をくだり，数寄屋丸二階御広間の角の石段を南へ行くと，左手に「二様の石垣」がある。傾斜のゆるい石垣は，築城初期のものである。急な石垣は，隅石が長方形の石の長辺と短辺を交互に組み合わせる算木積みになっている。

　「二様の石垣」から南西へ進むと，熊本城南面の防衛の要である飯田丸五階櫓(復元)に至る。加藤清正の重臣飯田覚兵衛が守備したことが名の由来である。

　飯田丸五階櫓から梅園を通り東へ向かうと，東竹の丸一帯の櫓群がみえる。南から田子櫓・七間櫓・十四間櫓・四間櫓・源乃進櫓，少し間をおいて東十八間櫓・北十八間櫓・五間櫓・平櫓と続く9つの櫓は，すべて国の重要文化財に指定されている。これらの櫓群は平時は武器庫として使われていたと推定されるが，外壁には石落としや狭間が設けられ，軍事機能もあわせもっている。なお，五間櫓の近くに不開門(国重文)がある。ここは城の鬼門(北東)にあたるため，普段は閉められていたと伝えられる。

熊本城跡(二の丸・三の丸地区) ❷
096-352-5900(熊本城総合事務所)

〈M▶P.96,98〉熊本市中央区二の宮内・古京町 Ｐ

JR九州新幹線・鹿児島本線・豊肥本線熊本駅，熊本市電2号線熊本城前電停，または熊本桜町バスターミナル🚶5分

上級武家屋敷や県立美術館，市立博物館がある

　熊本城本丸正門の頬当御門から北へ向かうと，右手に加藤清正をまつる加藤神社がある。さらに北大手門跡を通り抜けて北上すると，監物台樹木園に行き当り，園内北端に監物櫓(新堀櫓，国重文)がある。細川家家老の長岡(米田)監物邸に由来する地名だが，実際には長岡監物邸はこの西隣にある。

　頬当御門から西へ進むと，西大手門(復元)に至る。熊本城は西・

熊本城本丸御殿の復元

コラム

築城400年を記念した復元整備事業でよみがえった本丸御殿

　熊本城は，1607(慶長12)年，肥後国守の加藤清正が完成させ，ついで熊本藩主となった細川氏によって修築されてきたが，1877(明治10)年の西南戦争の際，天守閣や本丸御殿などが焼失した。その後，1960(昭和35)年に天守閣が再建，1989(平成元)年に数寄屋丸二階御広間が復元され，1998年から本格的に熊本城復元整備が熊本市によって始められた。2002～03年には南大手門・戌亥櫓・未申櫓・元太鼓櫓が，2004年には飯田丸五階櫓が復元された。飯田丸は熊本城南面防衛の要であり，加藤清正の重臣飯田覚兵衛が守備したことから，その名がついた。

　熊本城築城400年にあたる2007年，熊本城ではさまざまな400年祭関連行事が繰り広げられた。そのようななか，天守閣と並んで本丸の中核の建造物である本丸御殿の復元工事が進み，2008年3月に竣工，同年4月20日から一般公開となった。本丸御殿は藩主の居間・対面所・台所などの機能を備えていた。今回の復元によって，大広間(対面所)・数寄屋(茶室)と大御台所が往時の姿を取り戻した。東西78m・南北31m，高さ約15mにおよぶ木造入母屋造で，地下1階・地上3階の構造となっている。その雄大な姿は天守閣と並び立ち，熊本市内の各地から遠望できる。

　本丸御殿の復元は伝統的な工法で行われ，石垣積み・木組み・土壁・瓦葺きなどに現代の匠が技を競った。材料にもこだわり，ケヤキ・ヒノキ・マツなどの主要木材はすべて国産材(熊本県産が約半分を占める)が使われている。

　本丸御殿は西大手門をくぐり，道路を渡って頬当御門から本丸へ入る。城郭特有の折れ曲がった道を歩き，右手に数寄屋丸，左手に宇土櫓(国重文)をみて進む。左前方の坂を進むと天守閣前に出て，直進して本丸御殿入口の地下通路に入る。これが「闇御門」とよばれるもので，石垣と石垣をまたいで立つ本丸御殿の地下をめぐり，天守閣前の広場につながっている。往時は，地下通路の中央付近に階段があり，のぼって本丸御殿の広間に出るというかわった構造になっていた。中央の枝分かれした東への道は，不開門(国重文)に通じている。非常時にはこの門を通り，御殿から避難したと考えられる。

　現在の本丸御殿見学用の玄関から中に入ると，大木の梁が天井を支える大御台所を通り，大広間へ進む。大広間の南側に配置された縁側を歩きながら，60畳の最大の部屋鶴之間を始め，奥に続く梅之間・櫻之間・桐之間・若松之間をみていく。若松之間のさらに奥に，一段高い造りの昭君之間が

ある。

　昭君之間は、藩主の居間であり、対面所(接客の場)としても使用されたと考えられ、室内は床の間・違い棚・付書院などをもつ書院造となっている。壁や襖などには、前漢の時代、匈奴の王に嫁がされた美女、王昭君の物語が描かれており、これが部屋の名称の由来である。焼失前の御殿の障壁画は、加藤清正が京都の狩野派に依頼して描かせたと記録に残る。今回の復元では、現代の絵師が狩野派の技法を踏まえて再現に努め、華麗な障壁画がよみがえった。格調高い格天井とあいまった豪華絢爛たる空間は、桃山文化を彷彿とさせる。

　また、昭君之間には伝説がある。昭君之間は「将軍之間」の隠語で、加藤清正が、豊臣家存亡の危機にあたって、秀頼を大坂城から迎えるためにつくった部屋だという説である。豊臣秀吉から特別に恩顧を受けた加藤清正ならではの伝説といえよう。

　若松之間で廊下を曲がり、右手に昭君之間をみて進むと、左側に茶室(数寄屋)がある。「長六畳」とよばれる細長い形の茶室である。

　築城400年にあわせて、約4年半かけて復元工事が進められた本丸御殿は、熊本城復元整備事業の大きな成果である。

南・北の3つの大手門をもち、その中で西大手門がもっとも格式の高い門であった。1632(寛永9)年に加藤家にかわって肥後に入国した細川忠利は、この門の前で駕籠を降り、敷居を押し頂くようにして「謹んで肥後54万石を拝領仕ります」と深々と頭をさげたという逸話が伝わる。

　西大手門を抜け西へ進むと、市民の憩いの場である二の丸広場がみえてくる。江戸時代には上級藩士の屋敷が立ち並んでいた。その一角に、1755(宝暦5)年、藩主細川重賢の藩政改革の一環として藩校時習館が創設された。初代教授に秋山玉山が就任し、規模・組織・授業内容など全国でも屈指の藩校として知られた。また、時習館においてとくに優秀な者は居寮生として館内に部屋が与えられ、藩外に留学する特権も有した。

　二の丸広場の西側、緑に調和して立っているのが熊本県立美術館本館である。細川護立の近代日本画コレクションを始め、古代から近代美術までを網羅した総合美術館で、肥後阿蘇氏浜御所跡出土

旧細川刑部邸

品・巴螺鈿鞍・紙本墨書寒巌義尹文書(いずれも国重文)などの貴重な文化財を収蔵している。また地下の装飾古墳館室には,県内の代表的な装飾古墳のレプリカを展示している。

　県立美術館南側の道を西へくだり,護国神社を過ぎると,県営藤崎台球場外野席裏手に藤崎台のクスノキ群(国天然)がある。7本の巨樹の姿は壮観である。当地にはかつて藤崎八旛宮があり,1876(明治9)年,神風連の約170人が八旛宮に集結・決起した。1877(明治10)年,西南戦争の兵火で社殿は焼失,その後,井川淵町へ遷宮した。クスノキ群は,藤崎八旛宮の社叢の名残りといえよう。

　二の丸広場から,県立美術館を左手にみて北へ進み,広い石段の道をくだると熊本城北側の周回道路へ出る。左折して横断歩道を渡ると,旧細川刑部邸(県文化)がある。初代熊本藩主細川忠利の弟興孝を始祖とする細川刑部家の下屋敷で,唐破風付きの玄関・客間・書院・茶室など,江戸時代中期の格式ある上級武家屋敷の遺構として貴重である。北東約2kmの子飼にあったが,1993(平成5)年熊本城三の丸に移築した。刑部邸南隣の熊本市立熊本博物館は,自然科学系・歴史系の総合博物館である。

　刑部邸から熊本城北側周回道路を引き返し,京町台方面へ向かうと右手に高さ9mの石垣が延々と続く。これが通称「百間石垣」であり,熊本城の北の防御の役割をはたした。

千葉城跡 ❸　　〈M▶P.96,98〉熊本市中央区千葉城町　P(熊本城)
　　　　　　　JR九州新幹線・鹿児島本線・豊肥本線熊本駅,熊本市電2
　　　　　　　号線市役所前電停 🚶 5分

中世城跡の地域には宮本武蔵も住んだ

　市役所前電停から坪井川沿いに北上し厩橋を渡ると,左手に須戸口門,右手に高橋公園がある。7代熊本市長高橋守雄の功績を記念した高橋公園には,第二次世界大戦中,陸軍第六師団長公舎がおかれており,公園正門の石門は当時の遺構である。公園内には,横井小楠生誕190年を記念して,2000(平成12)年につくられた銅像「横

熊本城とその周辺　　103

井小楠と維新群像」が立つ。小楠を中心に，彼と親交があった勝海舟・松平春嶽(慶永)・坂本龍馬・細川護久の5人の像や，西南戦争(1877年)の際，熊本城を死守した熊本鎮台司令長官の谷干城の銅像もある。

　高橋公園前からゆるやかな坂道が京町台まで続き，熊本大神宮(祭神天照皇大神)前で右折すると，左手の丘陵一帯が，文明年間(1469～87)に菊池氏一族の出田秀信が築いた千葉城跡である。加藤清正が熊本城を築城して後，千葉城跡は武家屋敷地となった。剣豪宮本武蔵の屋敷もここにあったと伝えられ，熊本西社会保険事務所の一角に宮本武蔵住居跡の碑が立つ。武蔵は1645(正保2)年，この地で62歳の生涯を閉じた。坪井川沿いの千葉城公園には原道館跡の碑がある。原道館は，国学者で神道家の林桜園が幕末に開いた私塾であり，宮部鼎蔵・河上彦斎ら肥後勤王党の志士，太田黒伴雄・加屋霽堅ら神風連(敬神党)の幹部を輩出した。

　千葉城橋を渡り，坪井川沿いに厩橋の方へ進み，通町筋を東へ向かうと，鶴屋百貨店本館裏手に小泉八雲旧居が復元・保存されている。『怪談』の作者として知られる小泉八雲(ラフカディオ・ハーン)は，1891(明治24)年，第五高等中学校(現，熊本大学)に英語教師として赴任し，熊本で3年間を過ごした。

隈本城跡 ❹

〈M▶P.96,98〉 熊本市中央区古城町 [P]
JR九州新幹線・鹿児島本線・豊肥本線熊本駅，熊本市電3号線洗馬橋電停 🚶 3分

現在も古城とよばれる戦国城跡

　洗馬橋電停から熊本中央郵便局を右手に北へ向かうと，前方に石垣と県立第一高校の正門がみえる。この第一高校を中心とする一帯が，戦国時代の武将鹿子木親員(寂心)が築いた隈本城跡である。鹿子木氏の後，城氏が入り，1587(天正15)年，豊臣秀吉の九州平定によって佐々成政が城主となるが，国衆の一揆で失脚した。1588年，肥後北半国の領主となった加藤清正も当初はこの隈本城を居城とした。

　築城に取りかかり，1607年に完成したが，この際，隈本の名称を「熊本」にかえたといわれる。清正が築き，細川氏が改修した熊本城と区別するために，隈本城は古城とよばれ，地名として現在に残

る。なお、第一高校南西側の石垣は、天正年間(1573〜92)の隈本城の遺構と推定される。

1870(明治3)年、熊本に実学党政権が誕生し、熊本の近代化が始まる。同年、オランダ軍医マンスフェルトを招き、古城に熊本初の西洋医学の古城医学校が開設された。同校からは、北里柴三郎(細菌学)・緒方正規(細菌学)・浜田玄達(産婦人科)といった日本近代医学の偉人が生まれた。また翌年には、同地にアメリカ人教師ジェーンズの熊本洋学校も開校し、西洋の知識を英語で指導する先駆的な教育が実践された。

1877年、西南戦争の際、古城は砲弾飛び交う激戦地となったが、熊本城解放後、政府軍の征討総督本営がおかれた。このとき、佐野常民が博愛社の設立を征討総督の有栖川宮熾仁親王に願い出て許可を得、負傷者・戦病者の救護活動を始めた。また、1875(明治8)年、古城医学校跡に白川県庁(翌年から熊本県に改称)がおかれ、1887年に南千反畑町(現在の白川公園)へ移るまで、古城は県行政の中枢の地であった。

県立第一高校は、1959(昭和34)年に藪の内(現、城東町)から移転してきた。同校敷地内には、古城医学校跡石碑のほか、1878(明治11)年測量の水準点、崖面に53基の古城横穴群(6〜7世紀)、同校出身の俳人中村汀女の句碑などがあり、見学には同校の許可を要する。

第一高校の正門前から西側にかけて古城堀跡が残っており、堀跡沿いに遊歩道が整備され、古城堀端公園となっている。公園から北へ約300m進むと、突き当りが新一丁目御門札の辻跡で、西向きに築城された熊本城の正面登城口にあたり、門前の広場は札の辻とよばれ、藩の法令を周知させるための高札場が設けられていた。この辻は街道の起点でもあり、ここから北に豊前街道・豊後街道、南に薩摩街道・日向往還が延び、1里ごとに街道の両側にエノキを植えて里数木と称した。現在、札の辻の背後に広がる清爽園入口には、里程元標跡の碑が立っている。

清爽園は西南戦争後に整備された庭園であり、奥には1879(明治12)年に建立された四役戦死弔魂之碑がある。四役とは、佐賀の乱

(1874年)・台湾出兵(1874年)・神風連の乱(1876年)・西南戦争を指す。清爽園前の道を右手にのぼる坂の上がり口の右側に,神風連の乱の首領である「太田黒伴雄 終焉之地」の碑が立つ。

花畑屋敷跡・山崎練兵場跡 ❺
096-352-5900(熊本城総合事務所)

〈M▶P.96,98〉熊本市中央区花畑町・桜町・辛島町・練兵町・山崎町　P(熊本城)

JR九州新幹線・鹿児島本線・豊肥本線熊本駅,熊本市電2号線熊本城前電停🚶1分

肥後藩主の屋敷跡に広がる繁華街

　熊本城前電停の南約50mの所に花畑公園がある。ここには,中世,代継宮があり,境内に4本のクスノキが茂り四木宮とも称したという。神木の1本が,今も公園に聳え立つ大クスノキ(樹齢600～700年)とされる。1610(慶長15)年,加藤清正がこの地に花畑屋敷を造営した際,代継宮は白川左岸の本荘へ遷され,現在は龍田にある。花畑屋敷は,細川家も国許の本邸と定めて,明治維新まで歴代藩主の生活の場となった。花畑屋敷は面積が約1万5000坪あり,北は坪井川,南は花畑公園まであったと伝えられる。明治維新後は軍の敷地となり,西南戦争後は陸軍歩兵二十三連隊の兵営がおかれ,1924(大正13)年に同連隊が渡鹿へ移ると公園として整備された。歩兵二十三連隊記念碑と日露戦争(1904～05年)の三烈士碑が公園内に残る。

　花畑公園と道を隔てて熊本桜町バスターミナルがあるが,この一帯が西南戦争後に設けられた山崎練兵場跡で,現在は熊本市の中心街となった。

　熊本桜町バスターミナル付近が元田永孚誕生地である。元田永孚は,1818(文政元)年,800石取の熊本藩士の子として生まれ,藩校時習館で学び,儒学者として大成,明治維新後は宮内省へ出仕して明治天皇の侍講をつとめた。1890(明治23)年,同じ熊本出身の官僚井上毅とともに「教育勅語」を起草した。

　熊本桜町バスターミナルの斜向かいに辛島公園がある。熊本市3代市長の辛島格は,山崎練兵場の郊外移転と市街地発展に寄与したことから,その名が残る。辛島公園の南西端から白川方面へ約200m進むと,RKK熊本放送の社屋南側に阿部一族屋敷跡の案内板が

早野ビル

ある。森鷗外の歴史小説『阿部一族』は、熊本藩主細川忠利への殉死をめぐる問題が発端となり、阿部一族が自邸に立てこもり全滅する物語で、史実を基に1913（大正2）年に発表された。

　RKK熊本放送の北西約150m、電車通りに面して早野ビル（国登録）がある。1924（大正13）年に建造された灰色の3階建て（一部4階建て）で、窓廻りの意匠に大正時代の特色が認められる。今も現役である。

高麗門跡 ❻

〈M▶P.96〉熊本市中央区新町4
JR九州新幹線・鹿児島本線・豊肥本線熊本駅、熊本市電3号線上熊本線新町電停 🚶5分

老舗が残る旧城下町以来の商人町

　新町電停で下車すると、新町交差点のすぐ北西に長崎次郎書店（国登録）がある。1924（大正13）年に建造された木造2階建てで、レンガ壁や2階のアーチ様式装飾が目を引く。書店前から上熊本駅方面へ約200m進むと吉田松花堂がある。「肥後の諸毒消丸」を製造・販売する商家で、創業は文政年間（1818～30）と伝えられる。敷地内は非公開。

　電車通りを北上し、最初の四つ角を左折すると兵庫屋がある。江戸時代初期創業の醬油醸造元で、明治時代に建造された麴室が資料館として公開されている。この付近の電車通り沿いの町を、江戸時代から1965（昭和40）年まで蔚山町とよんだ。慶長の役（1597年）の際、加藤清正は朝鮮の蔚山城に籠城して戦い、戦後に、清正が蔚山から朝鮮の各種職人を当地に連れて住まわせたことが町名の起こりとされ、現在は熊本市電の電停に名称が残る。

　新町交差点から西へ約200m進み、JR線の手前で右折すると右手に高麗門跡の碑が立つ。

長崎次郎書店

熊本城とその周辺　　107

高麗門とは，左右2本の本柱の上に切妻の屋根を載せた形式の門をいう。江戸時代初期，加藤清正は，熊本城の南西部一帯（坪井川右岸）をあらたに商人町とした。こうして，坪井川以南の古町と区別して，ここを新町とよぶようになった。清正は，新町の南西端に高麗門を建てるとともに堀を設け，城下町の境とし，門外は横手村となった。高麗門は明治時代初期に解体され，堀も1891（明治24）年に埋められ，往時の面影はない。高麗門跡の近くのJR線踏切を越えると，横手の寺町に出る。

旧第一銀行熊本支店 ❼
096-356-2201（ピーエスオランジュリ）

〈M▶P.96〉熊本市中央区中唐人町1 P
JR九州新幹線・鹿児島本線・豊肥本線熊本駅，熊本市電3号線洗馬橋電停または2号線呉服町電停 徒 5分

古い町並みと調和する大正時代のビル

わらべ歌の「肥後てまり歌」に「あんたがたどこさ　肥後さ　肥後どこさ　熊本さ　熊本どこさ　船場さ　船場山には狸がおってさ」と歌われる船場は，辛島町と新町をつなぐ船場橋の南側，坪井川の左岸一帯を指す。電停名は洗馬，町名は船場と記す。洗馬橋電停脇には親子狸の像があり，船馬橋のたもとには1877（明治10）年創業の老舗文具店，文林堂本店（1929〈昭和4〉年建築）が立つ。

洗馬橋電停から坪井川沿いを南へ約150m進むと，左手に冨重写真所（国登録）がある。幕末の長崎で，日本初の写真家上野彦馬から写真技術を習得した冨重利平が，1870（明治3）年に熊本で初めて写真所を開業した。西南戦争で写真所は焼失したが，再建され現在に至る。木造瓦葺き2階建ての明治時代の写真所は，機材・古写真も含めて類例がなく，日本の写真界黎明期の貴重な資料である。さらに南進すると明十橋に至る。通潤橋などを手がけた石工として名高い橋本勘五郎が1877年に築造した石橋で，現役の橋梁である。

明十橋を渡ってすぐ右角にピーエス熊本センター（旧第一銀行熊本支店，国登録）がある。1918（大正7）年の建造で，鉄筋コンクリート造り地上2階・地下1階建て，連続するアーチ窓とレンガ外壁が美しい。国立銀行である第一銀行の熊本支店として建てられた。その後，他の金融機関に移管され，2001（平成16）年の改修を経て，現在は空調機器メーカーの事務所兼ショールーム（ピーエスオラン

旧第一銀行熊本支店

ジュリ）となっている。見学には事前連絡が必要。

　明十橋南詰を左折すると鍛冶屋町である。南詰を右折すると唐人町の通りになり，約200m進んだ右手に，レンガ壁に挟まれた1917（大正6）年建造の西村邸がみえる。その先の明八橋は，1875（明治8）年に橋本勘五郎が建造した石橋で，現在は歩行者専用となっている。

　明八橋を渡ると新町だが，渡らずに西へ約100m進むと左手奥に西福寺（浄土宗）がある。本堂前の庚申塔（県文化）は「明応八（1499）年」銘をもち県内最古で，阿弥陀三尊像が線刻されている。

藤崎八旛宮 ❽
096-343-1543
〈M▶P.96〉熊本市中央区井川淵町3-1　P
JR九州新幹線・鹿児島本線・豊肥本線熊本駅🚌熊本桜町バスターミナルから子飼方面行藤崎宮前🚶5分，または熊本電気鉄道藤崎線藤崎宮前駅🚶5分

秋の例大祭で名高い熊本市の鎮守の社

　藤崎宮前駅から東へ約100m行くと，国道3号線と県道1号線との交差点に面して石の大鳥居が立ち，藤崎八旛宮の参道となる。なお，県道1号線は道幅が広いために広丁とよばれる。江戸時代，火事の際に延焼を防ぐためにつくられ，坪井広丁とよばれた。

　松並木の参道を約300m歩き，境内へ入る。藤崎八旛宮（祭神八幡大神（応神天皇）・住吉大神・神功皇后）は，熊本の総鎮守とされる。豊前国宇佐八幡宮（宇佐神宮，大分県宇佐市）の神宮寺である弥勒寺の配下「八幡別宮五所」の1つとして成立したとの説が，近年有力になっている。

　元来の社地は熊本城三の丸の藤崎台にあり，軍神をまつることから熊本藩主加藤家・細川家の尊崇が篤かった。西南戦争（1877年）の兵火に遭ったため現在地に遷り，1881（明治14）年に遷宮式が行われた。なお藤崎八旛宮では，1542（天文11）年に授けられた後奈良天皇の勅額（正面鳥居）により，「八旛」の字を用いる。

　神体の木造僧形八幡神坐像・木造女神坐像（国重文，非公開）は，15世紀初頭の作と推定されている。そのほか，太刀「元国」・太刀

熊本城とその周辺

「国次」・勝色縅具足・腹巻大袖添(いずれも県文化)など，貴重な武具を所蔵している。例大祭は毎年9月第3月曜日(敬老の日)にクライマックスの神幸行列が行われ，多くの随兵や勇壮な飾り馬と勢子が注目される。

　藤崎八旛宮の楼門を出て右折，北へ約100m進むと，毎日新聞社の創設に尽力した本山彦一生誕地を示す碑が右手にある。

　藤崎八旛宮の参道に戻り国道3号線に向かって最初の四つ角を右折すると，左側に夏目漱石旧居がある。第五高等学校(現，熊本大学)の英語教師として赴任した漱石は，1896(明治29)年4月から4年3カ月を熊本で過ごした。ここは最後に暮らした家であり，今も往時の面影が残るが，内部見学はできない。

2 大江・水前寺から健軍へ

古代肥後の中心地であり，江戸時代の名庭水前寺成趣園がある。
閑静な佇まいをみせる街並みを歴史・文化に触れながら歩く。

徳富旧邸・大江義塾跡 ❾
096-362-0919

徳富兄弟の旧居著書や遺品を展示

〈M▶P.96,111〉熊本市中央区大江4-10-33 P
JR九州新幹線・鹿児島本線・豊肥本線熊本駅，熊本市電2号線九品寺交差点電停大5分，または熊本桜町バスターミナルからNTT九州病院経由戸島行熊本消防局大2分

　九品寺交差点電停西側の新屋敷一丁目交差点から県道（通称，産業道路）を北東へ500mほど進むと右手に徳富旧邸・大江義塾跡（県史跡）がある。徳富蘇峰・蘆花兄弟が父一敬と住んだ家である。

　蘇峰は，明治時代中期，平民主義を唱えた思想家であり，雑誌『国民之友』『国民新聞』を創刊して，明治・大正・昭和と言論界で活躍した。蘆花は『不如帰』『自然と人生』の代表作で知られる明治時代の文豪である。

　1870（明治3）年，熊本藩の改革の際，徳富一敬は藩庁勤務を命じられて熊本に住むことになり，のちに「教育勅語」の起草者として知られる元田永孚の斡旋でこの家を手に入れた。蘇峰（本名猪一郎）は，1882（明治15）年，20歳でここに民権私塾たる大江義塾を開き，上京で閉塾するまでの約4年半，宮崎滔天ら250人余りの門人を育てた。教室として使われた座敷が現在も残っている。

　1876年，弟の蘆花（本名健次郎）が9歳のとき，神風連（敬神党）の乱がおこり，北側の熊本鎮台司令長官種田政明邸が襲われた。蘆花は，襲撃の模様を邸の中2階からおびえながらみていたことを，後年，『恐ろしき一夜』に書き，その中2階も現存する。

大江周辺の史跡

大江・水前寺から健軍へ

徳富旧邸・大江義塾跡

徳富旧邸は，1962（昭和37）年，蘇峰の娘婿の子孫の河田家から熊本市に寄附され，明治100年事業として建てられた徳富記念館とあわせて，徳富記念園とよばれている。記念館には，蘇峰・蘆花兄弟の著書や遺品約3000点が収蔵・公開されており，庭園には徳富一敬がかわいがっていたというカエデがある。また，同志社の創始者で蘇峰の恩師である新島襄が，アメリカみやげとして贈った1粒の種子から芽生えたカタルパ（キササゲ）もある。

味噌天神宮 ⑩
096-366-3533
〈M▶P.96,111〉熊本市中央区大江本町7-1
JR九州新幹線・鹿児島本線・豊肥本線熊本駅，熊本市電2号線味噌天神前電停 🚶1分

味噌にまつわる伝説をもつ神社

　味噌天神前電停の東約80m，電車通りに面して味噌天神宮の小さな鳥居がみえる。この神社は，古代，神の衣すなわち神御衣を織る少女の住む神聖な場所，あるいは国分寺の味噌倉の神をまつる場所といわれているが確証はない。伝承によれば，713（和銅6）年に悪疫が流行したとき，神薬の神「御祖天神」をまつったのが始まりとされている。境内に生じるササは，味噌桶に挿しておくと味がよくなるといわれている。10月下旬の例大祭では味噌が振る舞われる。

　味噌天神宮界隈は文教地区で，古い伝統をもつ学校が多い。天神宮の北西約400mの所にある九州学院は，1911（明治44）年，C・L・ブラウンが北米一致ルーテル教会を母体として設立した学校である。九州学院高等学校講堂兼礼拝堂（国登録）は，アメリカ人宣教師・建築家のヴォーリズの設計により，1924（大正13）年に完成した。外壁は白い人造石の柱型と黒いモルタルの壁を対比させている。

水前寺成趣園 ⑪
096-383-0074
〈M▶P.96,114〉熊本市中央区水前寺公園8-1 Ｐ
JR九州新幹線・鹿児島本線・豊肥本線熊本駅，熊本市電2号線水前寺公園電停 🚶2分

　「湧くからに流るゝからに春の水」という夏目漱石の句で知られ

水前寺成趣園

る水前寺成趣園(国名勝・国史跡)は、水前寺公園電停から北東へ200mほど行った所にある。

1632(寛永9)年、肥後に入国した細川忠利が当地に水前寺を創建したが廃寺となり、旧境内地に御茶屋を造営したのが庭園の始まりという。細川家代々の別邸とされ、1671(寛文11)年、細川綱利のときに現在と同規模の桃山式回遊庭園が完成し、成趣園と命名された。

細川家ゆかりの名水湧く桃山式回遊庭園

庭園中央部に横たわる池を海に見立て、東海道五十三次の風景を模して造園されたといい、「水前寺富士」とよばれる築山を中心に、枝ぶりのよいマツや随所に配した芝山が、ゆたかな起伏をみせて広がっている。池中には阿蘇山の伏流水の清水が涸れることなく湧き出し、池畔には細川幽斎(藤孝)が後陽成天皇の弟八条宮(桂宮)智仁親王に『古今和歌集』の奥義を伝授したという古今伝授の間(県文化)がある。建物は、京都御所内に建てられた智仁親王の書院兼茶室で、桂宮家では山城国開田村の長岡天満宮(京都府長岡京市)境内に移し「長岡茶屋」とよんでいたが、1871(明治4)年細川家に贈られた。細川家は解体・保存していたが、1912(大正元)年に現在地に移築・復元した。桃山時代の数寄屋造で、内部の杉戸の「雲龍」は現在ほぼ消滅しているが狩野永徳の筆、襖絵の「竹林七賢」は海北友松の筆といわれる。

池の北岸には出水神社がある。1878(明治11)年、西南戦争(1877年)で荒廃した熊本城下の復興を願い創建され、細川藤孝から護久までの歴代藩主と明智光秀の2女で忠興の妻ガラシャ夫人玉子を奉祀している。境内には、朝鮮の漢城城門の柱の礎石であったという「袈裟紋」銘が残る石造水盤がある。

水前寺富士の後ろは、細川忠利の銅像が立ち、その裏手東側一帯には馬場が設えてあり、武田流〈細川流〉騎射流鏑馬(県民俗)が奉納される。

池の南端には、八代藩主松井家から移築・奉納された能楽堂があ

ジェーンズ邸

る。ここでは毎年8月第1土曜日に薪能が奉納される。暮れなずむ頃から数個の篝籠の中の薪に火が点ぜられ，幽玄の世界が繰り広げられる。

水前寺成趣園の東側にジェーンズ邸(洋学校教師館，県文化)がある。ジェーンズはアメリカの南北戦争における北軍の退役将校で，1871(明治4)年，古城(現，県立第一高校敷地)に開校した熊本洋学校教師として赴任し，1876年の廃校まで多くの優秀な人材を育てた。

コロニア風木造2階建てのジェーンズ邸は，1871年，住居として建てられた熊本最初の西洋建造物で，1970(昭和45)年に古城から現在地に移築された。この建物は，西南戦争時，政府軍征討総督有栖川宮熾仁親王の宿舎にあてられた。そのとき，佐野常民らが，現在の日本赤十字社の前身である博愛社の創設を願い出て許可されたことから，現在は日赤記念館となり，熊本洋学校・日本赤十字に関する資料が展示されている。2016年の熊本地震で倒壊し，2020年現在で復旧中である。

ジェーンズ邸の西隣には，夏目漱石旧居(第3の家)がある。いわゆる「大江の家」とよばれたもので，在熊中，6回も転居をした漱石が，3番目に住んだ家である。かつては大江にあったが，1971(昭和46)年に現在地に移築された。漱石は，この家から同僚の山川信

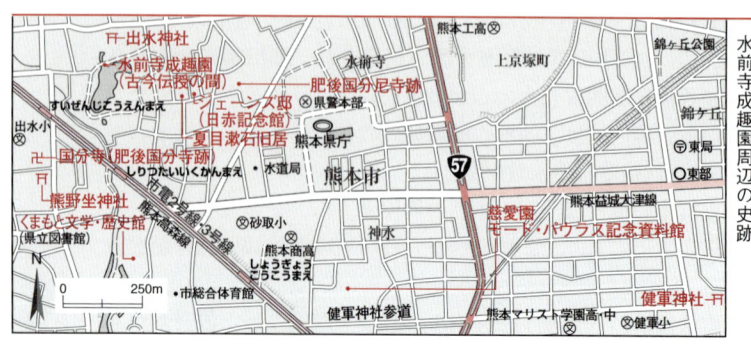

水前寺成趣園周辺の史跡

次郎とともに『草枕』の旅へ出かけた。内部見学は不可。

託麻国府跡・肥後国分寺跡 ❶❷❸

〈M▶P.96, 114〉熊本市中央区国府本町／出水1
JR九州新幹線・鹿児島本線・豊肥本線熊本駅,熊本市電2号線水前寺公園電停 🚶10分

　古代の肥後国府は,初め託麻郡におかれたが,平安時代初期に益城郡,平安時代中期には飽田郡へ移転したとみられ,益城国府は現在の熊本市城南町陳内,託麻国府は熊本市国府本町付近,飽田国府は同市二本木付近に比定されている。託麻国府は,白川の氾濫でしばしば洪水に見舞われたため,台地の益城国府へ移転したと考えられている。

　741(天平13)年,聖武天皇の命により全国に建立された国分寺・国分尼寺の1つである肥後国分寺跡は,託麻国府跡の東方,出水1丁目から神水本町付近とみられている。水前寺公園電停の南約120m,国分寺(曹洞宗)の本堂床下に講堂の礎石が7個残るが見学は不可。その南約50mの熊野坐神社の境内には七重塔の心礎が残っている。心礎は安山岩で,直径270cm,高さ120cm,中央の柱穴の径は76cmある。肥後国分尼寺跡は,国分寺跡の北東約500m,陣山と通称される地域一帯と推定される。墨書土器や瓦などの遺物がみつかっており,陣山遺跡とよばれる。

古代肥後の中心地
託麻国府跡

くまもと文学・歴史館 ❶❹

096-384-5000

〈M▶P.96, 114〉熊本市中央区出水2-5-1 Ⓟ
JR九州新幹線・鹿児島本線・豊肥本線熊本駅,熊本市電2号線市立体育館前電停 🚶3分

熊本ゆかりの文学者を訪ねる

　市立体育館前電停から南へ250mほど行くと,熊本県立図書館・熊本近代文学館(温知館)がある。1985(昭和60)年に図書館に併設して開設の熊本近代文学館は2016年にリニューアルされ,くまもと文学・歴史館となり,夏目漱石,徳富蘇峰・蘆花兄弟,小泉八雲・種田山頭火・中村汀女ら全国的によく知られた近代の作家・俳人から現代作家まで,熊本ゆかりの文学者を紹介し,その原稿・書簡・作品などを常設展示している。また,地形模型で作品の舞台となった場所を確認できる「主題別コーナー」,"熊本と文学"について紹介する「ビデオコーナー(熊本文学散歩)」,「熊本県近代文学地図コー

大江・水前寺から健軍へ

ナー」などさまざまな展示コーナーがあり、企画展示も年数回行われている。くまもと文学・歴史館南側の江津湖に流入する水域に自生するのがスイゼンジノリ(国天然)である。湖畔は遊歩道が整備され、散歩に適している。

健軍神社 ⓯
096-368-2633

〈M▶P.96, 114〉 熊本市東区健軍本町13-1 P
JR九州新幹線・鹿児島本線・豊肥本線熊本駅、熊本市電2号線八丁馬場電停 🚶 1分

千年の歴史を誇る阿蘇四社の1つ

八丁馬場電停から西へ150mほど行くと、右手に健軍神社の石鳥居がみえ、左折すると社会福祉法人慈愛園がある。慈愛園は、1923(大正12)年、アメリカ人モード・パウラスがこの地に設立した子ども・婦人・老人の各ホームで、社会福祉事業に貢献している。園内にある慈愛園モード・パウラス記念資料館(旧宣教師館、国登録)は、1927(昭和2)年にパウラスの住宅兼事務所として建設されたもので、切妻造、スレート葺き腰折れ屋根、木造の2階建てである。大正～昭和時代初期の本格的洋風住宅の特徴をよく伝えている。

石鳥居から健軍神社の参道が約1.2km続いている。通称、八丁馬場とよばれる参道の両側には、加藤清正植栽と伝えられる杉並木がある。清正の頃、騎馬訓練の馬場として使われたのでその名があり、8町(約872m)といわれるが、実際には11町20間(約1236m)ある。江戸時代には大杉が300本並んでいたと記録されており、老杉樹は神社寄りに数多く残っている。

健軍神社(祭神阿蘇十二神)は、平安時代末期以来、阿蘇四社の1つとして栄えたが、もとは健宮と称し、健宮荘の荘園神をまつったものである。戦国時代の争乱で社殿のほとんどを焼失したが、約1000年にわたる神社遺構であり、全域にわたって縄文時代晩期の遺跡でもある。また、西南戦争(1877年)で熊本士族の部隊である熊本隊の挙兵の場所でもあ

健軍神社

横井小楠記念館(四時軒) ⑯
096-368-6158

〈M▶P.97〉熊本市東区沼山津1-25-91 P

JR九州新幹線・鹿児島本線・豊肥本線熊本駅,熊本市電2号線健軍町電停🚶20分,または🚌木山方面行秋津薬局前🚶10分

> 幕末の政治家・思想家 坂本龍馬も来訪

　勝海舟は『氷川清話』の中で,「おれは,今までに天下で恐ろしいものを二人見た。それは横井小楠と西郷南洲(隆盛)とだ」といっている。その横井小楠の旧居四時軒は,熊本市電健軍町電停の東約1.5km,秋津有楽園の南側にある。

　横井小楠は,1809(文化6)年,熊本藩士横井時直の2男として熊本城下内坪井に生まれた。藩校時習館に学び,抜群の成績で抜擢されて居寮長(塾長)となった。その後,藩費により江戸遊学を命ぜられ,水戸藩士藤田東湖らと交わり,影響を受けた。帰国後,長岡監物(米田是容)・元田永孚らの同士とともに,「学問の本領は実践躬行にあり」と主張し,実学党を結成した。

　やがて私塾を水道町の兄時明の屋敷内に開き,兄に従い相撲町(現,熊本市下通)に移転するとともに,そこに私塾小楠堂を新築した。1854(安政元)年,兄の死により家督を継いだ小楠は,翌年,城下の東郊沼山津に転居した。小楠は,その居宅を四時軒と名づけ,私塾も開いた。明治維新後,新政府の要請を受けて京にのぼり,参与を命ぜられたが,1869(明治2)年,御所から駕籠で帰宅途中,丸太町の路上で保守攘夷派の刺客に襲われ,61歳で落命した。

　小楠の死後,四時軒は火災に遭い,当時のものは座敷部分だけが残っているが,焼失した居間の部分が復元され,記念館も完成し,小楠ゆかりの資料が展示されている。

　四時軒の北東約1kmの小楠公園には,小楠の銅像と髪塚が建てられている。

横井小楠旧居四時軒

大江・水前寺から健軍へ

3 立田山周辺から大津街道へ

熊本大学から大津・阿蘇方面へ東進し、夏目漱石・細川家・宮本武蔵らの足跡をたどる。

熊本大学 ⑰
096-344-2111

〈M▶P.96, 118〉熊本市中央区黒髪2-39-1ほか
JR九州新幹線・鹿児島本線・豊肥本線熊本駅🚌熊本大学方面行熊本大学前🚶2分

漱石・ハーンらが教鞭をとった旧制五高の伝統

　熊本大学は、1949(昭和24)年、旧制第五高等学校(1894年第五高等中学校より改称)・熊本高等工業学校・熊本医科大学などを母体として開学した。本部がおかれている黒髪キャンパスは、熊本大学前バス停のある県道337号線を挟んで北地区と南地区に分かれている。

　大学前バス停すぐ北側に立つ通称赤門は、旧第五高等中学校表門(附設計図6枚、国重文)で、ここから北地区キャンパスに入る。「サインカーブ」を抜けると、旧第五高等中学校本館(附設計図24枚、国重文)が大楠の後ろにみえてくる。イギリスのクィーン・アン様式にならったといわれる、玄関のみ寄棟屋根に桟瓦葺き、赤レンガ造りのこの建物では、英語教師として赴任したラフカディオ・ハーン(小泉八雲)や夏目漱石も教鞭をとった。現在は五高記念館となっており、漱石が作成した試験問題など貴重な資料を収蔵・展示、一般公開している。その東側の煙突が立ち並ぶ赤レンガ造りの建物は旧第五高等中学校化学実験場(附設計図10枚、国重文)で、表門・本館ともに1889(明治22)年に竣工した。五高記念館周辺を散策すると、夏目漱石やラフカディオ・ハーンの記念碑、柔道の講道館創設者として知られ旧

熊本大学周辺の史跡

旧第五高等中学校本館

第五高等中学校の校長もつとめた嘉納治五郎の碑などが目にとまる。

　赤門から県道を渡って南地区キャンパスに入ると左手奥に，セセッション風の柱頭飾りが特徴的な熊本大学本部(旧熊本高等工業学校本館，国登録)がある。旧文部省直轄学校における鉄筋コンクリート造り校舎の初期のもので，1924(大正13)年の建造である。その南側に立つ赤レンガ造りの熊本大学工学部研究資料館(旧熊本高等工業学校機械実験工場，附工作機械一式，国重文)は，館内には11基の工作機械が動態保存されている。1908(明治41)年の建造で，近代初期工場施設の姿をよくとどめている。なお本荘キャンパスには，1931(昭和6)年建造の旧熊本医科大学図書館(熊本大学医学部山崎記念館，国登録)も現存する。

　熊本大学の西隣には県立済々黌高校がある。1882(明治15)年，学校党の佐々友房らが私学として創立した同心学舎を前身とする。当時の建物が，校門を入って左手に保存されている。佐々友房は紫溟会という国権主義の政社も組織し，済々黌はその教育機関として位置づけられていた。

　済々黌高校の北側「室園の丘」に，九州ルーテル学院がある。1926(大正15)年，アメリカ人マーサ・エカードが創立した九州女学院高等女学校を前身とし，第二次世界大戦中，清水高等女学校と校名変更を余儀なくされたことがある。創立時に建てられた九州女学院高等学校本館(国登録)は鉄筋コンクリート造りで，設計はアメリカ人建築家のヴォーゲルである。当時の学校建築の多くが洋風を基調としているなかで，細部まで和風の装いを保った建造物となっており，正面の一段高い列柱と巨大な日本瓦の切妻屋根などに特色がみられる。

熊本藩主細川家墓所（泰勝寺跡）⓲
096-344-6753（立田自然公園）

〈M▶P.96,118〉熊本市中央区黒髪4-610 P
JR九州新幹線・鹿児島本線・豊肥本線熊本駅🚌子飼経由大津・武蔵ヶ丘方面行立田自然公園入口🚶10分

細川家の菩提寺 藤孝・忠興夫妻の霊廟

　熊本大学黒髪キャンパス（北地区）東側の小道を北へ750mほど行くと，右手に熊本藩主細川家墓所である泰勝寺跡（国史跡）がある。現在，一帯は立田自然公園として整備されている。

　熊本藩主細川忠利が，1637（寛永14）年この地に祖父藤孝（幽斎）・祖母光寿院・母ガラシャ（明智光秀の2女玉子・細川忠興の妻）の霊廟を建て，泰勝院と名づけ供養したのが始まりである。1646（正保3）年，忠利の子光尚は，祖父忠興（三斎，八代城主）が亡くなると，ガラシャ廟の隣にまつり，寺号を泰勝寺と改めた。隣り合って立つ藤孝・忠興両夫妻の廟は「四つ御廟」とよばれている。忠興に先立つ1641（寛永18）年に没した忠利は，花岡山東麓，横手の妙解寺（現，北岡自然公園）に葬られたが，これ以後，光尚から治年までは妙解寺へ，斉茲からは再び泰勝寺へ葬られている。両寺とも明治時代初期の神仏分離令によって廃され，境内地は旧藩主細川家の別邸となって今日に至った。

　庭園内東側には，茶室仰松軒がある。武人でありながら，茶道にかけては国内随一といわれた忠興の原図に基づき，1923（大正12）年に復元されたもので，風流をきわめた造りである。仰松軒の前庭に苔むした石灯籠と手水鉢がある。歴代の細川藩主は，この石灯籠と手水鉢を参勤交代の道中にも持参して，宿ごとに茶をたてたという。また園内には，剣豪宮本武蔵の墓や苔園などもある。

　泰勝寺跡の背後に控える立田山（黒髪山，151.6m）は，ヤエクチナシ自

細川家霊廟（四つ御廟）

宮本武蔵と熊本

コラム

晩年を熊本で過ごした宮本武蔵

　1640(寛永17)年8月，宮本武蔵は，熊本藩主細川忠利の招きで熊本に移り住んだ。熊本への橋渡し役をになったのは家老の松井(長岡)興長と考えられる。待遇は7人扶持，合力米18石だが，実際には米300石が現物支給されており，知行高に換算すると700石ほどになる。屋敷は千葉城跡の一角，坪井川沿いに与えられ，剣を学ぼうという多くの藩士が門を叩いたという。武蔵が大成した二天一流は高弟の藩士である寺尾氏を中心に伝えられた。

　一方，武蔵は，藩主忠利の山鹿温泉(茶屋)滞在の供を，花畑屋敷における正月の謡い初めに出席と，お伽衆の役割もはたしている。「鵜図」「正面達磨図」「野馬図」などの佳品が残されているように，武蔵が水墨画の名手であったことは周知のとおりである。

　1643年，武蔵は金峰山西麓の霊巌洞の岩戸観音に参拝，山中に仮住まいをして，みずからの兵法の集大成『五輪書』の執筆を始めた。翌年の秋，病が重くなった武蔵を，藩主細川光尚の命により，家老の松井(長岡)寄之が迎えに行き，城下へ連れ帰った。『五輪書』，並びに人生観をあらわした『獨行道』を1645(正保2)年に完成させた後，5月19日に死去した。享年62歳と伝えられる。参勤交代の細川氏を守護するとの遺志から甲冑姿で，飽田郡弓削村の豊後街道沿いの地に葬られた。これが熊本市龍田町武蔵塚(武蔵塚公園)である。

　なお，武蔵自筆の『獨行道』(県文化)は，熊本県立美術館に所蔵されている。その一節に「我事におゐて後悔をせず」と述べている。

生地(国天然)として知られている。ヤエクチナシは，1920(大正9)年，第五高等学校教授浅井東一によって発見された。立田山に無数にある普通の一重のクチナシの中に八重咲きがあるが，野生のクチナシが自然に八重になるのが珍しいというので指定された。泰勝寺入口には，プロレタリア文学者の徳永直の文学碑もある。

　泰勝寺跡の南約200mの所にリデル・ライト記念老人ホームがあり，その一角にリデル・ライト両女史記念館(国登録)がある。「ハンセン病患者の母」とよばれるハンナ・リデルは，1855(安政2)年ロンドンで生まれた。1891(明治24)年，イギリス国教会伝道師として熊本に赴任し，1895年には，当時，不治の病とされていたハンセン病の治療を専門とする熊本回春病院を当地に開設した。翌年来日

した姪のエダ・ハンナ・ライトも，ハンセン病患者の救済に尽力し，1932(昭和7)年にリデルが亡くなると，その後を継いで院長となった。記念館は，1919(大正8)年に建てられた旧熊本回春病院らい菌研究所の建物を利用したもので，館内には回春病院関係資料や，両女史の愛用品などが展示されている。

つつじヶ丘横穴群（つつじがおかよこあなぐん）⓳

〈M▶P.96〉熊本市中央区黒髪7
熊本桜町バスターミナル🚌大津・武蔵ヶ丘方面行
つつじヶ丘🚶5分

市街地に残る古墳時代後期の横穴群

　熊本大学赤門前から県道337号熊本菊陽線を東へ約600m行くと，左手に桜山（さくらやま）神社がある。肥後勤王党の育ての親 林桜園（はやしおうえん）を始め，勤王党志士や神風連の乱(1876年)に倒れた人びとを合祀したものである。境内には顕彰碑や墓が並び，一番奥に林桜園の墓がある。社殿脇に立つ神風連資料館（じんぷうれん）では，神風連志士の遺品が数多く展示されている。

　桜山神社から東へ100mほど行った辺りが，旧豊後（ぶんご）街道の一里木（いちりぎ）の跡である。1955(昭和30)年頃までは，県道の両側にエノキの大木があったが枯れてしまい，今は一里木バス停脇に記念碑が立つのみである。

　一里木跡からJR豊肥本線竜田口（たつたぐち）駅に至るまで県道337号線の北側，立田山南麓の斜面には，縄文時代の住居跡カブト山遺跡を始め，宇留毛（うるげ）・小磧（おぜき）・つつじヶ丘・浦山（うらやま）・長薫寺（ちょうくんじ）などの横穴（よこあな）群が並ぶ。黒髪7丁目の浦山横穴群（県史跡）は，出土遺物などから7世紀終わり頃の家族墓と考えられている。竜田口駅から南西に約300m，県道337号線からみえるつつじヶ丘横穴群（県史跡）は，6世紀後半から7世紀前半にかけて営まれた共同墓地である。浦山横穴群と同様に，長大な前庭部（ぜんてい）を設け，その壁に複数の横穴を穿（うが）っている。1つの前庭部を共有する横穴群の被葬者たちは，血縁集団であったと考えられ，古代の家族構成・墓制・祭祀の形態を解明するうえで貴重な遺跡である。

武蔵塚公園 ⓴
096-337-1260（公園管理事務所）

〈M▶P.96〉熊本市北区龍田町弓削1-1232　P
JR豊肥本線武蔵塚駅🚶10分，または熊本桜町バスターミナル🚌大津方面行武蔵塚公園🚶1分

> 東の武蔵塚
> 剣聖宮本武蔵をまつる

　竜田口駅から，県道337号線を約800m北上すると，熊本国際民藝館がある。柳宗悦の民芸運動に共鳴した外村吉之介によって1965年に開館した。土蔵造の館内には，国内外の約3000点の民芸品が展示されている。ここから県道337号線を北へ約1.3km行くと二里木の跡がある。大津街道で唯一残る里数木のエノキが立つ。二里木の跡からさらに北へ約500m行くと，武蔵塚公園がある。公園の奥には，晩年を熊本で過ごした剣聖宮本武蔵の墓があり，「東の武蔵塚」とよばれている。

　この場所は，参勤交代の主要道であった大津街道に面している。宮本武蔵は，「我，君公二代に仕へその恩遇を被ること頗る深し。死せむ後も，太守参勤の上下を拝せむとおもふ。願わくばその往還の目立つ処に葬れよ」との遺言により，鎧・甲冑に身をかためた立ち姿で，この地に葬られたという。墓石には「新免武蔵居士石塔」と刻まれている。

武蔵塚公園内にある武蔵像

立田山周辺から大津街道へ

❹ 坪井・京町台から豊前街道に沿って

坪井は寺と史跡の町。熊本城の北の京町台から豊前街道沿いに、歴史遺産をたどる。

夏目漱石内坪井旧居 ㉑
096-325-9127

〈M▶P.96,124〉熊本市中央区内坪井町4-22 ℗
JR九州新幹線・鹿児島本線・豊肥本線熊本駅🚌上熊本駅方面行壺井橋・熊本中央高校前🚶5分

文豪夏目漱石が熊本で もっとも長く暮らした家

壺井橋・熊本中央高校前バス停から県道1号線を西へ約200m進み、案内板に従って右折、突き当りを再び右折すると夏目漱石内坪井旧居がある。夏目漱石は、1896(明治29)年4月、愛媛県尋常中学校(現、愛媛県立松山東高校)から第五高等学校(現、熊本大学)に英語教師として赴任、熊本で4年3カ月を過ごした。在熊中6回転居したが、内坪井の旧居は5番目の家にあたる。

敷地内には、筆子産湯の井戸が残り、当時五高生であった物理学者の寺田寅彦が、「書生に置いてくれ。物置でもよいから」と頼んだ物置(もと馬丁小屋)も復元されている。建物内部は記念館として整備され、漱石の直筆原稿や五高時代の写真などが展示されている。

漱石旧居の西隣、熊本中央高校校舎裏手の道路沿いには、横井小楠生誕地があり、産湯を使った古井戸が復元されている。

また同校西側の道路沿いに、佐々友房生誕地がある。佐々は、西南戦争(1877年)のときに郷党組織の坪井連を率いて熊本隊に参加、西郷軍とともに政府軍と戦った。戦後、同心学舎(現、県立済々黌高校)を創設した。

漱石旧居の北方には、幕末の勤王の志士である宮部鼎蔵旧居跡もある。

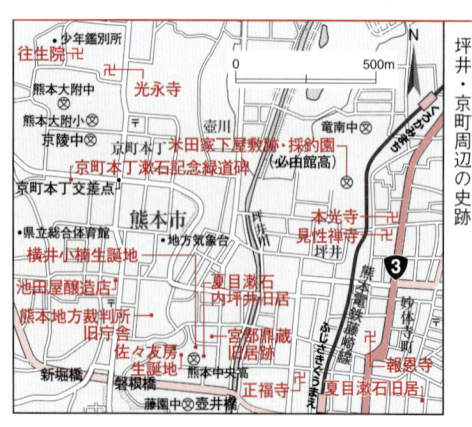

坪井・京町周辺の史跡

夏目漱石と熊本

コラム 人

夏目漱石は4年3カ月熊本に住み、多くの俳句をつくった

1896(明治29)年4月、夏目漱石(本名、金之助)は、第五高等学校(現、熊本大学)の英語教師として、愛媛県尋常中学校(現、愛媛県立松山東高校)から熊本へ赴任してきた。

最初に住んだのが光琳寺町(現、下通1丁目)で、「涼しさや裏は鉦打つ光琳寺」の句が残る。つぎが合羽町(現、坪井2丁目)で、家賃が高かったことを「名月や十三円の家に住む」と詠じた。3番目が当時の大江村(現、新屋敷1丁目)で、この旧居は水前寺成趣園の隣接地にジェーンズ邸とともに移築・保存されている。4番目は白川沿いの井川淵町で現存。そして、5番目が内坪井の家で、記念館として公開されている。最後の藤崎八幡宮参道脇(北千反畑町)の旧居も保存されている。

漱石は、1897年10月10日、第五高等学校の創立記念日に教員代表として祝辞を述べている。その祝辞の一節、「夫レ教育ハ建国ノ基礎ニシテ師弟ノ和熟ハ育英ノ大本タリ」を刻んだ記念碑が、熊本大学黒髪キャンパス(北地区)に立つ。

熊本時代、漱石は俳句に熱心に取り組み、1000句ほど詠んでいる。これは生涯につくった全俳句(約2400句)の4割に達する。

いかめしき門を這入れば蕎麦の花(第五高等学校)
温泉や水滑らかに去年の垢(小天温泉)
行けど萩行けど薄の原広し(阿蘇)
大慈寺の山門長き青田かな(大慈寺)
禰宜の子の烏帽子つけたり藤の花(藤崎八幡宮)
ふるひ寄せて白魚崩れん許りなり(江津湖)
湧くからに流るゝからに春の水(水前寺成趣園)

漱石は熊本で結婚して鏡子夫人を迎え、長女の筆子が生まれた。『草枕』『二百十日』の素材となった小天温泉旅行(1897年)や阿蘇登山(1899年)の体験もして、1900年7月、漱石は英国留学のため熊本を離れた。

壺井橋から県道1号線を藤崎八幡宮方面へ約200m進み左折すると、「坪井の仁王さん」で知られる正福寺(真言宗)がある。

報恩寺 ㉒
096-343-4664

〈M▶P.96,124〉 熊本市中央区坪井3-8-43 P
JR九州新幹線・鹿児島本線・豊肥本線熊本駅🚌熊本大学方面行
藤崎宮前🚶5分

本尊は鎌倉時代の木造十一面観音立像

藤崎宮前バス停から北へ150mほど行くと、報恩寺(曹洞宗)がある。文永年間(1264〜75)、川尻の大慈寺の末寺として宇土に創建さ

坪井・京町台から豊前街道に沿って　125

木造十一面観音立像(報恩寺)

れ、永正年間(1504〜21)、現在地に移転したと伝えられる。

本尊の木造十一面観音立像(国重文)は像高152.2cm、ヒノキの寄木造で、鎌倉時代の名品として知られる。胎内の銘文から、1260(正元2)年、大慈寺開山の寒巌義尹の発願により造立されたことが判明している。着衣形式などに宋の影響がみられるのは、入宋経験のある寒巌義尹の指導の反映と考えられる。衣文の彫りの深さが特徴的である。また胎内には、木製舎利外容器・絹本著色十一面観音像(像内納入品として附で国重文)が納められている。

本堂前には、玉名出身の天台宗高僧豪潮が造立した「文化十二(1805)年」銘の宝篋印塔が立つ。境内奥には、「雷封じ」の伝承をもつ井戸がある。壺形に穿たれていることから「壺井」と命名され、地名「坪井」もこれに由来するという。なお当寺で、放浪の俳人として知られる種田山頭火が、1925(大正14)年に得度した。

報恩寺から国道3号線に出て、北へ約400m行くと、本光寺(日蓮宗)がある。境内には、「安元元(1175)年」銘の笠塔婆の塔身(県文化)が立つ。阿蘇凝灰岩製で笠部は失われており、高さ97cmの塔身が後補の台石の上に立つ。

本光寺のすぐ南西には、藩の家老をつとめた米田家の菩提寺見性禅寺(臨済宗)がある。その北約150mの市立必由館高校は米田家下屋敷跡で、上屋敷跡は熊本城二の丸にある。米田家は、熊本藩の家老(松井・米田・有吉)の家柄である。なかでも幕末、肥後実学党の首領格であった長岡監物(是容)は著名である。

必由館高校敷地内には、米田家下屋敷の庭園採釣園が整備されており、明治時代初期に建造された数寄屋造風の米田家別邸が残る。同校前には米田家の家塾であった必由堂跡の碑、正門脇には井上毅誕生地碑が立つ。井上毅は、父が米田家に仕える細川藩士の子として生まれ、明治政府に出仕、大日本帝国憲法・教育勅語の起草者である。

熊本地方裁判所旧庁舎 ㉓
096-325-2121（熊本地方裁判所事務局総務課）

〈M▶P.96, 124〉熊本市中央区京町1-7
JR九州新幹線・鹿児島本線・豊肥本線熊本駅🚌植木方面行裁判所前🚶3分

赤レンガ造りの重厚な明治の旧庁舎

　裁判所前バス停を降りると，正面に赤レンガ造りの熊本地方裁判所旧庁舎がある。1908（明治41）年に竣工した旧庁舎で，現在は資料館として活用されており，館内には，明治時代の裁判官の法服や神風連の乱（1876年）の裁判資料などが展示されている。見学にあたっては，同裁判所事務局総務課へ事前連絡を要する。

　京町台を南北に走る県道303号線は，江戸時代の豊前街道に重なる。京町1丁目には，寛政年間（1789〜1801）創業の池田屋醸造店の店構えが残る。家屋部は，西南戦争（1877年）後の再建と伝えられる。熊本地方裁判所から北へ約500m進むと京町本丁交差点に着くが，ここを右折すると内坪井へくだる新坂，左折するとJR鹿児島本線・熊本電気鉄道菊池線上熊本駅に至る。1896（明治29）年4月，第五高等学校に赴任してきた夏目漱石は，上熊本駅（当時の池田駅）に降り立ち，京町台を越え，新坂をくだって行った。京町本丁交差点のすぐ西側，市立京陵中学校前の歩道には京町本丁漱石記念緑道碑が，上熊本駅前のバス停付近には，漱石来熊100年を記念して建てられた夏目漱石の銅像がある。

　藩政時代，京町本丁の本通りと並行して，東側に柳川小路，西側に宇土小路という武家屋敷があった。関ヶ原の戦い（1600年）で敗れた立花家（柳川）・小西家（宇土）の家臣団を，加藤清正が引き取り住まわせたことからくる地名である。熊本城下では，武家屋敷は「小路」と書いて「しゅうじ」とよび慣わしていたという。なお，宇土小路にて生まれた池辺吉十郎は，西南戦争で熊本隊を率いて西郷軍に協力し敗れたが，その遺児の池辺三山は明治時代の言論人として活躍，東京朝日新聞主幹として夏目漱石を同紙にスカウトした。

熊本地方裁判所旧庁舎

坪井・京町台から豊前街道に沿って　127

往生院 ㉔
096-353-4006

〈M▶P.96, 124〉熊本市西区池田1-2-50 **P**
JR九州新幹線・鹿児島本線・豊肥本線熊本駅🚌植木方面行往生院前🚶1分

鎌倉時代の仏画を伝える寺

京町本丁交差点から北へ約400m進むと，バス停の左手奥に往生院（浄土宗）がある。寺宝として，鎌倉時代の絹本著色阿弥陀三尊図・絹本著色阿弥陀三尊来迎図（ともに県文化），幕末から明治時代初期にかけて製作された三十三体観音像（厨子入り）などを所蔵する。境内は広く，100体目の放牛地蔵もある。放牛地蔵とは，享保年間（1716～36），熊本城下出身の僧放牛が，非業の死を遂げた父の菩提を弔うために建立した石仏である。

往生院南隣の光永寺（浄土真宗）の山門は，本通りから熊本大学附属小学校運動場沿いに入った小路に面している。初め鹿本町（現，山鹿市鹿本）にあったが，熊本城築城の際に北方の守りとして，加藤清正が移転を命じ，築城の余材を使ってあらたに堂宇が建造されたといわれる。西南戦争（1877年）のとき，薩摩軍が占拠して熊本城の政府軍と戦闘を行ったため，山門には今も弾痕が残る。本堂前には，放牛が寄進した石臼がある。

往生院放牛地蔵

浄国寺 ㉕
096-344-7614

〈M▶P.96〉熊本市北区高平2-20-32 **P**
JR九州新幹線・鹿児島本線・豊肥本線熊本駅🚌高平方面行高平団地🚶2分

名人松本喜三郎の活人形が拝観できる寺

高平団地バス停の北約150mの所に浄国寺（曹洞宗）がある。もとは本山町にあったが，1967（昭和42）年，白川の改修工事にともない現在地に移転した。

本堂には，人形師の松本喜三郎の代表作活人形谷汲観音像（県文化）がある。松本喜三郎は，1825（文政8）年に現在の迎町に生まれ，見世物人形の製作に打ち込み，幕末，大坂・江戸の興行で一世を風靡した。明治時代初期には大学東校（現，東京大学医学部）から依頼

128　熊本

浄国寺活人形谷汲観音像

を受け，人体模型の製作にも取り組んだ。1874(明治7)年に畢生の大作「西国三十三所観世音霊験記」を完成させたが，浄国寺所蔵の像は33番札所の美濃谷汲山縁起を表現したもので，1887年，菩提寺である浄国寺に松本喜三郎が奉納した。国内で唯一完全な姿をとどめる作品だが，1898年，弟子の江島栄次郎が全面修復を行っている。1891年に没した喜三郎の墓は，同寺にある。

　浄国寺から市道を南へ500mほど進むと，西側の丘陵に県立清水が丘学園があり，その裏手に稲荷山古墳(県史跡)がある。直径30m・高さ6ｍの円墳で，6世紀後半の築造と推定される。装飾古墳だが，内部見学はできない。

八景水谷公園 ❷
096-346-1100(熊本市水の科学館)

〈M▶P.96〉熊本市北区八景水谷1　[P]
熊本電気鉄道菊池線八景水谷駅🚶10分

江戸時代から知られた湧水地

　八景水谷駅からつぎの堀川駅近くまでの西側，坪井川左岸に南北に広がるのが八景水谷公園である。一帯は古くから湧水地として知られ，江戸時代前期，熊本藩主細川綱利が茶屋を設けて遊び，「近江八景」になぞらえて8つの佳景を選んだことから，八景水谷の地名が生まれたといわれる。

　公園の南端に立つレンガ壁・木造平屋建ての建物が，上水道敷設時に建造された旧八景水谷貯水池ポンプ場である。1967(昭和42)年まで稼動し，水道創設50周年を迎える1974年に熊本市水道記念館として開館。一時，閉鎖されていたが，2004(平成16)年に補修され，再び公開されている。また公園内北側，第一水源地近くには，1990(平成2)年に開設された熊本市水の科学館があり，熊本市の水道・地下水の仕組みなどについて展示・実験を通して知ることができる。記念館の見学には水の科学館に事前連絡。

御馬下の角小屋 ❷
096-245-2963

〈M▶P.96〉熊本市北区四方寄町1274　[P]
熊本桜町バスターミナル🚌植木方面行四方寄🚶1分

参勤交代の殿様が休憩した庄屋屋敷跡

　豊前街道は，新町の新一丁目御門札の辻を起点として北上し，京町台を抜け植木・山鹿・南関を通り，筑後・筑前を経て，豊前小倉へ至る。江戸時代，豊後鶴崎へ向かう豊後街道と並ぶ重要な交通路

坪井・京町台から豊前街道に沿って　129

御馬下の角小屋

であった。

　京町台からの県道303号線との合流地点から約600m国道3号線を北上すると，右手に御馬下の角小屋がみえる。江戸時代，御馬下村の庄屋で質屋・酒屋も営んだ堀内家の屋敷跡であり，熊本藩主細川家や薩摩藩主島津家が，参勤交代で豊前街道を通る際に休憩所として利用した。建物は，自宅兼店舗部分と藩主の休憩所に使われた座敷部分(御成の間)からなって

明徳官軍墓地

いる。堀内家古文書により，座敷部分は1827(文政10)年と1847(弘化4)年の増築と判明し，自宅兼店舗部分はそれ以前の文化年間(1804～18)頃の建造と推定されている。現在は熊本市が資料館として管理しており，一般公開されている。

　御馬下の角小屋の前に，六地蔵塔と庚申塔が立つ。明応年間(1492～1501)の造立と推定される六地蔵塔は高さ330cm，六道(地獄・餓鬼・畜生・修羅・人間・天上)の難を救うために，6体の地蔵菩薩が刻まれている。庚申塔は高さ255cm，石段3段の上に青面金剛像が線刻された塔身があり，笠・宝珠が載る。2つの石塔は，もとは現在地南側の四方寄バス停脇にあったが，1991(平成3)年に移された。

　御馬下の角小屋から国道3号線をさらに北上して，明徳方面への分岐点で案内に従い，国道を離れて約300m直進し，熊本県警交通機動隊の建物がある角で右折すると明徳官軍墓地(県史跡)に至る。1877(明治10)年3月20日，西南戦争において，田原坂を突破して南下する政府軍を，この付近の向坂一帯で薩摩軍が迎え撃った。墓

鹿子木荘

コラム

教科書にでてくる寄進地系荘園の典型

　御馬下の角小屋から国道３号線を北へ約１km進むと、左側に熊本市北部総合支所がある。この一帯が鹿子木町であり、平安時代末期から室町時代にかけて存在した荘園、鹿子木荘の中心地と考えられる。「東寺百合文書」によると、鹿子木荘は沙弥（在俗の僧）の寿妙が開発したが、孫の中原高方のときに、権威を借りるため大宰大弐藤原実政に寄進して年貢400石を納め、寄進を受けた藤原実政は荘園の領家となり、高方は現地の管理人である預所職となった。しかし、実政の子孫の願西という人物のとき、肥後国衙（役所）の税の取り立てが厳しくなり、願西は、領家の収益のうちの200石をさき、高陽院内親王（鳥羽天皇の皇女）に寄進した。この高陽院内親王のことを荘園の本家と称する。このように、中世の寄進地系荘園の典型として鹿子木荘の名は知られている。なお、近年の研究により、開発者の寿妙は在地の有力農民ではなく、受領（現地赴任した国司）階層の人物であったと考えられている。

地には赤レンガの門があり、将兵・軍夫123人の墓石が並ぶ。

⑤ 熊本市西郊，金峰山周辺

熊本市西郊に聳える金峰山は，市民に親しまれている山。ハイキングを兼ねて山麓の景勝地，史跡をめぐる。

本妙寺（ほんみょうじ）㉘
096-354-1411
〈M▶P.96,132〉熊本市西区花園4-13-1 P
JR鹿児島本線・熊本電鉄菊池線上熊本駅，熊本市電3号線本妙寺前電停🚶10分

加藤清正の菩提寺である日蓮宗の大寺

　本妙寺前電停から西へ，JR鹿児島本線の踏切を越え約400m進むと，コンクリート製の仁王門（におうもん）が聳える。加藤清正の菩提寺發星山本妙寺（にちれん）（日蓮宗）である。門をくぐり12の塔頭（たっちゅう）が並ぶ桜並木の参道に入ると左右2体の石造仁王像が出迎え，300mほど進むと大伽藍（だいがらん）がみえてくる。本院の門には「勅願道場」（ちょくがん）（東郷平八郎元帥揮毫（とうごうへいはちろうげんすいきごう））の扁額（へんがく）が掲げられ，1894（明治27）年に再興された大本堂は270畳の広さを誇る。本院の前から胸突雁木（むなつきがんぎ）とよばれる急勾配（こうばい）の石段をのぼると，加藤清正の廟所（びょうしょ）がある。胸突雁木の中央に残る旧参道には石灯籠（いしどうろう）が立ち，廟所前には復元された常夜灯（じょうやとう）が立つ。加藤清正の廟所は，その法号から浄池廟（じょうちびょう）とよばれている。

　浄池廟の脇に立つ宝物館では，加藤家・細川家から寄進された約1400点の文化財を保存・展示している。紙本墨書日本紀竟宴和歌上・下（しほんぼくしょにほんぎきょうえんわかじょうげ）（国重文）は，宮中で『日本書紀』の進講（しんこう）が終了したとき宴会が開かれ，そのときに人びとが詠んだ和歌であり，鎌倉幕府6代将軍に就任した宗尊親王（むねたかしんのう）の筆写と伝えられる。清正の遺品との伝承が残り，藩主細川家の御用以外は門外不出とされてきた。短刀銘光世（みつよ）（国

金峰山周辺の史跡

高麗上人（日遙上人）

コラム

朝鮮と日本との架け橋となった僧

本妙寺3世の日遙上人は、高麗上人という別称をもつことが示すとおり朝鮮の人であった。

1592（文禄元）年、豊臣秀吉の命令により、加藤清正は兵を率いて朝鮮へ出兵した。1593（文禄2）年慶尚南道の晋州城を攻略中、清正は、近郊の河東で12歳の少年を捕らえたが、杜甫の詩を書くその聡明さに驚き、陣中へ連れ帰った。少年の名は余大男といい、家族と離れて逃げる途中、日本軍に遭遇したのだった。彼こそ、のちの日遙上人である。

余大男は、加藤軍の従軍僧で本妙寺開山の日眞上人について法華経を学んだという。1596（慶長元）年、清正の帰国に従い日本の土を踏む。そして、清正の命を受け京都の本國寺で出家して日蓮宗僧として修行を積んだ。1611（慶長16）年、清正死去の悲報を聞いた日遙上人は本妙寺へ入り、翌年、本妙寺3世住職に就任。清正の一周忌に際して、日遙は追善法要のため法華経を書写したが、これが頓写会の起源となった。

豊臣秀吉の朝鮮出兵（文禄・慶長の役、1592～98年）、すなわち朝鮮史でいう壬辰倭乱によって両国関係は断絶したが、江戸時代に入り、江戸幕府と朝鮮政府の交渉によって講和が成立。朝鮮使節が来日し、日本に連れてこられた朝鮮の人びとが故国へ帰ることも可能になった。余大男が日遙と称する高僧になっているという消息が朝鮮へ伝わり、1620（元和6）年、祖国の父親から日遙のもとへ手紙が届いた。息子の無事を喜び、一刻も早い帰還を望む親心が認めてあったが同年、日遙上人は親不孝を詫び、帰国できない悲しみを綴った返信を送った。その後も父子の交信は続き、現在本妙寺には、父からの最初と2通目の手紙、日遙からの最初の返信の下書き、計3通が残されている。また、2通目の返信の内容が伝えられている。

晩年、日遙は天草・島原の乱（1637～38年）で荒廃した島原の地へ渡り、1651（慶安4）年、護国寺の開山となった。1659（万治2）年、日遙上人死去、享年79歳、異国での66年の生涯であった。

2002（平成14）年3月、日遙の末裔の余家宗家の人びとが、本妙寺と島原の護国寺を訪問した。本妙寺歴代住職墓地の日遙上人墓前にて韓国式法事が執り行われた。現代の日韓両国の有志の力で、400年の歳月を越えた歴史的交流が実現した。

重文）は、鎌倉時代中期の逸品であり、藩主細川斉茲から寄進された。短刀祐定（県文化）は、1516（永正13）年に備前刀匠の作で、鞘

熊本市西郊、金峰山周辺

浄池廟（本妙寺）

は清正拵網代鞘とよばれる。刀同田貫正国（県文化）は，「折れず曲がらず同田貫」といわれた剛刀である。中世の菊池一族の保護を受けた延寿派系の刀工を清正は重用し，熊本城の備えの刀として多くの同田貫をつくらせた。

　浄池廟の北側には清正の側近大木土佐守兼能の墓が，南側には朝鮮人金宦墓がある。金宦とは会計職の意味で，本名は良甫鑑と伝えられる。彼らはともに清正の徳を慕って殉死しており，熊本城内の加藤神社に合祀されている。浄池廟の裏手から300段の石段をのぼると，展望広場に槍を手にした加藤清正の銅像が立っている。

　本妙寺の最大の行事が，毎年7月23日夜に開かれる頓写会である。清正の一周忌に3世日遙上人が法華経を写経して奉納したことを起源として，以来，僧侶や信徒による写経・奉納が恒例となった。なお頓写とは「すみやかに書き写す」の意味である。

島田美術館 ㉙
096-352-4597
〈M▶P.96,132〉熊本市西区島崎4-5-28 P
熊本桜町バスターミナル🚌市営バス荒尾行慈恵病院前🚶3分

宮本武蔵の遺品，書画などの展示が充実

　慈恵病院前バス停から南西へ約150m進むと，木立の中に島田美術館がある。古美術研究家の島田真富が収集した，宮本武蔵を始めとする熊本の武人に関する歴史資料・古美術品を収蔵・展示している。紙本著色宮本武蔵像（県文化）は一般に流布している武蔵像の原画にあたるものといわれ，1645（正保2）年の武蔵死去からまもなく描かれたと推定される。武蔵の二天一流を継いだ熊本藩士寺尾家に伝わり，流祖の尊像として崇敬されてきた。

　バス通りに戻り西へ約400m，三軒屋四つ角を左折すると，右手の石祠の下に湧水がある。地元の人が長命水とよぶ名水で，江戸時代には藩主細川氏が茶の湯に使用したという。長命水を過ぎて右手の坂をのぼると百梅園がある。漢学者の兼坂止水は，明治維新後，家禄を奉還して熊本藩中で最初に帰農した人物であり，この地に多

くのウメを植え，百梅園と名づけた。近年，熊本市が地域住民の協力を得て公園として整備した。百梅園の南100mにある石神八幡宮(祭神応神天皇)の境内には，天保年間(1830～44)につくられた石造仁王像2体が立つ。背後に控える石神山(140m)は，良質の石材が採れることで知られる。

　江戸時代の島崎には，上級藩士の別荘が幾つも設けられ，今もその面影を残す。三軒屋四つ角から麹川沿いに北西へ約200m行くと，左手に叢桂園がある。熊本藩の医学校再春館の教授職をつとめた村井家の別荘跡で，現在は曲水と池の庭園が残る。北隣には細川家の重臣続家の別荘跡，釣耕園がある。もとは藩主細川綱利の御茶屋で，飛び石を配した池を中心とする庭には茶室も残る。園内は私有地で見学には配慮を要するが，庭園などは公開している。

　釣耕園の西約100mの所に三賢堂がある。熊本市出身の政治家で，大正時代から昭和時代初期にかけて憲政会・民政党の幹部として活躍した安達謙三が，1936(昭和11)年，市民の精神修養の場として設けた。コンクリート造りの円形の堂内には，安達が熊本の三賢人として尊敬した菊池武時・加藤清正・細川重賢の坐像が安置されている。三賢堂の西約200m，分岐点の正面に立つのが岳林寺(曹洞宗)で，境内には戦国時代，隈本城主となった城親賢の墓がある。

　三軒屋四つ角を右折して西へ約1km進み，東荒尾バス停付近から北東へ向かうと，住宅地裏手の荒尾山中に宮本武蔵の墓がある。寺尾一族の墓所内にまつられたこの武蔵の墓は自然石でできており，龍田町の武蔵塚に対して「西の武蔵塚」とよばれる。

雲巌禅寺(霊巌洞) ㉚　〈M▶P.96〉熊本市西区松尾町平山589 [P]
096-329-8854　熊本桜町バスターミナル🚌芳野経由岩戸観音入口🚶20分

宮本武蔵が『五輪書』を著した霊場

　金峰山(665m)は熊本市街地の西方に位置し，島原湾と市街地の間に聳える。現在は，県道1号線が本妙寺の脇から金峰山の中腹を抜け，途中の追分で県道101号線と分かれ，玉名市天水町へと延びている。1897(明治30)年，第五高等学校(現，熊本大学)の英語教師夏目漱石が同僚と金峰山を歩いて越えたときは，島崎の岳林寺から鳥越峠・野出峠を経て，小天温泉(天水町)の前田邸を訪ねている。

霊巌洞

この旅の経験をもとに，1906(明治39)年に小説『草枕』が執筆された。

熊本市街地から県道1号線を西へ約8km進み，鳥越の峠の茶屋跡，金峰山入口を過ぎると，河内方面・玉名市天水町方面・芳野方面と三方に分かれる追分に出る。ここで県道101号線を選び河内方面へくだると，約2kmで岩戸観音入口バス停に着く。すぐ下を河内川が流れ，鼓ヶ滝がある。平安時代中期の肥後国司で歌人として知られた清原元輔(清少納言の父)や，伝説の女流歌人の檜垣が訪ねたという由緒ある滝である。

岩戸観音入口バス停から左折して約1km坂をのぼって行くと，岩戸の里公園があり，さらに約300mくだると雲巌禅寺(曹洞宗)に至る。境内は，県の史跡・名勝に指定されている。雲巌禅寺は，1351(正平6)年に来日した元の東陵永璵によって開かれたと伝えられるが，開山時期については不詳である。

寺地は阿蘇凝灰岩の台地上にあり，奇石景勝の地として知られ，古代から修験場であったと伝承が残る。江戸時代には，細川氏の庇護を受けて，寺内は整備された。霊巌洞とよばれる洞窟内におかれた観音像を本尊とすることから，岩戸観音と通称される。

入山すると，右手の岩場斜面には，1708(宝永5)年に造立された釈迦三尊と十六羅漢の石像，そしてそれを取り巻くようにして五百羅漢が並び，みる者を圧倒する。五百羅漢は，熊本城下の商人淵田屋儀平が，1779(安永8)年から1802(享和2)年にかけて奉納したものである。

奥の院である霊巌洞は境内最奥部の崖にあり，石段をのぼると，格子の向こうに石造観音像が安置されている。洞内正面に刻まれている「霊巌洞」の文字は，開祖東陵永璵の揮毫と伝えられる。また洞内東側壁面に，細川忠興の重臣沢村大学吉重の逆修碑，洞窟入口の脇には戦国時代の隈本城主鹿子木寂心(親員)の逆修碑が刻まれている。

寺宝の木造東陵永璵禅師倚像（国重文）はヒノキの寄木造，14世紀後半の作と推定され，椅子に座った写実的な肖像彫刻である。現在は熊本市立熊本博物館に寄託されている。

成道寺 ㉛
096-353-6684

〈M▶P.96,137〉熊本市西区花園7-2476 P
熊本桜町バスターミナル🚌花園柿原線柿原公民館前🚶15分

湧水庭園がある山中の禅寺

柿原公民館前バス停から北へ約200m行くと，柿原養鱒場の一角に御手水とよばれる湧水がある。火の国巡狩中の健磐龍命がここで手水を使ったと伝えられる。

柿原養鱒場から北西へ約800m進むと成道寺（臨済宗）がある。周辺には棚田が広がり，かたわらの成道寺川では水鳥が遊び，「若葉して手のひらほどの山の寺」と夏目漱石が詠んだ風情が今に残る。

成道寺は，1426（応永33）年，菊池の正観寺住職の寶中元志が隠棲のために建立した。菊池氏の支援を得て栄えたが，戦国時代に同氏が没落すると衰退した。その後，細川家の保護を受け，重臣沢村氏歴代の菩提寺となった。

参道入口には，2基の凝灰岩製の六地蔵塔が立つ。「永享四（1432）年」銘の塔は摩耗が進み六地蔵の姿は残っていない。「延徳四（1492）年」銘の塔のたわらには，室町時代後期の板碑4基があり，いずれも安山岩の自然石の片面が研磨され地蔵像や種子などが刻まれている。

成道寺の庭園は清冽な水が湧き，苔庭も広がり，深山幽谷の趣がある。庭園を囲む土塀の近くには，「天文五（1536）年」銘の五輪塔が残る。本堂の裏山が沢村家墓所であり，

成道寺庭園

崇城大学前駅周辺の史跡

熊本市西郊，金峰山周辺

その中央に沢村大学助吉重夫妻の石塔が立つ。沢村大学助吉重は細川忠興・忠利・光尚の3代に仕えた重臣で、1650(慶安3)年、91歳の天寿を全うした。天草・島原の乱(1637～38年)では、高齢ながら出陣し、細川軍の士気を高めたという。寺宝の紙本著色沢村大学画像(熊本県立美術館寄託)は、その出陣姿を描いたものである。

釜尾古墳 ㉜
096-328-2039(熊本市文化振興課)

〈M▶P.96, 137〉熊本市北区釜尾町
JR鹿児島本線崇城大学前駅 🚶30分

6世紀後半築造の装飾古墳

天福寺から南東へ約1kmくだると井芹川右岸に出る。川沿いにさらに約1km北上すると、菅原神社に隣接して釜尾古墳(国史跡)がある。高さ5.5m・直径20mを超す円墳で、6世紀前半の築造と推定される。南に開口する横穴式石室は羨道・前室・後室からなっており、後室の周壁は床から約1.8mの高さまで赤で塗られ、その上部は白で塗り分けられている。また石屋形の奥壁や左右の前壁には、双脚輪状文とよばれる大きい花のような文様や、同心円文・三角文が赤・青・白の配色で描かれている。貴重な装飾古墳であり、内部見学には熊本市教育委員会への申請書類を要する。

釜尾古墳から北へ500mの所に釜尾天神のイチイガシが立つ。かつてはこの地に釜尾菅原神社があったといわれ、樹高21.5mのイチイガシはその神木として地元住民から崇められてきた。

釜尾古墳から南東へくだり、天神大橋を渡って県道31号線に入る。JR鹿児島本線の線路沿いを約5km北上し右折、県

釜尾古墳

寂心さんの樟

熊本市の四季の風物詩

コラム

季節に応じた伝統行事に市民が親しむ

春 熊本の春は植木市で始まる。戦国時代、隈本城(現、古城町)の城主城親賢が、新町で市を始めたのが起源とされる。近世においては、新町と横手の境にあたる高麗門町に市が立った。これは、2月15日の涅槃会で横手の寺町が参詣者で賑わうからであった。高麗門での市は昭和30年代まで続き、以後は白川河川敷で開かれたが、2007(平成19)年に郊外の上益城郡益城町へ会場が移り、毎年2月1日から3月末にかけて開催される。

夏 熊本の夏は蒸し暑さで知られる。7月23日の夜、花園本妙寺では頓写会が営まれる。加藤清正の一周忌に、本妙寺3世の日遙上人が、追善法要として法華経を写して奉納したことが始まりとされる。頓写とは、「すみやかに書き写す」という意味である。当夜は、本妙寺の僧を始め、県内の日蓮宗の僧侶・信者が写経・奉納を行い、多くの市民も訪れ、参道は人の波が絶えない。8月15日には、川尻の加勢川で精霊流しがある。川尻は舟運で栄えた所で、江戸時代以来の伝統行事である。

秋 藤崎八旛宮の大祭は、5日間にわたって行われ、最終日にあたる9月第3月曜日の神幸行列でクライマックスを迎える。社地藤崎台西麓の御旅所までの神幸には騎馬武者が随い、飾り馬が参加して華麗で、勇壮な祭りとなる。この例大祭の起源は、捕らえた魚や鳥を野や川に放す仏教行事の放生会といわれ、江戸時代には藤崎台近くの井芹川で魚が放流されていた記録が残る。この大祭が終わると、熊本の街は朝夕冷え込んでくるため、「随兵寒合」とよばれる。

冬 1月30日早朝、花岡山山頂にプロテスタント系の教会関係者・キリスト教系学校の生徒たちが集い、祈禱会が行われる。1876(明治9)年1月30日、熊本洋学校の生徒35人が花岡山山頂で奉教趣意書に署名誓約した日を記念しての行事である。彼らはアメリカ人教師ジェーンズの影響を受け、この挙に出た。日本の近代キリスト教界の先駆者として、彼らは「熊本バンド」とよばれた。2月の初午の日は、上代の高橋稲荷神社の例大祭が行われ、商売繁盛を願う人びとで賑わう。

道101号線を植木駅方面へ約1.2km進むと寂心さんの樟(県天然)がある。幹回り13.5m・樹高29m、枝張りは東西47m・南北49mにおよぶ、推定樹齢800年の大木である。根元に石塔があり、戦国武将の鹿子木寂心の墓と伝えられ、寂心さんの樟とよばれる。鹿子木寂

熊本市西郊、金峰山周辺

心(親員)は,飽田郡を根拠地とする国人で,1496(明応5)年,現在の熊本市古城町(県立第一高校敷地)に隈本城を築き,飽田・託麻など肥後国の中央部を支配した。和歌にも長じた教養豊かな文人武将と伝えられる。

⑥ 熊本駅周辺から川尻方面

熊本駅周辺は，飽田国府の時代から長い歴史が伝わる地域。
川尻は江戸時代，物資の集散地として栄えた。

熊本藩主細川家墓所（妙解寺跡）㉝
096-356-8005（北岡自然公園）

〈M▶P.96,141〉熊本市中央区横手2-5-1 P
熊本市電2号線祇園橋電停🚶10分

風格のある熊本藩主細川家代々の霊廟

祇園橋電停から西へ200mほど行くと，クスの古木に覆われた，北岡神社（主祭神素戔嗚尊・稲田姫命）がある。979（天元2）年に遷座，京都の祇園社（八坂神社）を勧請・創建したとの由緒をもつが，年代など検討を要する。現在地に遷ったのは，1647（正保4）年と伝えられる。

熊本藩主加藤氏・細川氏の崇敬が篤く，夏の例大祭は藤崎八幡宮の祭りと並び称された。社伝によると，勧請の際に朝廷から6人の舞楽士が熊本へ下向し，これが熊本の能楽発祥につながったとされる。今日でも，毎年1月5日，拝殿において喜多流と金春流による松囃子能の神事が継承されている。

北岡神社の北側道路から石段をくだり，少し南に行くと清原神社がある。986（寛和2）年，肥後守として赴任した清原元輔をまつる。歌人で知られる清原元輔の娘が清少納言である。

北岡神社北側でJR鹿児島本線を渡り，線路沿いに北上，下馬神社の角を左折して約200m進むと，北岡自然公園の正門に至る。ここが熊本藩主細川家墓所の妙解寺跡（国史跡）である。熊本藩初代藩主

北岡自然公園周辺の史跡

熊本藩主細川家墓所(妙解寺跡)

の細川忠利が1641(寛永18)年に死去すると、嗣子の光尚は、翌年、花岡山東麓に父の菩提を弔うため妙解寺を建立した。寺号は忠利の戒名に基づく。妙解寺は臨済宗に属し、細川家菩提寺として重きをなしたが、明治維新にともない廃寺、その後は細川家の北岡別邸となった。1945(昭和20)年の空襲で別邸が焼失した後、敷地の一部を熊本市が譲り受け、1955年に北岡自然公園として公開するに至った。

公園の奥、石灯籠が並ぶ参道を進み石段をのぼると、唐門の向こうに、細川忠利、その正室(保寿院)、光尚の3廟がある。向拝とよばれる礼拝所の奥に方形造の御霊屋を設けており、江戸時代初期の様式を備えた風格ある霊廟建築である。霊廟を取り囲むようにして忠利・光尚の殉死者の墓30基が並んでいるが、その中に、森鷗外の小説『阿部一族』で知られる阿部弥一右衛門の墓も残る。広い墓域には宝暦の藩政改革で名高い細川重賢を始めとする歴代の細川藩主、その子女らの墓が立ち並び、厳かな雰囲気が漂う。また園内には、枯山水式庭園や経蔵跡、そして園の東側には石橋が残り、往時を偲ばせる。

北岡自然公園の北側一帯が横手の寺町で、細い道が入り組む中、寺院が立ち並ぶ。公園正門前の道を隔て安国寺(曹洞宗)の寺域が広がる。加藤忠広が建立した弘真寺を前身とし、本尊の木造釈迦如来坐像は室町時代の作と伝えられる。下馬神社からJR鹿児島本線沿いに北へ約150m進むと、左手奥に妙永寺(日蓮宗)がある。加藤清正が母伊都(聖林院)の菩提を弔うために1602(慶長7)年に建立したもので、境内に聖林院廟所が残る。所蔵の涅槃絵図は1645(正保2)年の作と伝えられ、2月15日の涅槃会で開帳される。境内を奥に進むと、加藤清正の夫人の廟所がある本覚寺(日蓮宗)に至る。六角堂観音と通称され、安産祈願の寺として知られる。

妙永寺の北約200mの所には正立寺(日蓮宗)がある。第一次世

界大戦の際，中国山東半島の青島で捕虜となったドイツ守備兵のうち約400人が熊本へ移送されたが，その大部分は横手の諸寺に収容された。当時の『九州日日新聞』は，熊本の人びととの交歓会や水前寺成趣園見物などが催され，温かい待遇であったと伝え，正立寺では捕虜による西洋音楽の演奏会も開催されたという。

花岡山 ㉞　〈M▶P.96,141〉熊本市西区横手2　P
熊本市電2号線祇園橋電停 30分

白い仏舎利塔が目印の花岡山は歴史の山

山頂の白い仏舎利塔が目印の花岡山(133m)にのぼるには，一般的には，JR鹿児島本線を越え，右手高台の清水寺の丸い石門をみながら坂道をのぼる。のぼり道が合流する中腹には招魂社の石の鳥居があり，その1段下に阿蘇殿松の跡碑が立つ。阿蘇惟光が，1593(文禄2)年に佐敷城(現，葦北郡芦北町)でおこった薩摩勢による梅北の乱への連座を疑われ，豊臣秀吉の命令で切腹したことを偲ぶ。

招魂社裏手の高台にある陸軍墓地には，神風連の乱(1876年)の戦死者116人が埋葬されている。その南側の県官墓地には，神風連の襲撃を受けて落命した初代県令安岡良亮の墓がある。また，隣接してキリシタン殉教碑がある。細川家の重臣加賀山隼人の娘みや(洗礼名マリア)と夫小笠原玄也ら一族が改宗を拒み，1635(寛永12)年に処刑された。その墓石が残っている。

花岡山の山頂は広場となっており，広場中央の仏舎利塔は，インドのネルー首相から贈られた仏舎利を納めるため，日蓮宗の藤井日達上人が1954(昭和29)年に建立したものである。阿蘇出身の藤井日達は平和運動に取り組んだ僧として知られ，広場横には彼が開設した日本山妙法寺の花岡山道場がある。

仏舎利塔の南側に熊本バンド奉教之碑が立つ。1876(明治9)年1月30日，熊本洋学校の生徒35人が花岡山山頂で祈禱会を開き，キリスト教をもって祖国を

花岡山官軍墓地

熊本駅周辺から川尻方面

救うという奉教趣意書に署名誓約した。アメリカ人教師ジェーンズの聖書研究会の影響を受けての行動であったが，衝撃を受けた県当局は洋学校閉校の処分をとった。その後，彼らの多くは京都の同志社に入学，その中から海老名弾正・宮川経輝らの牧師を輩出したことから，外国人宣教師から「熊本バンド（グループの意味）」とよばれた。札幌バンド・横浜バンドと並び，日本の近代キリスト教（プロテスタント系）の源流とみなされている。

来迎院 ㉟
096-355-5917

〈M▶P.96, 144〉熊本市西区春日6-8-8 P
熊本市電2号線田崎橋電停 10分

松本喜三郎の活人形や鎌倉時代の仏像が残る寺

北岡神社から春日陸橋を越え西へ約150m進むと，春日寺前バス停のすぐ南側に岫雲院（臨済宗）がある。西方約200mに鎮座する春日神社の神宮寺の春日寺として，平安時代末期から室町時代にかけて菊池氏の崇敬を受けたが，戦国時代に廃寺となった。江戸時代，熊本藩初代藩主細川忠利により再興された。

本堂には，「天文十一（1542）年」銘の木造如意輪観世音菩薩坐像が安置されている。細川忠利の遺言により，1641（寛永18）年に死去した忠利はこの地で茶毘に付されており，本堂の西隣にその火葬地跡がある。

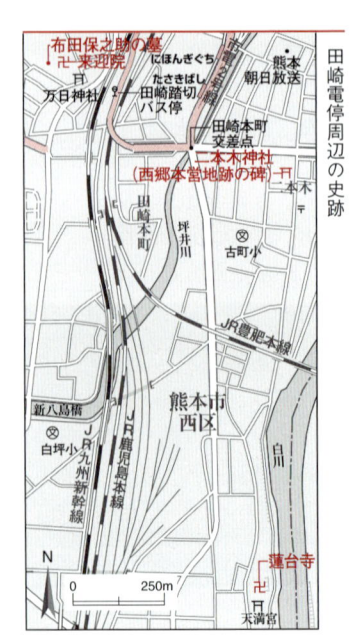

春日寺前バス停から，バス通りを南下，4つ目の田崎踏切バス停の五差路を北西へ折れ，万日山（136m）へ向かうと，200mほどで山腹の来迎院（浄土宗）に至る。奈良時代，行基による開山と伝え，鎌倉時代初期に現在地に再興された。本尊の木造阿弥陀如来像はヒノキの寄木造で，鎌倉時代後期の作と推定されている。

本堂には，活人形師の松本喜三郎が晩年の1887（明治20）年に造立・寄進した，聖観世音菩薩像が安置

されている。像高117cm, 振り向きざまの瞬間を捉えたような動的で優美な姿勢, 衣装から覗く手足の肌色が印象的である。現存作品が少ない喜三郎の活人形としては, 浄国寺(熊本市高平)の谷汲観音像と双璧をなすが, 像の傷みが激しくなったため, 2001(平成13)年に修復されている。

　来迎院から道をくだる途中, 万日神社の角を右折すると, 右手高台の共同墓地に布田保之助の墓がある。保之助は, 矢部手永の惣庄屋として通潤橋建設に尽力し, 1854(安政元)年に完成させたことで知られる。この墓は, 大正時代に子孫によって建立された。

蓮台寺 ㊱

096-325-7737

〈M ► P.96, 144〉 熊本市西区蓮台寺2-10-1
JR鹿児島本線・豊肥本線熊本駅🚇熊本港方面行蓮台寺🚶8分

平安の女流歌人檜垣ゆかりの寺

　熊本駅の歴史は, 1891(明治24)年の九州鉄道の「春日ステンショ(停車場)」開設に遡る。1921(大正10)年に春日町が熊本市に編入, 1924(大正13)年, 熊本市電が熊本駅前から浄行寺・水前寺の間に開通した。熊本駅に, 2011(平成23)年, 全線開業の九州新幹線の新しい駅が併設された。熊本駅周辺の春日の地名は,『日本書紀』にみえる安閑天皇の「火国春日部屯倉」に由来し, 朝廷の直轄地である屯倉がおかれていた所といわれる。熊本駅の南東, 白川と坪井川に挟まれた一帯が二本木であり, 平安時代後期から鎌倉時代にかけて肥後国府があったと推定され, 飽田国府とよばれる。

　熊本駅前から市電に沿って南下, 田崎本町交差点を左折し約300m進むと, 二本木バス停のすぐ南側に二本木神社がある。1877(明治10)年の西南戦争の際, 一時, 薩摩軍の本営がおかれていた所であり, 西郷本営地跡の碑が立つ。

　田崎本町交差点から南へ約1.2km行き左折すると, 蓮台寺(浄土宗)がある。世阿弥の夢幻能『檜垣』のモデルとなった平安時代中期の女流歌人檜垣ゆかりの寺として知られる。江戸時代には, 熊本藩主細川氏の保護を受け, 一帯は蓮台寺村とよばれた。

　檜垣は, 若くして京や大宰府で歌人として名声を得ていたが, 晩年は肥後白川の畔に庵を設け, 金峰山麓の岩戸観音を信仰して暮らしたという。蓮台寺観音堂には右脚立て膝姿の木造檜垣像が安置され, 堂のかたわらには檜垣の供養塔と伝えられる石造三重塔がある。

熊本駅周辺から川尻方面

また蓮台寺境内には、白川の氾濫や疫病で亡くなった人びとを供養するため、寛政年間(1789〜1800)に造立された千体地蔵が並ぶ。

池辺寺跡 ㊲

〈M▶P.96〉熊本市西区 池上町西 平山
熊本桜町バスターミナル🚌小島方面行池の上🚶40分

謎の多い古代の山岳密教寺院跡

713(和銅3)年に筑後守兼肥後守となった道君首名は、善政を布いた国司として『続日本紀』に記事が残り、灌漑治水に長け、味生池を築造したことで知られる。味生池は、万日山と独鈷山の北側、現在の井芹川流域の低地にあったと推定され、付近に池上の地名が残る。池は、加藤清正による新田開発で消えたと伝えられる。

味生池跡を2kmほど南東に望む山腹に池辺寺跡(国史跡)がある。平集落を抜け西平山公園から少し南へ行くと、右手斜面に5棟の建物跡、その背後に100基の石積(塔)群が広がる。石積は一辺2.4m・推定高60cm。東西10列・南北10列にわたって、2.4mの等間隔で配置されている。出土した布目瓦・土師器の年代から、9世紀後半から10世紀にかけてのものと考えられる。

ここから北西約800mの山林には、1337(建武4)年に建立された金子塔があり、左側面に池辺寺の縁起が記されている。銘文によると、池辺寺の創建は和銅年間(708〜715)と伝えられ、山の斜面の古代寺院跡は「天台別院肥後國池邊寺側号百塔當寺根本御座所」に相当すると考えられている。また、1804(文化元)年制作の「池辺寺縁起絵巻」(熊本県立美術館保管)によると、池辺寺は10世紀に比叡山で修行した仙海によって再興されたとある。これらのことから、古代の池辺寺が天台密教系寺院であったことは確かで、100基の石積の空間は曼荼羅を示すとの説がある。また、飽田郡司をつとめた建部君一族と池辺寺との関連を指摘する説もある。

なお室町時代以降、池辺寺(天台宗)は山の麓に移り、明治時代初期の廃仏毀釈で廃寺となった。

池辺寺跡

この後期の池辺寺の旧寺地は，現在の池上公民館・池上神社一帯であり，「応永三(1396)年」銘の宝篋印塔基礎や，「嘉吉二(1442)年」銘の一字一石碑などの石造物が残る。仏像・密教法具など池辺寺伝来の宝物は地元住民が保存に努め，現在は熊本県立美術館に収蔵されている。

　第一池の上橋の南西約800m，井芹川と坪井川が合流する付近が高橋であり，藩政期，五ヵ町(熊本城下・八代・川尻・高瀬・高橋)の1つとして城下町の外港の役割をはたし，城下の日常物資は高橋から坪井川を遡って運ばれた。合流地点の左岸に，樹齢1300年のクスの大木が聳える高橋東神社(祭神道君首名)がある。この社から西が高橋町であることを示す境界石や，僧放牛が1831(享保16)年に彫った石仏もある。右岸には高橋西神社(祭神住吉大神)があり，「弘化二(1845)年」銘の石の鳥居が立つ。

　合流地点から西へ約300m進み，県道237号線から分かれて坪井川を渡ると，城山西麓に高橋稲荷神社がある。2月の初午の大祭は商売繁盛を願う参拝者で賑わう。

千金甲古墳群 ㊳

有明海に面した装飾古墳群

〈M▶P.96〉熊本市西区小島下町字勝負谷2992(甲号)・高城山(乙号)

熊本桜町バスターミナル🚌小島行栖崎🚶30分

　栖崎バス停から50mほど市街地側に引き返し左折，道なりに山道を約1kmのぼると右手に案内板があり，さらに石段をのぼると千金甲古墳〈甲号〉(国史跡)に至る。南西方向に羨門を設けた円墳で，直径12m・高さ3m，5世紀後半の築造と推定される。阿蘇凝灰岩を材とする横穴式石室石障に，同心円・対角線と靫の浮き彫りがあり，赤・青・黄で彩色されている。南東に約150mくだった所には，千金甲古墳〈乙号〉(国史跡)がある。直径約15m・高さ3mの円墳であり，6世紀半ばの築造と考えられている。ともに内部見学はできない

千金甲古墳(甲号)

熊本駅周辺から川尻方面

が，甲号墳の石室のレプリカが熊本県立美術館装飾古墳室に展示されている。

新開大神宮 ㊴
096-223-0132

〈M▶P.96〉 熊本市南区内田町1267
熊本桜町バスターミナル🚌川口二丁 行内田🚶10分

地元では「お伊勢さん」とよばれる大神宮

楠崎バス停から西へ約500m進み，左折して坪井川橋を渡ると，坪井川と白川の河口中州にあたる小島である。橋の南詰から坪井川沿いを西へ約200m進み，市立小島小学校の手前で左折すると明治天皇小島行在所跡がある。1872(明治5)年，明治天皇は熊本県(当時は白川県)を巡幸した。行在所跡には当時の2階建ての建物が保存されており，2階の10畳の部屋が玉座になったという。小島小学校正門前には明治天皇臨幸碑，正門脇には1792(寛政4)年の島原大津波による犠牲者の供養碑が立つ。

小島小学校から南東約300mの小島中町に濱田醬油店舗(国登録)がある。安政年間(1854〜60)創業の老舗の商家である。店舗は江戸時代後期の建築で外壁は白漆喰と海鼠壁，南隣には明治時代に建てられた木造2階建ての主屋，北隣には木造平屋建て，妻入の三番蔵が並び，歴史的景観をつくっている。

白川を小島橋で渡り国道501号線を南へ約3.5km，内田バス停の四つ角を左折して約300m進み交差点を右折すると，地元で「お伊勢さん」とよばれる新開大神宮(祭神天照大神)である。創建は室町時代とされ，加藤清正が再興，細川家の保護を受けて幕末に至った。明治維新を迎え，急速な欧風化に反発して当社宮司の太田黒伴雄を中心に敬神党が結成され，新開大神宮で神のお告げを仰ぐ「宇気比」の儀式を行い，1876(明治9)年10月24日，太田黒率いる170余人は，熊本城内の政府軍を襲撃した(神風連の乱)。この宇気比がどんな儀式であったかは伝わっていない。

川尻御蔵前船着場跡 ㊵

〈M▶P.96, 149〉 熊本市南区川尻4
JR鹿児島本線川尻駅🚶10分

江戸時代の船着場の石段が残る

熊本駅の南約5kmに位置する川尻は，中世以来，緑川・加勢川河口の港町として栄えた。加藤清正によって軍港並びに物資集荷地として整備され，続く細川藩政下では五カ町の1つに指定され，町奉行・作事奉行・御船手(水軍)などがおかれた。薩摩街道の宿場

町として，また商港として発展した。

　川尻駅前から県道50号線を北へ約500m進み，左折して約200m行くと河尻神宮(祭神応神天皇ほか)がある。社伝によれば，1197(建久7)年，地頭河尻実明が鎌倉鶴岡八幡宮を勧請・創建したとされる。河尻荘一円の総氏神として尊崇を受け，河尻氏の没落ともに衰微したが，1587(天正15)年，現在地に再興された。境内には，長寿・魔除けの神木である大柊が立つ。参道には，昭和時代初期に建造された総ヒノキ造りの能舞台がある。毎年10月17日の秋の大祭では，参道をウマと勢子が走る勇壮なさがり馬や，流鏑馬などが繰り広げられる。

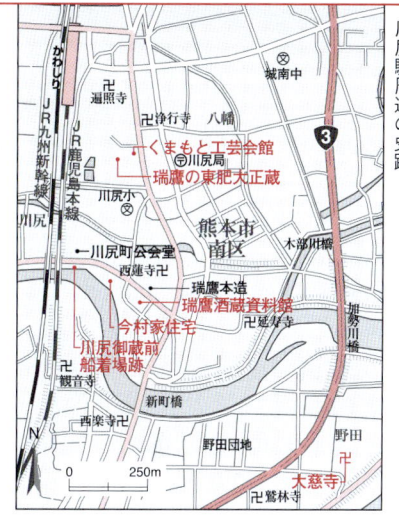

　川尻は，室町時代から鍛冶が始まり，江戸時代には桶作りが盛んになり，川尻刃物・川尻桶は地場産業として継承されてきた。川尻駅の南東約300mの所にあるくまもと工芸会館には，伝統工芸品の展示だけでなく，製作実演も行っている。工芸会館の西隣は，1867(慶応3)年創業の蔵元瑞鷹の東肥大正蔵で，熊本特産の赤酒に関する資料が展示されている。また，その南約400mの所には瑞鷹本蔵と，道を隔てて瑞鷹酒蔵資料館(平日は要予約，TEL096-357-9671)がある。

　瑞鷹酒蔵資料館から北西へ約200m進むと今村家住宅(国登録)がある。江戸時代末期の建造と推定される2階建てで，間口6間の町屋，道路側には出格子がつけられている。今村家は屋号を「塩飽屋」といい，町役人もつとめた家柄であった。

川尻駅周辺の史跡

川尻御蔵前船着場跡

熊本駅周辺から川尻方面　149

今村家住宅から西へ約100m進み、左手の加勢川岸に出ると川尻御蔵前船着場跡(国史跡)がある。現存する船着場の13段の石段は長さ150m、江戸時代初期の構築と推定される。江戸時代、八代・高瀬と並んで津端三御倉として役割をにない、飽田・託麻・益城・宇土の4郡17手永(郡と村の中間の行政区画)から、毎年20万俵の年貢米が搬入され、そのうち15万俵が大坂中之島の蔵屋敷へ運ばれた。

船着場跡と道路を隔てた川尻公会堂付近には東蔵が立ち、そこから西に向かって中蔵・外城蔵と9棟の藩の米蔵が並んでいた。対岸の富合町御船手は藩の水軍の根拠地であった。JR鹿児島本線の高架を越えて、すぐ右手には、土蔵造りの外城蔵2棟が現存する(国史跡)。1棟は200坪の大蔵で2万俵が収納されたといい、もう1棟は60坪である。建築年代は不詳だが、鬼瓦に細川家の九曜紋を見出すことができる。藩蔵遺構は貴重なもので、川尻連合農業倉庫として使用されており、見学には配慮を要する。

大慈寺 ㊶

096-357-9173

〈M▶P.96, 149〉熊本市南区野田1-7-1 P

熊本桜町バスターミナル🚌松橋行大慈禅寺🚶2分

多くの文化財を有する曹洞宗の名刹

国道3号線の大慈禅寺バス停から野田北交差点を東へ折れ、約200m行くと、緑川右岸に大梁山大慈寺(曹洞宗)がある。開山の寒巌義尹は順徳天皇の皇子と伝えられ、曹洞宗開祖の道元に師事、2度の入宋をはたして修行を積み、1269(文永6)年、肥後に下向した。2度目の入宋(1264年)以前に肥後へきて、宇土の如来寺創建にかかわったことが知られている。

1276(建治2)年、義尹は大渡(現、緑川)の架橋事業に乗り出し、2年後に長さ150m・幅5mの大橋を完成させた。

1282(弘安5)年、地頭河尻泰明は大渡橋北側の土地を義尹に寄進、大慈寺が創建された。その後、大慈寺は朝廷から勅願道場と認められ、曹洞宗

大慈寺鐘楼

石光真清

コラム 人

明治・大正時代に諜報活動を行った軍人

石光真清は，1868（明治元）年，熊本城下郊外の本山村（現，熊本市本山町）に熊本藩士の石光家の4男として生まれた。神風連の乱（1876年），西南戦争（1877年）と激動する明治時代初期の熊本で少年時代を過ごし，15歳で上京して陸軍軍人の道を進み，日清戦争（1894〜95年）に出征した。1899（明治32）年，対ロシアの諜報活動の特命を受けて大陸に渡り，シベリア・満州で活動。日露戦争（1904〜05年）では第二軍副官として出征。1917年にロシア革命が勃発すると再びシベリアへ赴き，反革命の諜報・謀略活動に従事した。1942（昭和17）年東京で没した。

波乱に富んだ生涯を送った石光は膨大な手記を残したが，彼の死後，長男の真人が整理・編纂して，『城下の人』『曠野の花』『望郷の歌』『誰のために』の自伝4部作を世に出した。これらは近代日本史の側面を伝える貴重な史料として，また，類をみない自伝文学として高い評価を受けている。『城下の人』では，西南戦争の際，炎上する熊本城天守閣を，白川に架かる長六橋から目撃する場面が迫真の表現となっている。

熊本駅から県道22号線を東へ800mほど行った所に，石光真清の生家は今も残されている。地元有志の運動によって修復・保存されており，事前に連絡すれば内部見学も可能である（TEL096-322-2000）。

最初の官寺として肥後国守護北条氏の保護も受けた。河尻氏の没落後に衰退したが，江戸時代に入ると熊本藩主加藤家・細川家によって保護された。明治維新後，廃仏毀釈で再び打撃を受けたが，昭和40年代から昭和60年代にかけて修復・再建が行われ，往時の堂々たる伽藍がよみがえった。

1720（享保5）年建造の山門が出迎えてくれる。中世以来伝えられてきた寺宝は数多い。梵鐘（国重文）は，寒巌義尹による銘文があり，1287（弘安10）年，義尹の発願で河尻泰明を始めとする百余人の檀那の助力を得て鋳造されたものとわかる。県内最古の梵鐘で，総高169cm。境内の北東，寒巌義尹廟所内には3基の宝篋印塔（県文化）がある。中央基壇上が義尹の墓，背後の覆屋内の2基は義尹の父母の供養塔と伝えられる。廟所前には，「永仁五（1297）年」銘の九重層塔（県文化）と，相輪を欠いた無銘の十重層塔（もとは十三重

熊本駅周辺から川尻方面

層塔。県文化)が立つ。また,書院西側庭前の「元仁元(1224)年」銘の宝塔(県文化)は,相輪は後補だが大慈寺創建以前の造立であり,正面に大日如来像が刻まれている。

大仏殿には,木造釈迦如来坐像及び両脇侍立像(県文化)が安置されている。本尊の釈迦如来坐像は,ヒノキの寄木造で総高3.5m,県内最大の仏像である。1550(天文19)～64(永禄6)年の作と推定され,仏頭は創建当時に寒巌義尹が自作したものである可能性も指摘されている。脇侍の迦葉・阿難像はクスの寄木造で,18世紀後半のものとみられる。紙本墨書寒巌義尹文書(国重文,熊本県立美術館保管)は,大渡架橋・大慈寺創建にかかわる寒巌義尹の自筆文書や自賛画像である。また江戸時代後期の紙本著色出山釈迦図及び観世音菩薩図,紙本水墨雀竹図(ともに県文化,熊本県立美術館保管)も収蔵する。

境内(県史跡)には,放浪の俳人種田山頭火の句碑「まったく雲がない　笠をぬぎ」が立つ。坪井の報恩寺で山頭火を出家に導いた望月義庵が1925(大正14)年に大慈寺の住職となった縁で,1952(昭和27)年,この句碑が建立された。

Uto
Mashiki

宇土・益城

通潤橋

三角西港公園

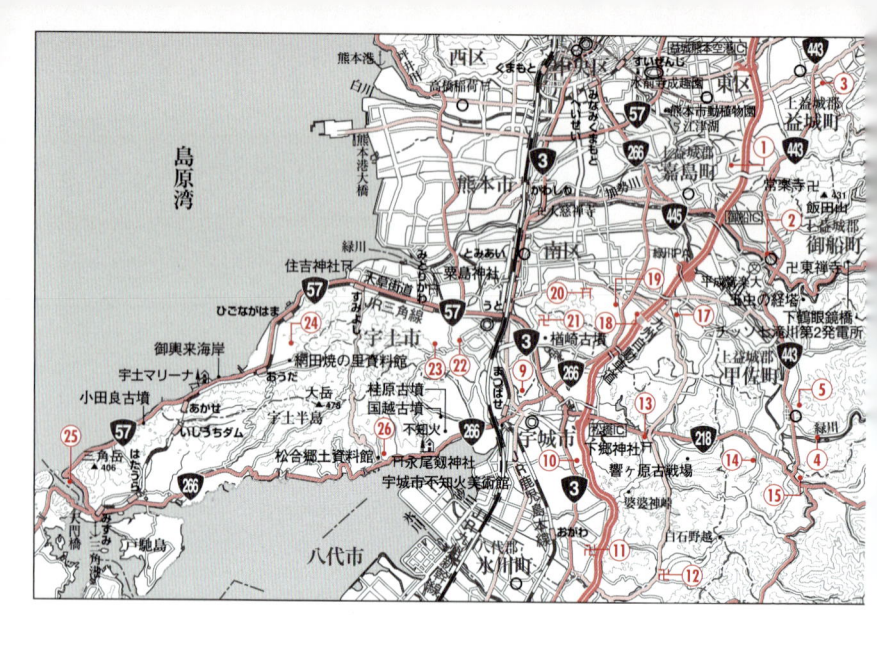

①井寺古墳	⑩豊福城跡	⑳六殿神社
②御船城跡	⑪⑫三宝寺・塔福寺	㉑如来寺
③木山城跡	⑬浄水寺跡	㉒中世宇土城跡
④鵜ノ瀬堰	⑭堅志田城跡	㉓轟水源と轟泉水道
⑤陣ノ内館跡	⑮二俣五橋	㉔網田焼窯跡
⑥通潤橋	⑯霊台橋	㉕三角西港
⑦浜の館跡	⑰陣内廃寺	㉖松合土蔵白壁群
⑧清和文楽館	⑱塚原古墳群	
⑨宇賀岳古墳	⑲御領貝塚	

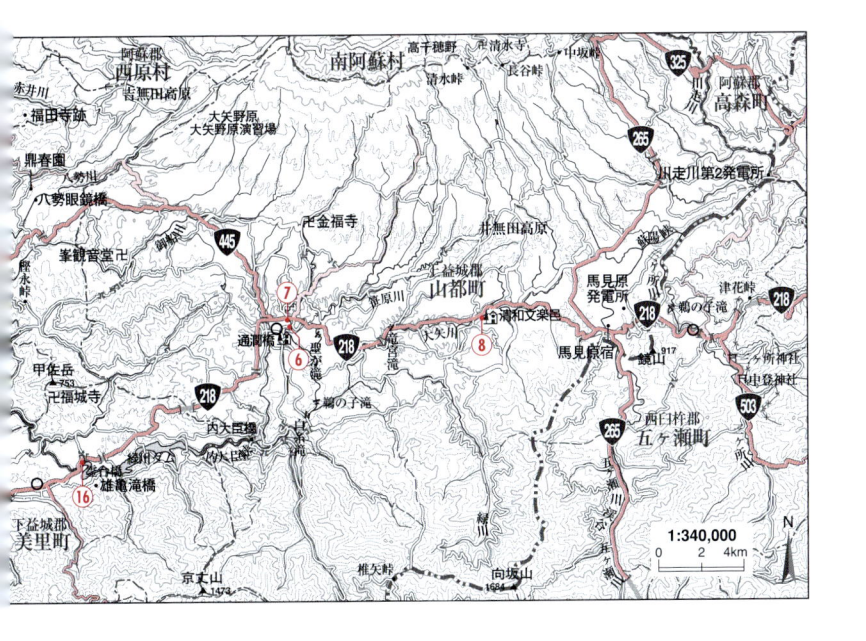

◎宇土・益城散歩モデルコース

浜戸川流域から宇土半島コース　　JR鹿児島本線・豊肥本線熊本駅 40 陣内廃寺 10 塚原古墳群 10 御領貝塚 10 六殿神社 15 船場橋 10 近世宇土城跡 5 中世宇土城跡 10 轟水源 40 三角西港 30 松合土蔵白壁群 15 JR鹿児島本線松橋駅

甲佐・御船散歩コース　　JR豊肥本線水前寺駅 20 井寺古墳 5 甲斐神社 10 御船城跡 20 八勢眼鏡橋 40 鵜ノ瀬堰 10 甲佐梁 5 緑川製糸場跡 10 甲佐神社 20 麻生原キンモクセイ 30 JR豊肥本線南熊本駅

山都町散歩コース　　JR松橋駅 30 霊台橋 10 雄亀滝橋 10 緑川ダム 30 通潤橋 10 岩尾城跡 15 浜の館跡 10 男成神社 15 清和文楽館 10 幣立神宮 40 南阿蘇鉄道高森駅

① 嘉島より浜町・清和へ

有力武士団の阿蘇大宮司家が戦国時代に居を構えた矢部。そこに至る道は、さまざまな風景の中に中世の面影が残る。

井寺古墳 ❶
096-237-1111（嘉島町教育委員会）

〈M ▶ P.154, 156〉上益城郡嘉島町井寺 P
熊本桜町バスターミナル🚌健軍経由御船方面行六嘉入口🚶10分

直弧文の美しい装飾古墳

　六嘉入口バス停より東に向かい、矢形川を渡ると**浮島熊野坐神社**（祭神伊邪那美命・速玉之男命・泉事解男命）がある。阿蘇氏の重臣甲斐宗運が創建したともいわれるこの神社は、美しい湧水をたたえた池の中央へ延びた岬状の土地に鎮座する。

　浮島熊野坐神社の南約300mの丘陵上に**井寺古墳**（国史跡）がある。5世紀末頃に築造された直径24m・高さ5mの円墳で、横穴式石室をもつ装飾古墳であり、石室は直弧文を主とする幾何学文が線刻されている。石室の見学には、嘉島町教育委員会の許可が必要である。

　県道226号線を渡り西へ500mほど行くと**六嘉神社**（祭神健磐龍命ほか）がある。毎年10月17日の祭りには、加藤清正の虎退治を演じたものともいう**六嘉の獅子舞**（県民俗）が奉納される。

御船IC周辺の史跡

　六嘉神社より町道を南へ500mほど行くと、町立嘉島東小学校の南に**甲斐神社**がある。甲斐宗運・宗立父子をまつり、足手荒神として知られる。御船城主甲斐宗立は、豊臣秀吉によって肥後領主とされた佐々成政と戦い、手足を切り落とされても戦わんとし、この地で没したといわれ、その

156　宇土・益城

後、祠を建てて供養したのがこの神社の始まりとされる。

御船城跡 ❷

〈M▶P.154, 156〉上益城郡御船町御船 P
熊本桜町バスターミナル🚌御船・矢部方面行御船🚶5分

阿蘇氏を支えた甲斐宗運の居城

　御船町中心部の小高い丘に御船城跡がある。御船城は、南北朝時代以来、阿蘇氏系の御船氏、甲斐氏の居城とされた。南北朝時代には、恵良惟澄がここで足利軍の進軍を防ぎ、さまざまな激戦を経て、宇土津から上陸した懐良親王を迎えている。戦国時代、甲斐宗運は分裂を繰り返す主家阿蘇氏の統一をはかり、その全盛期を支えた。北上する薩摩の島津氏に対しては、先兵相良義陽を響ヶ原（現、宇城市豊野町）に破るなど、おおいに活躍した。

　御船バス停から御船交差点を越えて東へ150mほど行くと、城跡への登り口がある。現在は城山公園として整備されており削平が激しいが、南西端に土塁跡、城門があったとされる門前川橋付近には城下の町割が残り、往時を偲ばせる。

　御船交差点から国道445号線を約1.3km東進すると、左手斜面上に東禅寺（曹洞宗）がある。1574（永禄7）年、甲斐宗運が、熊本川尻の大慈寺51世洞春を招き、甲斐氏の菩提寺として創建したと伝えられる。堂内には木造釈迦三尊像（県文化）、寺の裏山には甲斐宗運の墓がある。

　東禅寺から国道445号線を東へ約1km行き御船川を渡ると、玉虫集落の南側丘陵上に玉虫の経塔がある。川石の上に立つ凝灰岩製の八角塔で、「永保元(1081)年」の銘がある法華経経塔である。

　さらに国道445号線を3kmほど東進すると、国道東側に八勢川に架かる下鶴眼鏡橋がある。1886（明治19）年、種山石工橋本勘五郎によって建造されたもので、橋長71m・径間27m、県内最大の明治時代の石造アーチ橋である。近くには1938（昭和13）年建造の鉄筋コンクリート造りのチッソ七滝川第2発電所がある。

　御船町の中心部から国道443号線を経て県道221号線に入り、東へ約7km行くと茶屋ノ本に至る。集落の中心にある公園化された場所が鼎春園である。幕末、肥後勤王党の総帥として尊王攘夷運動に活躍し、京都池田屋事件（1864年）で殺害された宮部鼎蔵・春蔵兄弟の記念公園で、園内には鼎蔵の顕彰碑と兄弟の歌碑が並び、近

八勢眼鏡橋と旧往還

くの生家跡には産湯の井戸がある

　茶屋ノ本から東へ2kmほど谷をくだると八勢眼鏡橋(県文化)がある。1855(安政2)年につくられた2連の眼鏡橋で，長さ62m・幅4.3m・径間18.2m。この橋に直交する形で，長さ2.2mの水路橋もあり，重厚な趣をみせる。御船の豪商林田能寛が，私財を投じて完成させた。種山石工の卯助・甚平の手によるものである。橋につながる石畳の道も残り，古い街道の面影を残している。

木山城跡 ❸

〈M▶P.154〉上益城郡益城町木山　熊本桜町バスターミナル🚌健軍経由木山方面行木山産交🚶8分

木山氏の居城と古刹常楽寺

　産交木山営業所の南西約400mの丘陵上に木山城跡がある。鎌倉・南北朝時代から1585(天正13)年に島津氏に落城させられるまで，阿蘇氏の一族木山氏の居城である。現在は公園化され，本丸など3区画に分けられる平場の遺構が残るが，城跡の大部分は民家・老人ホームなどの敷地となり，旧態をとどめていない。

　木山城跡から国道443号線に出て約4.5km南下，小池地区に入ってすぐ右折，さらに約2km山道をのぼると，飯田山(431m)山頂近くに常楽寺(天台宗)がある。平安時代末期の創建と伝えられ，鎌倉時代までは数百人の学僧が学ぶ大寺であった。1627(寛永4)年に再興された本堂・仁王門・九重石塔，玉名出身の高僧豪潮寛海が造立した宝篋印塔などが残る。

　飯田山に連なる朝来山(465m)には福田寺跡がある。平安時代から戦国時代まで存続した天台寺院跡で，周辺には「本堂」「大門」「経堂」などの地名や礎石が残る。

鵜ノ瀬堰 ❹

〈M▶P.154,159〉上益城郡甲佐町上揚　🅿︎　熊本桜町バスターミナル🚌甲佐行終点🚶15分

　国道443号線の町立甲佐小学校の交差点から東へ2km進むと，三差路に鵜ノ瀬堰の記念碑が立っている。鵜ノ瀬堰は，1608(慶長

13)年，緑川の氾濫の防止と灌漑の便をはかるため，加藤清正によって築造された。伝承では，洪水の被害を防ぐため，清正が甲佐神社に祈願したところ，鵜が川の流れを横切って向こう岸まで並んでいる夢をみ，そのとおりに堰を築かせたという。

甲佐町役場周辺の史跡

加藤清正が現代にみせる治水技術

鵜ノ瀬堰は，1953（昭和28）年の水害後，コンクリート堰となった。2004（平成16）年，河川改修工事にともなう調査の際，上揚付近で護岸施設，左岸の下益城郡美里町中郡でハネなどがみつかっており，慶長年間（1596〜1615）に大規模な河川工事が行われていたことが確認された。

鵜ノ瀬堰から上流へ700mほど行くと，阿蘇四社の1つ甲佐神社（祭神健磐龍命・八井耳玉命）がある。6世紀中頃，甲佐岳（753m）頂上に上宮を，現在地に下宮をまつったのが始まりという。851（仁寿元）年，阿蘇大明神を当地に勧請したと伝え，中世以降は肥後二宮として栄えた。

陣ノ内館跡 ❺ 〈M▶P.154, 159〉上益城郡甲佐町豊内 P
熊本桜町バスターミナル🚌甲佐行終点🚶60分

甲佐バス停から国道443号線を南に下り，県道220号線に入って200mほどして左折し，下豊内集落内の里道を抜けて比高60mの丘陵にのぼると陣ノ内館跡がある。遺構は一辺約140mの方形区画をなし，崖と空堀によって囲まれている。空堀は東と北に設けられており，長さは東側約100m，北側約200m，幅はともに20mの規模がある。また内側には土塁も残っており，その規模の大きさに圧倒される。『肥

陣ノ内館跡

嘉島より浜町・清和へ

後国誌』には阿蘇惟時の館跡と伝えられるが、織豊期に改変された可能性もある。陣ノ内館跡と谷を隔てて南東約600mの丘陵上には松尾城跡がある。

巨大な空堀をもつ謎の城跡

甲佐町の中心部から国道443号線を4kmほど北上、緑川に架かる甲佐大橋を渡ると馬頭観音堂境内に麻生原のキンモクセイ(国天然)がある。樹齢700年といわれ、9月下旬から10月初旬にかけての開花時には近隣の町まで芳香がおよんでいる。

通潤橋 ❻
0967-72-1933
(通潤橋史料館内放水受付所)

〈M▶P.155, 160〉上益城郡山都町長原 P(道の駅「通潤橋」)

熊本桜町バスターミナル🚌馬見原・浜町線中央公民館前🚶10分

石工橋本勘五郎、技術の粋を集めた最高傑作

中央公民館前バス停より轟川沿いに北東へ600mほど行くと通潤橋(国重文)がある。慢性的水不足に悩む白糸台地8カ村のため、矢部手永の惣庄屋布田保之助が、種山石工宇市・丈八(橋本勘五郎)・甚平らの協力を得て、1852(嘉永5)年に着工、1年8カ月の難工事の後、1854年7月29日に完成した。

通潤橋は国内最大の単一アーチ式水路石橋で、橋長75.6m・幅員6.3m・高さ20.2m、アーチの直径28.2mの雄大なスケールを誇る。

山都町役場周辺の史跡

橋の中央に3本の石管が通され、サイフォンの原理を応用して、現在も台地に1日1万5000tの水を送り、100haの新田が開かれた。巨大な重量を支えるために橋の両側に鞘石垣が設けられ、外観も力強く美しい、石橋の最高傑作である。

通潤橋

浜の館跡 ❼ 〈M▶P.155,160〉上益城郡山都町城平 P
熊本桜町バスターミナル🚌馬見原・浜部線矢部高前🚶3分

戦国時代阿蘇氏の居館跡と出土祭祀具

　県立矢部高校の敷地が,「阿蘇文書」にみえる大宮司阿蘇氏の居館浜の館跡である。1974(昭和49)年の発掘調査で,室町時代から戦国時代にかけての大型の礎石建物跡や庭園遺構が確認され,焼土中から輸入陶磁器などが出土した。

　館跡は東西220m・南北180mと推定され,北に堀切,北東部に土塁が残る。また,校内には礎石が一部移設保存され,現在もみることができる。出土品の三彩鳥型水注などの祭祀具21点は,浜御所跡出土品(国重文)として,熊本県立美術館が所蔵している。

　浜の館跡の南西600mの丘陵には岩尾城跡がある。逃げ城として館と対をなすものである。

　山都町中心部の浜町は,近世には日向往還の宿場町として栄え,今日もその面影をとどめている。通潤酒造は1770(明和7)年創業で,酒蔵や木造店舗がよく保存されており,近世から近代の和風建築をみることができる。酒蔵見学もできる。

　浜町から北方へ約5.5km行った下名連石の金福寺(天台宗)には,1343(興国4)年の銘のある木造日光月光菩薩像(県文化)がある。また北西約11kmの島木の峯観音堂には,ヒノキの一木造で,南北朝時代の作とされる木造聖観音菩薩立像(県文化)がある。さらに金福寺より南西約6kmの万坂の満福寺には,ヒノキの一木造で1366(正平21)年の作とされる大日如来坐像(県文化)がある。

清和文楽館 ❽ 〈M▶P.155〉上益城郡山都町大平152 P
0967-82-3001
熊本桜町バスターミナル🚌馬見原・浜町線浜町乗換え,清和・馬見原方面行清和大川🚶1分

農村に息づく文楽の技

　浜の館跡から国道218号線に出て東へ1.5kmほど行くと,聖橋がある。1832(天保3)年,種山石工岩永三五郎が架けた単一アーチ式石橋で,長さ35m・径間19.9m。径間17m以上の大型橋としては県内でもっとも古い。

　聖橋から国道218号線を約8km東進した清和には,清和文楽人形芝居(県民俗)が伝わる。嘉永年間(1848～54),豊後国竹田(現,大分県竹田市)より伝えられた阿波系の人形浄瑠璃で,農民たちが

嘉島より浜町・清和へ

農業のかたわらで演じ，伝承されてきた。今では県内に残る唯一の人形浄瑠璃となっており，毎年9月の文楽の里祭りの際に演じられる。道の駅「清和文楽邑(むら)」内の清和文楽館では，日曜日を中心に定期公演が行われている。

清和文楽館の北300mに大川阿蘇神社農村舞台(国登録)がある。1953(昭和28)年に建てられたもので，地域に根づいた芸能の姿を今に伝える。

清和文楽館からさらに東へ約8km行くと，日向往還の馬見原宿(しゅく)に至る。江戸時代には番所(ばんしょ)がおかれ，宿場町の佇(たたず)まいを残している。

馬見原の北側には，五ヶ瀬川に穿(うが)たれた蘇陽峡(そようきょう)が美しい景観をみせるが，その急峻な地形をいかして，早くから電源開発が行われている。旭(あさひ)化成(かせい)の馬見原発電所・川走川(かわばしりがわ)第2発電所は，1926(昭和元)年，日本窒素肥料(現，チッソ)が，宮崎県延岡市に化学工場建設にともなって造成したコンクリートブロック造りの水力発電所である。

国道265号線を北上し，長谷(ながたに)より東へ入った高畑(たかはた)には，弥生の集落遺跡である高畑赤立遺跡(あかだて)(県史跡)があり，調査資料は熊本大学が保管している。

❷ 松橋より砥用・甲佐へ

緑川を遡る道は日本有数の石橋の宝庫で，種山石工の卓越した技術をみることができる。

宇賀岳古墳 ❾ 〈M▶P.154, 164〉宇城市松橋町松山 [P]
JR鹿児島本線松橋駅🚶20分

不知火海を見下ろす装飾古墳

JR松橋駅から古い町並みが残る駅前通りを東へ約400m行き，国道266号線との交差点を左折すると，市中心部に丘陵がみえる。不知火海を望む丘陵上には岡岳総合運動公園があり，その最高所となる標高65mの地点に宇賀岳古墳(県史跡)がある。古墳時代後期の円墳で，横穴式石室の奥壁に円文・鋸歯文などの線刻と朱が施された装飾古墳である。

県道14号線を南下し，ゆるやかな坂をのぼると，松橋保健福祉センターの南側に大塚古墳がある。古墳時代中期に築造された全長約73mの前方後円墳で，出土した埴輪などの一部は宇城市立郷土資料館に展示されている。

松橋保健福祉センターから東へ400mほど行き右折，市役所角を左折して直進すると，県立松橋高校の大野川を挟んで対崖に寄田神社がある。境内には，当地出身で日本女性史研究の先駆として知られる高群逸枝の歌碑と「望郷子守歌の碑」が立つ。

豊福城跡 ❿ 〈M▶P.154, 164〉宇城市松橋町豊福 [P]
松橋産交バスターミナル🚌八代方面行豊福🚶5分

武士団の係争地境目の城

松橋駅の東約600mの松橋産交バスターミナルからバスに乗り，豊福バス停で下車，東へ200mほど行くと豊福城跡がある。城域は，東西約200m・南北250mの楕円形で，主郭は削平されているが，今も内堀や外堀，土塁などの痕跡をみることができる。海陸交通の要衝に立つ豊福城は，戦国時代，北上する八代の相良氏，南下する宇土の名和氏，西進する益城の阿蘇氏が衝突を繰り返した境目の城で，目まぐるしく

豊福城跡

豊福城跡周辺の史跡

城主がかわった。城跡の東方200mには長伝寺跡があり、相良氏16代義滋・17代晴広・18代義陽の供養塔が残る。

長伝寺跡の東側山裾を走る県道312号線を約800m南下すると竹崎城跡がある。標高74.8mの山頂には「竹崎季長城址」の碑が立つが、調査の結果、蒙古襲来(1274・81年)で活躍した竹崎季長の時代よりくだった南北朝時代以降の城跡であることがわかった。主郭部の狭小、眺望のよさから、望楼もしくは狼煙場の可能性がある。

豊福城跡の西方700m、豊福グラウンド近くの浅川左岸には、縄文時代前期から弥生時代末期にかけて形成された宮島貝塚がある。

三宝寺・塔福寺 ⓫⓬　　　鉄眼道光ゆかりの寺と竹崎季長の菩提寺

0964-43-4247(三宝寺)
0964-43-1051(塔福寺)

〈M▶P. 154, 164〉宇城市小川町南部田1138 P
東海岸45 P
松橋産交バスターミナル🚌八代方面行三軒家🚶30分

竹崎城跡より県道312号線を約2km南下、左折して県道244号線に入り約500m行くと、右手の高台に泰雲山長谷寺(曹洞宗)がある。快慶作と伝えられる木造十一面観音立像(県文化)はクスの寄木造、鎌倉時代末期の作とみられ、「長谷の観音」とよばれている。

県道312号線に戻り約2km南下すると、鉄眼道光の出生地として名高い梵福山三宝寺(黄檗宗)がある。鉄眼は、1630(寛永7)年、

隣接する守山八幡宮(祭神応神天皇・神功皇后・姫大神)の社僧の家に生まれた。13歳で出家して初め浄土真宗に属したが,のちに,黄檗宗を中国から伝えた隠元隆琦に出会い,禅宗に帰依し,その高弟木庵性瑫に師事した。寺には一切経版木や,鉄眼の木像・頂相がある。

　三宝寺の西方約1kmが小川町の中心部である。小川は,薩摩街道の宿場町・在町として栄え,今も町並みや地割,「寺町」「新町」などの地名にその名残りをとどめる。砂川沿いに県道32号線を東へ約3km行くと,鎌倉幕府の御家人竹崎季長が蒙古襲来(1274・81年)の恩賞として地頭職を得た旧海東郷に至る。市立海東小学校上手には,1293(永仁元)年に季長が菩提寺として開いた竜光山塔福寺(浄土真宗)がある。当寺に伝存する竹崎季長寄進状并置文(国重文)にも寺名がみられ,寺の成立年代が推定される。ほかに『蒙古襲来絵詞』の写本がある。

浄水寺跡 ⑬　〈M▶P.154, 164〉宇城市豊野町下郷
JR鹿児島本線松橋駅🚌砥用・浜町線寺村口🚶6分

県内最古の石碑のある古代寺院跡

　寺村口バス停から南へ市道に入り500mほど行くと,道路左手の小高い丘に下郷神社がある。ここが,地元で「きよみずじ」とよばれる浄水寺跡(県史跡)である。奈良時代末期〜平安時代初期の寺院跡で,寺号のみが伝わり,宗派・山院号・本尊などは明らかでない。『日本後紀』天長5(828)年10月3日条には,当寺が定額寺(官寺に準じ,国家から一定額の稲を支給される)となった記事がみえる。

　境内には塔基壇と13個の礎石が残り,付近からは平安時代初期〜後期の布目瓦が出土している。瓦に焼け跡が残ることから,鎌倉時代初期までに焼失したと推測される。正面鳥居の左右には,県内最古の「延暦九(790)年」銘の石碑を始めとして,「延暦二十(801)年」「天長三(826)年」「康平七(1064)年」銘の如法経塔が並んでいる(浄水寺跡の古

浄水寺跡の古碑群

松橋より砥用・甲佐へ

碑群，県文化）。

堅志田城跡 ⓴　〈M▶P.154, 166〉下益城郡美里町中郡 🅿
JR鹿児島本線松橋駅🚌砥用・浜町線神園🚶60分

薩摩侵攻の防壁となった山城

　浄水寺跡から北上し，国道218号線に出て東へ約1km，消防署の角を曲がり南進すると市立豊野小学校・豊野中学校に至る。その後方一帯が響ケ原古戦場である。1581（天正9）年，薩摩の島津義久の圧力で出兵した相良義陽と，阿蘇氏の重臣甲斐宗運の軍勢は，この地で戦った。宗運の奇襲に遭って敗れた相良勢は，義陽以下，多くの将兵が屍をさらした。

　響ケ原古戦場の南西約3kmの婆婆神峠の東南には，島津勢の堅志田城攻略の付城として築かれた花山城跡がある。

　消防署前から国道218号線を約5km東進，右折すると神園バス停がある。そのまま南へ500m行き，栫集落より林道を西に入ると堅志田城跡（国史跡）に着く。堅志田城は，1523（大永3）年に文献のうえで存在が確認され，阿蘇氏が支配していたことがわかる。島津侵攻の際は攻略対象となり，1585（天正13）年に落城する。

　これまでの発掘調査により，急峻な尾根筋に11カ所の郭と15カ所の堀切が設けられていたことがわかった。掘立柱建物や門跡も確認され，中国製陶磁器などが出土した。

二俣五橋 ⓵　〈M▶P.154, 166〉下益城郡美里町佐俣 🅿
JR鹿児島本線松橋駅🚌砥用・浜町線小筵🚶20分

近世・近代の橋梁競演

　堅志田城跡のある中郡から国道218号線を南東へ約2.5km行くと，緑川の支流津留川と釈迦院川の合流する佐俣に至る。江戸時代，浜町から松橋に至る松橋往還の要衝として栄えた集落で，両河川一帯には，近世から近代にかけての橋梁群をみることができる。

　両河川にL字型に架かる二俣橋（第一橋・第二橋）は，1822（文政5）年頃に種山石工嘉八によって建造された。緑川流域に残る石橋

二俣五橋周辺の史跡

種山石工

コラム

数々の名橋梁をつくった技術者集団

　熊本は大分と並んで石橋が集中している。熊本には近世の長大橋が多く、なかでも緑川流域は、国の重要文化財である下益城郡美里町の霊台橋・上益城郡山都町の通潤橋を始め、石橋の宝庫として知られる。これらの眼鏡橋は、江戸時代末期から明治時代中期頃まで活躍した、八代市東陽町の種山石工とよばれる石工集団によってつくられた。

　種山石工の始祖は、長崎奉行所につとめていた武士藤原林七である。林七は職を辞した後、肥後八代郡種山村に移住し、長崎で学んだ円周率などを用いて眼鏡橋の建造に取り組み、高い架橋技術を大成させたという。その技術は、子の嘉八や孫の卯助・丈八らにも伝えられたが、なかでも三五郎（岩永三五郎）は非凡な才能を発揮し、美里町の雄亀滝橋（1817〈文化14〉年）など、県内に10カ所以上の橋を架けたといわれる。また、1840（天保11）年には薩摩藩に招かれ、西田橋を始めとした甲突川の五大石橋を架けた。

　嘉八の子卯助は、霊台橋（1847〈弘化4〉年）を代表作とする。卯助の弟丈八は、一族の宇市・甚平とともに通潤橋（1854〈安政元〉年）など多くの架橋を手がけ、やがてその功績が認められて熊本藩より橋本姓を賜り、名も勘五郎と改めた。明治時代に入ると政府に招かれて、浅草橋・万世橋などの架橋に貢献した。帰熊後は、熊本の坪井川に架かる明八橋（1875〈明治8〉年）や明十橋（1877年）の架橋にあたった。

では初期のものである。1927（昭和2）年、道路整備にともない二俣第二橋に平行して建造された新二俣橋は、鉄筋コンクリート造りのリブアーチ式の橋で、支柱や床組下面に洋風の意匠が施されている。

　二俣橋より南側上面、釈迦院川に架かるものが新年禰橋と年禰橋である。前者は国道218号線に供用されている新しい橋だが、後者の年禰橋は、1924（大正13）年、松橋往還を県道整備する際に建造された石橋である。主径間が約24mのアーチで構成されており、測径間にも3連

新二俣橋

松橋より砥用・甲佐へ　　167

の小アーチをもつ。壁石は整形された切石で,石材間にはセメントが用いられている。この二俣橋(第一橋・第二橋),新二俣橋,年禰橋,新年禰橋をあわせて,二俣五橋とよぶ。

二俣五橋より国道218号線を東へ1kmほど行った南側の旧道に,近代の馬門橋がある。1937(昭和12)年に架設された鉄筋コンクリートリングアーチ橋で径間45.6m,当時,国内屈指の大型橋であった。

国道に戻り,北側旧道を3分ほどくだると,1827(文政10)年に備前石工が架けた馬門橋(石橋)が津留川に架かる。また,近傍の小筵川には1829年架設の小筵橋がある。

霊台橋 ⑯　〈M▶P.155,166〉下益城郡美里町清水 Ⓟ
JR鹿児島本線松橋駅🚌砥用・浜町線霊台橋🚶1分

国内最大の径間をもつ石造単アーチ橋

二俣五橋から国道218号線を東へ約8km行くと,船津ダムの手前で緑川に架かる霊台橋(附 石碑残欠4個,国重文)が目に入る。1847(弘化4)年,たび重なる木造橋の流出に悩む村人のため,惣庄屋篠原善兵衛らが計画し,種山石工卯助らの手で完成した。全長88.9m・幅5.5m・高さ19m,アーチの直径28.2mで,単一アーチ式の石造眼鏡橋としては国内最大の径間を誇る。

霊台橋から西へ1kmほど戻り,内山集落より県道153号線を3kmほどのぼると,南の谷間に柏川に架かる雄亀滝橋(県文化)がある。1817(文化14)年,惣庄屋三隅丈八の発意により,種山石工岩永三五郎らが建造した。全長15.5m・幅3.6m・径間11.8m,橋の中央に水路が通る水道橋で,水路橋としては県内最古のもの。通潤橋の手本になったといわれる。

霊台橋を渡り東へ約250m行った所で国道218号線をはずれ,約1.5km北上すると甲佐平に至る。集落の北端,上益城郡甲佐町との境に聳える甲佐岳(753m)の中腹には福城寺(天台宗)がある。811(弘仁2)年,

霊台橋

宇土・益城

湛西上人が開基し、寿永年間(1182〜84)に平重盛が再興したと伝えられる。比叡山延暦寺(滋賀県大津市)の末寺で、かつては16の僧房をもつ大寺であったという。本堂の木造釈迦如来立像(国重文)はヒノキの寄木造で、鎌倉時代前期の作とみられる。

③ 浜戸川流域から宇土半島にかけて

浜戸川流域は、縄文時代から古墳時代にかけての遺跡が数多く残る。宇土半島には城下町や明治時代の港湾施設が残る。

陳内廃寺 ⑰ 〈M▶P.154, 170〉熊本市南区 城南町陳内 P

熊本桜町バスターミナル🚌鰐瀬・上郷方面行鰐瀬🚶10分

肥後最古の寺院跡

　下益城郡美里町の山地を水源とする浜戸川は、城南町に入り平野部を蛇行する。右岸に位置する陳内地域は、古代の益城国府の所在地と推定されている。律令制下、行政の中心である国府について、肥後の場合、数度の移転説が唱えられており、託麻国府(現、熊本市国府一帯)が9世紀中頃に洪水で破壊された後、益城国府に移ったと考えられている。

　益城国府跡を示す遺構・遺物は検出されていないが、関連遺跡として注目されるのが陳内廃寺である。浜戸川に架かる市口橋東詰の鰐瀬バス停から北東へ約600m行った道路沿いに塔心礎が残り、発掘調査では布目瓦や土器が出土した。創建は白鳳期と考えられ、肥後最古の寺院

陳内廃寺塔心礎

城南総合支所周辺の史跡

170　宇土・益城

といわれる。現在は田園地帯となっているが、往時は法起寺式伽藍が広がり、160m四方の規模があったと推定される。ここから南に約200m進み、左手の丘陵に入って行くと陳内瓦窯跡がある。陳内廃寺の瓦を焼いた窯跡で、阿蘇溶結凝灰岩を割り抜いた全長約10mの穴窯が残る。

浜戸川に沿って走る県道38号線の鰐瀬交差点から、西の藤山集落方面へ約300m進むと小木阿蘇神社のクスがある。樹齢400年、樹高20m・根回り12mの大木で、境内にそそり立つ。

塚原古墳群 ⓲

0964-28-5962(塚原歴史民俗資料館)

〈M▶P.154, 170〉 熊本市南区城南町塚原 P
熊本桜町バスターミナル 🚌 鰐瀬・上郷方面行塚原 🚶 5分

高速道路の上に広がる古墳群

陳内から北へ向かい、九州自動車道と県道38号線が交差する地点に至り、高架沿いに約500m南下すると、塚原古墳群(国史跡)がある。4世紀から6世紀にかけて築造された方形周溝墓・円墳・前方後円墳など約500基が確認され、77基が復元されている。そのうちの1つ、5世紀前半頃に築造された円墳であるりゅうがん塚古墳は内部見学ができる。

古墳群の存在は江戸時代中期から知られていたが、1972(昭和47)年、九州自動車道の建設工事にともなう発掘調査によって全貌が明らかになり、県民挙げての保存運動が行われ、高速道路をトンネル化することで古墳群が守られた。文化財保存の面からも画期的な出来事であった。今日では塚原古墳公園として整備され、多くの人が訪れる場所となっている。

古墳公園の入口には塚原歴史民俗資料館がある。考古・歴史・民俗の3分野からなり、考古展示室がもっとも充実している。宮地遺跡から出土した弥生時代後期の台付舟形土器(国重文)を始め、初代城南町町長小林久雄が収集した考古資料(小林コレクション)、塚原古墳群

りゅうがん塚古墳

から出土した土器・装身具・鉄製馬具などが並んでいる。歴史展示室には木造馬頭観音立像(県文化)がある。像高66cm、ヒノキの一木造で平安時代末期の作とみられ、もともと東阿高の千々屋寺に安置されていたものであり、毎年7月第2日曜日には資料館から寺へ里帰りする。

御領貝塚 ⓳

〈M▶P.154,170〉熊本市南区城南町東阿高 P
熊本桜町バスターミナル🚌松橋方面行御領🚶5分

今もおびただしい貝殻が残る縄文貝塚

浜戸川南岸の阿高の丘陵に、御領貝塚(国史跡)がある。縄文時代後期の大規模な貝塚で、総面積は約4haと推定され、現在も地表におびただしい貝殻が露出する様子は圧巻である。出土した土器は縄文がなく、黒色研磨を特徴とする。「御領式土器」とよばれ、縄文時代後期の標式土器として知られる。

御領貝塚の北約300m、浜戸川両岸一帯には阿高・黒橋貝塚(国史跡)がある。南岸が阿高貝塚、北岸が黒橋貝塚で、ともに縄文時代中期〜後期の貝塚である。貝層は海の貝を主とし、汽水性のシジミが中心の御領貝塚とは異なる。この地域では、縄文時代後半には海水が後退して陸地化が進んだことを示すものである。また、阿高貝塚から出土した太型凹線文を特徴とする「阿高式土器」は縄文時代中期の標式土器として、九州各地のほか、朝鮮半島南部でも確認されている。

阿高貝塚の東約600mの浜戸川橋を渡り、旧道沿いに続く隈庄の町並みを北へ約300m進むと、旧下田家の庭に下田のイチョウ(国天然)が聳える。樹齢は700年近くといわれ、樹高21m・幹回り9mの大木である。

さらに旧道を北へ約500m進むと、右手の高台に熊本市役所城南総合支所があり、旧道を挟んで左手の丘陵が隈庄城跡である。戦国時代、阿蘇氏の家臣甲斐氏の拠る肥後の要衝として、たびたび合戦の舞台となった。

城南総合支所から再び旧道を北へ約600m進み、右手の坂道をのぼりきった付近が、古代の官道の球磨駅家跡と推定されている。この東側に宮地神社があり、阿蘇山の神である健磐龍命を始め、7神をまつっていることから七所宮ともよばれる。クスの大木が2本

聳え立つ古社である。

六殿神社 ⑳
096-357-4127

〈M▶P.154,170〉熊本市南区富合町木原2378 P
JR鹿児島本線・三角線宇土駅🚌甲佐方面行木原不動前🚶15分

釘なしの中世の華麗な楼門

　緑川下流および浜戸川の流域は，中世，有力武士団の木原氏によって開発された守富荘（九条家領）が広がっていた所である。熊本市街地から県道182号線を南へ進み，緑川を越えると県道241号線と交差するが，ここから東に約1kmの高集落に石造六地蔵塔が立つ。高さは3mあり，「文明六（1474）年」の銘が残る。

　県道182号線をさらに南下して浜戸川を越え，突き当った雁回山の麓に木原不動尊の名で知られる長寿寺（天台宗）がある。毎年2月28日の春の大祭では，本尊の木造不動明王立像が開扉され，護摩祈禱のほか，火渡りや湯立ての荒行が行われ，大勢の参詣者で賑わう。

　長寿寺から南に500mほど離れた山麓の木立の中に，六殿神社（祭神六孫王権現）がある。創建は平安時代末期に遡るとされ，木原氏の氏神として尊崇を受けてきた。毎年10月9日の秋の大祭では，流鏑馬・馬追いが奉納される。入母屋造・茅葺きの朱塗りの楼門（国重文）は，1549（天文18）年に宇土城主の名和氏が造営したものである。釘を1本も使わない巧みな手法でつくられており，高さ7.8m，桁行4.85m・梁間2.73mと小規模だが，中世の貴重な遺構である。

六殿神社楼門

如来寺 ㉑
0964-22-2663

〈M▶P.154,170〉宇土市岩古曽町343
JR鹿児島本線・三角線宇土駅🚶15分

鎌倉時代の三尊仏が伝わる寺

　熊本市から南に延びる国道3号線は宇土市街地に入らず，宇土市新松原町の交差点で東に大きく曲がる。そこから東へ約2.5km行くと如来寺（曹洞宗）がある。もとは南側の花園町にあったが，中世末期に雁回山南西麓の現在地に移転した。1282（弘安5）年に大慈寺（熊本市野田）を建立した名僧寒巌義尹が，晩年に隠棲した寺であ

浜戸川流域から宇土半島にかけて　　173

宇土市役所周辺の史跡

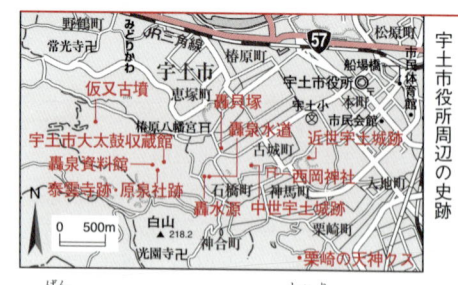

る。往時の伽藍は残っていないが、本堂に木造の釈迦・薬師・阿弥陀の3体の如来坐像(県文化)が安置されている。釈迦如来像の胎内からは、「正元二(1260)年」の銘文(舎利容器)も確認されており、「開山比丘義尹」3体とも寒巌義尹ゆかりの鎌倉時代の仏像とみられる。釈迦如来がクスの一木造、薬師如来と阿弥陀如来はヒノキの一木造で、いずれも像高は約76cmである。

如来寺の南西約1kmの所に曽畑貝塚がある。縄文時代前期の貝塚で、石器・土器のほか、食用ドングリ類の貯蔵穴も確認されている。出土した「曽畑式土器」は朝鮮半島にも分布しており、古代の交流の広さを示すものである。

曽畑貝塚の南に花園台地が広がり、国道3号線から東へ約1km入った花園池の北側に栖崎古墳(県史跡)がある。5世紀に築造された全長46mの前方後円墳であり、形状の異なる5基の石棺が残る。その南西約2km、宇城市との境近く、県道14号線から東に入った所には向野田古墳がある。4世紀後半に築造された、全長約90mの前方後円墳で、竪穴式石室内の舟形石棺には女性の人骨1体が納められていた。鏡・勾玉・管玉などの副葬品から、祭祀の指導者であったと推定される。肥後向野田古墳出土品(国重文)は、浦田町の宇土市立図書館併設の郷土資料室に展示されている。

中世宇土城跡 ㉒ 〈M▶P.154,174〉宇土市神馬町 Ｐ
JR鹿児島本線・三角線宇土駅🚌松橋方面行本町一丁目・宇土高校入口🚶25分

中世の山城がそのまま残る

宇土半島の基部にあたる宇土市は、肥後国のほぼ中央に位置し、古代から水陸交通の要地であった。中世は宇土氏、そして名和氏、近世初期には小西行長の本拠地となり、その後は熊本藩の支藩である宇土藩3万石の城下町として栄えた。現在も、市街地には旧城下町の町割が残り、多くの歴史遺産が受け継がれている。

宇土市新松原町の交差点で国道57号線を西へ進み、陸橋を越え左

馬門石と「大王のひつぎ」

コラム

宇土半島に産出する不思議な赤色の馬門石

　古来，宇土市網津町の馬門地区で産出されてきた馬門石は，Aso―4火砕流堆積物（約9万年前）に分類される阿蘇溶結凝灰岩の一種で，考古学の世界では，赤みを帯びた色から「阿蘇ピンク石」とよばれる。一般的な阿蘇溶結凝灰岩が黒灰色であるのにくらべ，馬門石はなぜ淡い赤紫色なのか，その理由は完全には解明されていない。色の美しさと加工しやすいという利点から，江戸時代，宇土藩は馬門地区を御用石切り場に指定して，馬門石を轟泉水道の樋管や，船場橋を始めとする多くの石橋の材に利用されたことが知られている。

　近年，畿内や岡山県の十余りの古墳の石棺に，馬門石が使われていたことが科学的な分析によって判明した。継体天皇陵と推定される今城塚古墳（大阪府高槻市），推古天皇の最初の墓といわれる植山古墳（奈良県橿原市），吉備の大豪族の墓と考えられる造山古墳（岡山県岡山市）などで確認されている。

　この謎を解明するために，2005（平成17）年夏，「大王のひつぎ実験航海」が，考古学者や宇土市の関係者の力で実現した。重量約7tの馬門石の棺を製作して，それを筏に載せ，復元した手漕ぎの古代木造船で曳航する試みであった。宇土マリーナを出発，有明海・玄界灘・瀬戸内海を通り，34日目に大阪南港に到着。総航海距離は1006km。上陸した石棺は淀川上流の高槻市の今城塚古墳にトラックで運ばれ，復元された古代の石材運搬用木橇の修羅を使って市民に曳かれた。古代の海上交通，大王の権力などに関するロマンあふれる壮大な実験航海であった。

　馬門石の石切り場を訪ねよう。JR三角線住吉駅の手前で国道57号線を左折して網津川沿いに約1.7km行くと，右手が馬門集落である。集落北側の山道を進むと馬門石の石切り場に至る。鑿跡を各所に残す崖面や，転がっている多くの岩石が薄いピンク色をしている。集落の入口に立つ大歳神社（祭神大年神）と石切り場の100m奥の牧神社の鳥居も馬門石であり，ピンク色が山の中で映える。

折して宇土市街地方面へ約400m行くと，浜戸川の支流船場川に架かる船場橋がある。長さ13.7m・幅4.1mの幕末につくられた石橋で，地元で馬門石とよばれるピンク色の阿蘇溶結凝灰岩を材とする。橋のたもとには，江戸時代の上水道である轟泉水道の井戸跡が残る。川の畔は宇土藩の蔵屋敷があった所で，今も武家屋敷が残る。宇土市街地をほぼ南北に貫く本町通りは，江戸時代から続く地蔵祭り（8

船場橋

月23・24日)のときは多くの人で賑わう。

本町通り南端に立つ県立宇土高校の背後の丘陵(城山)が，近世の宇土城跡である。1588(天正16)年，肥後の南半分を領有することになった小西行長は，翌年，この地に城を築いた。しかし，関ヶ原の戦い(1600年)で小西氏は滅び，加藤清正の支配下におかれたが，1612(慶長17)年，江戸幕府の命により宇土城は破却された。宇土高校運動場の北側の道を直進し，城跡入口から約200m行くと，加藤清正の修築時に積み上げられた石垣が残っている。本丸跡は宇土城山公園として整備され，小西行長の銅像が立つ。

近世宇土城跡から西に約500m離れた丘陵が，中世の宇土城跡(国史跡)である。地元で西岡台とよばれるこの丘陵は標高約40m，東西約700m，南北の最大幅約350m。11世紀半ばに宇土荘地頭宇土氏によって築かれたといわれる宇土城は，16世紀前半には名和氏の居城となり，豊臣秀吉の九州征討後，城山への新城築城にともない廃された。空堀に囲まれた本丸跡の平坦地は「千畳敷」とよばれるほどの広さで，多くの柱穴が確認されており，領主館や倉庫などの建物が存在したことを示す。現在も中世山城の主要形態をよくとどめており，史跡公園として整備が進んでいる。

中世の宇土城跡の南麓に西岡神社(春日・住吉・八幡大明神)がある。歴代の支配者から保護を受けた格式の高い社である。秋の大祭(10月19日)で奉納される宇土御獅子舞(県民俗)は，宇土藩主細川興文(月翁)が長崎から取り入れたといわれ，唐風の舞が本町一丁目獅子組によって今に伝えられている。

西岡神社から南東へ約900m行った丘陵には栗崎の天神クスがある。菅原神社の神木であり，樹齢約400年といわれ，樹高28m・幹囲12mに達する。大枝が広がっているため，1本の木でありながら遠くからは森のようにみえる。

轟水源と轟泉水道 ㉓

〈M▶P.154, 174〉宇土市宮庄町 **P**
JR鹿児島本線・三角線宇土駅🚗15分

江戸時代から続く上水道

　名水として知られる轟水源は宇土市街地の南西に位置し、西岡神社から西へ道なりに約1.2kmの距離である。こんもりとした森の中、石組みで囲まれた水源から水が湧き出ており、一帯は自然公園として整備されている。

　宇土藩主の細川行孝は、土管の水道をつくり、轟水源から宇土城下に飲料水を引く工事を始め、総延長4.8kmの上水道が1663(寛文3)年に完成した。これが轟泉水道である。その後、土管の損傷が激しくなったため、藩主細川興文が網津で産出する馬門石製の樋管にかえる工事を明和年間(1764～72)に行い、水道を安定させた。現役の上水道としては日本最古といわれる。

　轟水源の脇の道を山麓へ進むと、宇土市大太鼓収蔵館がある。宇土市の各地域に伝えられてきた、江戸時代から明治時代の雨乞い大太鼓26基(県民俗)が保存されているほか、雨乞いに関する民俗資料が展示されている。このうち最古の大太鼓は、1673(寛文13)年製作のものである。毎年8月第1土曜日に、宇土市街地にて大太鼓フェスティバルが開催されている。

　収蔵館からさらに奥に進み石段をあがると、泰雲寺跡・原泉社跡に至る。泰雲寺は宇土藩主細川家の菩提所であり、明治維新の廃仏毀釈で廃寺となり、その跡地に原泉社が建てられた。現在は歴代藩主の墓が残り、一帯は自然公園になっている。また園内に轟泉資料館があり、轟泉水道の樋管も展示されている。

　轟水源の北東約300mに轟貝塚がある。縄文時代前期に形成された貝塚で、出土した土器は貝殻で引っ掻いたような文様を特徴とし、「轟式土器」とよばれる。ここから北西に約1km離れた丘陵に仮又古墳(県史跡)がある。7世紀前期頃に築造された円墳で、石室両壁に線刻で

轟水源

浜戸川流域から宇土半島にかけて

船が描かれている。内部の見学はできない。

網田焼窯跡 ㉔
0964-27-1627(宇土市網田焼の里資料館)

〈M▶P.154〉宇土市上網田町 P
JR三角線網田駅 🚶30分

幻の熊本藩御用窯の跡

　JR三角線に沿って国道57号線を行き、緑川駅前を過ぎた所で右折し、北へ約700m行くと粟島神社(祭神淡島神)がある。江戸時代から続くミニ鳥居くぐりが有名で、婦人病に利益があるとして女性の参拝者が多い。さらに進むと、住吉駅の西約600mの所に鳥居がみえる。その先には有明海に面した住吉自然公園が広がり、航海の神である住吉神社(祭神住吉明神)が原生林の岬に立つ。

　網田駅を過ぎて、国道57号線を左折してJR三角線を越え、北東へ約2km行くと宇土市網田焼の里資料館がある。江戸時代後期、熊本藩の御山支配役中園家の居宅を修築して網田焼作品を始め、網田焼に関する資料、中園家伝来の書画・骨董などを展示・公開している。

　網田焼は、寛政年間(1789〜1801)に肥前の陶工を招いて開窯され、熊本藩御用窯として、天草陶石を用いて質の高い磁器がつくられた。しかし、30年ほどで藩の保護がなくなると下火となった。資料館から東へ約300m離れた山の斜面に網田焼窯跡(県史跡)があり、最後まで続いた5段連房式登窯の長尾新家窯1基が現存する。

　網田漁港付近から国道57号線の右手には有明海が全面に広がる。この一帯が、有明海の干潟の模様の美しさで知られる御輿来海岸である。

　赤瀬駅から国道57号線を西へ約2km進むと、漁港の手前、右手の一段低い海岸部に小田良古墳(国史跡)がある。1792(寛政4)年の雲仙岳噴火にともなう津波で破壊され、石障と石室基部のみが残った。6世紀後半の築造と推定され、石障に線刻と彩色による円文などの装飾が認めら

網田焼窯跡

178　宇土・益城

れる。現在は埋め戻され見学できないが、熊本県立装飾古墳館(山鹿市)に石室の原寸大レプリカが展示されている。

三角西港 ㉕ 〈M▶P.154, 179〉宇城市三角町三角浦 [P]
JR三角線三角駅🚌宇土行三角西港前🚶1分

よみがえる明治時代の港湾都市

宇土半島の西端、三角ノ瀬戸に面して三角西港がある。対岸は上天草市の大矢野島であり、宇土半島から架かる天草五橋1号橋(天門橋)がみえる。北は有明海、南は八代海(不知火海)に面する交通の要地である。この場所に近代港湾建設が始まったのは、1884(明治17)年のことであった。当初、熊本市の白川河口の百貫港が候補地とされたが、内務省のお雇い外国人であるオランダ人技師ムルドルの調査によって三角への変更が進言され、熊本県令の富岡敬明が決定した。国の直轄事業で進められ、1887年に完成、開港式が行われた。しかし、1899年に九州鉄道三角線が開通し、三角駅前に三角東港が新設されると三角西港は衰退した。

三角西港周辺の史跡

国道57号線西側の海岸一帯は公園化され、明治時代の港湾施設・町並みが、近代化遺産として保存・復元されている。730mにおよぶ石積み工法の埠頭、山側から引かれている石積み排水路(東・西排水路)は貴重な遺構であり、港湾を囲んだ近代的な都市計画だったことがわかる。このほか、一之橋・二之橋・三之橋・中之橋を含む三角旧港施設は、国の重要文化財に指定されている。

修復されている木造2階建ての旧高田回漕店は、旅客や貨物輸送の取次をする問屋であった。荷役倉庫として使われていた土蔵造りの旧三角海運倉庫(国登録)は、三角築港記念館として改装されている。木造平屋建ての龍驤館(国登録)は、1918(大正7)年、宇土郡教育会が明治天皇即位50周年を記念し、郡公会堂として建てた洋館である。明治時代、

三角西港公園

浜戸川流域から宇土半島にかけて

ここには浦島屋という洋風旅館があり，1893(明治26)年に小泉八雲(ラフカディオ・ハーン)が宿泊し，『夏の日の夢』という紀行文を残している。近くに，浦島屋の建物は復元されている。

国道57号線より東側の山麓には，木造平屋建ての旧三角簡易裁判所本館・弁護士等控室とレンガ造り2階建ての記録倉庫(いずれも国登録)が残る。同裁判所は1890(明治23)年に開庁，1920(大正9)年に現在地に移転した。現在は，宇城市国際交流村法の館・伝統工芸館・重要資料展示室として活用されている。また，1902(明治35)年建設の旧宇土郡役所正門及び石垣(国登録)は，宇城市立九州海技学院の所有となっている。

松合土蔵白壁群 ㉖
0964-42-3550(松合ビジターセンター)

〈M▶P.154〉宇城市不知火町松合 P(松合ビジターセンター)
JR鹿児島本線松橋駅🚌松合経由三角行松合🚶5分

土蔵白壁の続く町並み

松橋駅から南へ約700m行くと，国道266号線沿いに不知火支所があり，その背後に宇城市不知火美術館がある。地元出身の洋画家マナブ間部・野田英夫らの作品が展示されている。

国道266号線を西へ進むと，左手に八代海(不知火海)，右手に不知火町長崎の丘陵地帯となる。市立不知火中学校の西約1kmの所から右手の坂道をのぼると，国越古墳(県史跡)がある。6世紀前半に築造された全長63mの前方後円墳で，装飾古墳である。横穴式石室内に直弧文の線刻があり，彩色された羨道入口は露出しているが，内部見学はできない。再び国道を西へ約2km進み，入江から右手の坂道を約600mのぼると桂原古墳(県史跡)に至る。6世紀半ばに築造された直径13m・高さ4mの円墳で，船の線刻で知られる装飾古墳である。

道の駅「不知火」から国道を西へ約1km進むと，海中に立つ鳥居がみえ，

松合土蔵白壁群

不知火

コラム

神秘の火「不知火」は、今も八代海でみることができる

　旧暦8月1日(八朔)の未明、八代海(不知火海)に明滅する無数の「火」を不知火とよぶ。不知火の発生メカニズムは不明な点もあるが、今日では蜃気楼現象の一種と考えられている。八代海の潮の干満の大きさ、海上の気温分布、風速などの条件の下に漁火が複雑に屈折するまれな自然現象である。したがって、条件が整えば八朔の日でなくともあらわれる。不知火の観望所として、古くは宇城市不知火町高良の「龍燈場」が有名であったが、干拓によって不知火の発生地点が移動したため、近代以降は永尾(剱神社)神社が広く知られるようになった。

　不知火という言葉の由来は、『日本書紀』にみえる景行天皇の物語である。九州巡幸中の景行天皇は、葦北から船出して、水島で地元民から湧水を献上された。そして八代海を航行しているとき、不思議な火をみた天皇は岸に着いて地元の民に尋ねるが、誰もその火の主を知らなかったため、人の火ではないことを知り、その国を火の国と名づけたという。

　2009(平成21)年、不知火及び水島が国名勝に指定された。神秘の火として崇められてきた不知火と、『万葉集』にも詠まれた歌枕の地として知られる水島(八代市)が、歴史的に重要な景勝地と認定された意義は大きい。

海に突き出た岬に永尾(剱)神社(祭神 海童神)がある。海童神を乗せた巨大なエイが海から山を乗り越えようとしたがはたせず、ここに鎮座したと伝えられる。旧暦8月1日(八朔)未明、八代海にあらわれる不思議な火、不知火の観望の名所である。

　永尾神社から西へ約400m進むと松合地区となる。国道から右手に分かれ旧道に入ると、松合土蔵白壁群がある。松合は、江戸時代から明治時代にかけて漁業・交易、そして醸造業(清酒・醤油)で栄えた。江戸時代には、中国向けの俵物(海産物)を扱う廻船問屋もいた。財をなした商人たちは火災に強い土蔵白壁造りの家を競って建て、現在、60戸余りの土蔵白壁造りの家が立ち並ぶ。年代別には明治時代の建築が多くを占める。

　本通りの中ほどに松合郷土資料館がある。1903(明治36)年に築造された土蔵白壁造りの家屋であり、松合の歴史・民俗資料が展示されている。近くの松合ビジターセンターでは、土蔵造りの工法も紹

介されており，歴史散歩を始める前に立ち寄りたい。町から北西の六地蔵峠には，明治時代，千里眼の持ち主として話題となった御船千鶴子の墓がある。

　松合から国道266号線を西へ約9km進み，郡浦交差点で右折，最初の角を右に曲がり300mほど行くと郡浦神社(祭神健磐龍命ほか)がある。古くから健軍神社(熊本市)・甲佐神社(上益城郡甲佐町)とともに，肥後一宮阿蘇神社(阿蘇市)の三摂社の格付けをもつ。本殿裏手には，平安時代後期の作と伝えられる五重石塔が残る。これは，明治時代初期に廃寺となった神宮寺の常福寺の遺構といわれる。

　郡浦神社の西約800m，旧郡浦小学校校舎の裏山に郡浦の天神樟(県天然)がある。推定樹齢1000年，樹高23m・幹囲15mの巨樹で，神木として地元の崇拝を受けている。

Amakusa 天草

千巌山(上天草市)からの眺望

綸子地著色聖体秘蹟図指物(天草四郎陣中旗)

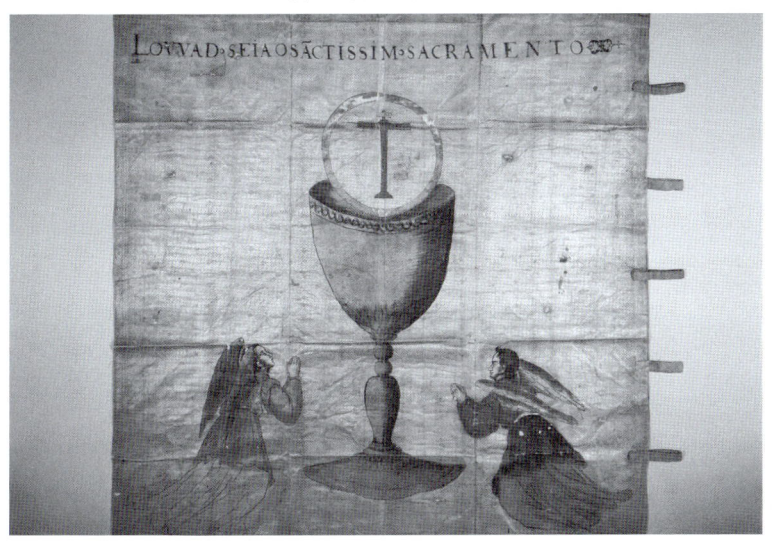

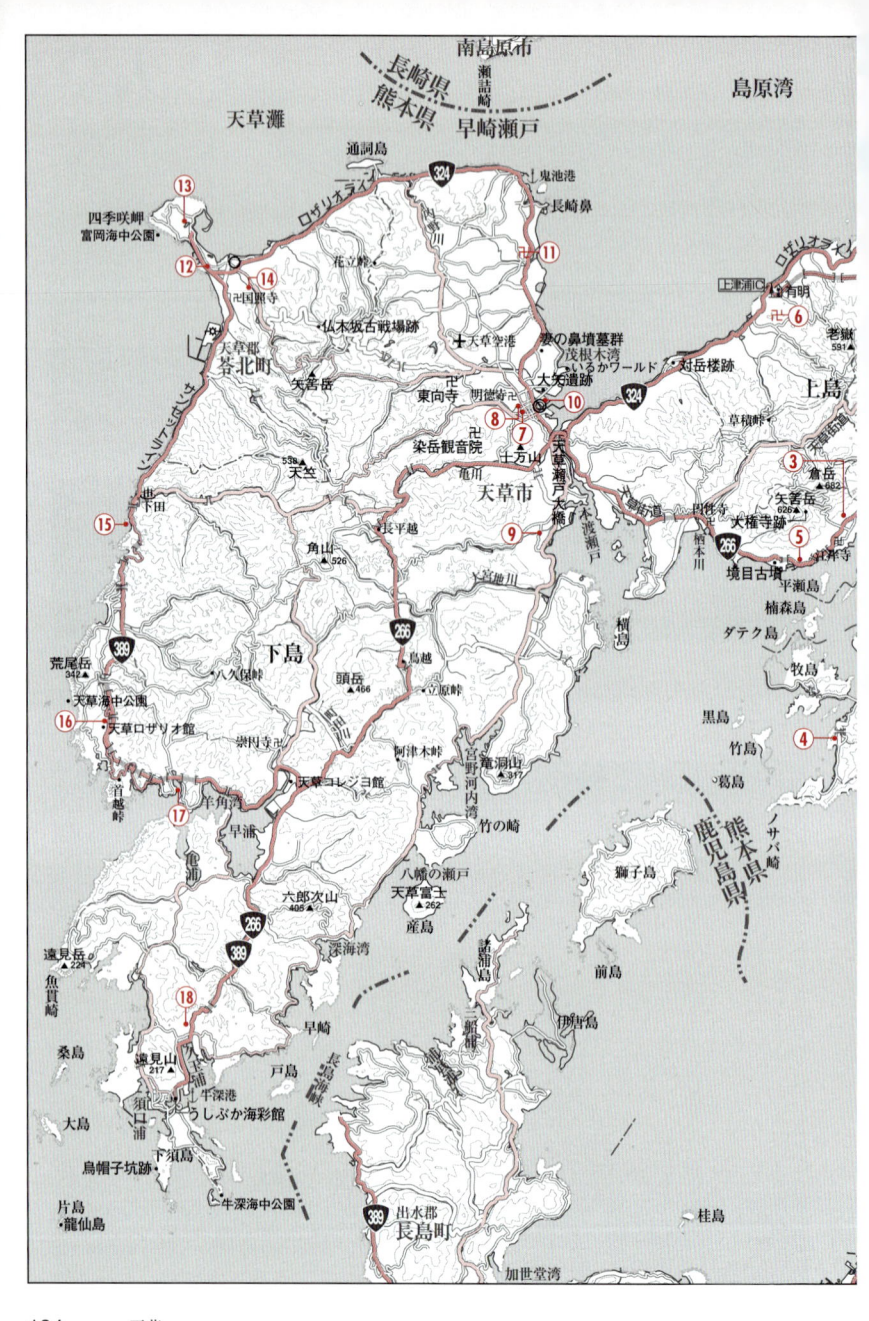

天草

184

◎天草散歩モデルコース

大矢野島・天草上島の古墳とキリシタン史跡めぐりコース

登立天満宮 5 キリシタン墓 10 大矢野城跡 15 長砂連古墳 15 天草四郎公園(キリシタン墓) 20 キリシタン殉教の丘(千厳山) 15 大戸鼻古墳群 30 正覚寺

天草上島の寺社と石塔めぐりコース

金性寺 5 澄泉寺跡五輪塔 15 棚底城跡 10 大権寺跡 10 永田隆三郎の法界平等碑 5 円性寺 5 利明寺

天草下島コース

本渡バスセンター 15 祇園橋 10 殉教公園 10 明徳寺 15 楠浦の眼鏡橋 40 富岡吉利支丹供養碑 10 富岡城跡 20 妙見浦・十三仏公園 10 上田家住宅 15 大江天主堂・天草ロザリオ館 10 崎津天主堂 10 崇円寺 10 久玉城跡 40 本渡バスセンター

①大矢野城跡
②大戸鼻古墳群
③棚底城跡
④御所浦白亜紀資料館
⑤永田隆三郎の法界平等碑
⑥正覚寺
⑦祇園橋
⑧殉教公園
⑨楠浦の眼鏡橋
⑩天草市立本渡歴史民俗資料館
⑪芳證寺
⑫富岡吉利支丹供養碑
⑬富岡城跡
⑭志岐城跡
⑮妙見浦
⑯大江天主堂
⑰崎津天主堂
⑱久玉城跡

1 大矢野島・天草上島を訪ねる

八代海と有明海に挟まれた島々には古墳，中世の山城，古塔群，そして天草・島原の乱の史跡が点在する

大矢野城跡 ❶ 〈M▶P.185, 186〉上天草市大矢野町中

熊本桜町バスターミナル🚌本渡行さんぱーる🚶10分

天草五人衆の1人の大矢野氏の居城跡

　熊本市街からは国道57号線を約40km，宇城市の街からは国道266号線を約25km，宇土半島西端から天門橋（天草１号橋）を渡ると大矢野島である。

　国道266号線を南下し，岩谷トンネルを抜けて500mほどの分岐点から海沿いの道に入り，約２km行くと市立登立小学校の南西に登立天満宮（菅原神社）がある。寛永年間（1624〜44）の創建で，境内には「舟つなぎの大楠」があり，昔，この辺りまで入江だったことを伝える。天満宮北側一帯は田鋤之越新田とよばれる。1661（寛文元）年，紀伊国（現，和歌山県）の牢人佐藤義貞が開発した，資料で確認できる天草最古の干拓地である。

　登立天満宮から南西へ約1.3km行くと，市立大矢野中学校の北側の丘陵上に，大矢野城（中村城）跡がある。周辺から出土した大矢野氏関係五輪塔が移設されている。

上天草市役所周辺の史跡

　大矢野は，1637（寛永14）年10月，益田（天草四郎）時貞を指導者として，牢人・農民らが，新領主寺沢氏によるキリシタン弾圧と苛政に反発して蜂起した，天草・島原の乱の発端の地でもある。四郎は，宇土郡江部村（現，宇土市旭町）の生まれとされ，大矢野城跡から国道266号線を南西へ約１km行った宮津には，活動の拠点となった聖堂が建てられていたと伝わる。

186　天草

天草のキリスト教

コラム

天草にみるキリスト教の歴史

　天草におけるキリスト教の歴史は、イエズス会士ルイス・デ・アルメイダが天草の国人領主志岐氏に招かれ、赴任した1566(永禄9)年に始まる。志岐・天草氏を始め五人衆が入信し、ついで天草を治めた小西行長はキリシタン大名であった。

　1587(天正15)年にバテレン追放令が出されると、島原半島の加津佐(現、長崎県南島原市加津佐)のノビシヤート(修練所)・コレジオ(神学校)・セミナリオ(小神学校)が河内浦(現、天草市河浦町)に移され、活字印刷機によって『伊曾保物語』『平家物語』などの天草版が発行された。島内には司祭館や天主堂(南蛮寺)が立ち、各地でコンフラリア(信者講)が組織された。

　寺沢氏はキリシタンを迫害したため、その苛政も加わって天草・島原の乱(1637～38年)がおきた。乱後、天草代官鈴木重成は、曹洞宗の僧である兄正三を招いて民衆の教化に努め、天草四カ本寺(国照寺・東向寺・円性寺・崇円寺)が創建された。1641(寛永18)年には絵踏みが始まり、戸田忠昌施政下(1664～71)には五人組制度も確立するなど禁教政策が進んだ。しかし、1805(文化2)年、大江組4カ村で5000人の信者が発覚し、隠れキリシタンの存在が明らかとなった(天草崩れ)。

　1873(明治6)年、明治政府によりようやくキリスト教の信仰の自由が認められ、天草にも宣教師が訪れるようになった。ことに、1892年に大江(現、天草市天草町)に着任したフランス人宣教師ガルニエ神父は、布教や孤児院の経営に熱心に取り組み、その活動は50年におよんだ。きわめて質素な生活を送り、1933(昭和8)年には私財を投じて、ロマネスク様式の大江天主堂を完成させた。与謝野鉄幹らが著した紀行文『五足の靴』には、「パアテルさん」とよばれ、人びとから親しまれたガルニエ神父の姿が書かれている。

　有明海に浮かぶ湯島は、長崎県南島原市と大矢野島の中間に位置する周囲約4kmの島で、乱の密議が開かれたことから談合島ともよばれる。江樋戸港から定期船で約25分、大きなアコウの樹が出迎える。島頂部を目指し急勾配の坂道をのぼると、乱のおり、武器製造に使用したという鍛冶水盤が残る西ノ浜の諏訪神社(祭神健御名方命)に着く。高山右近隠棲地跡を横にみながらさらに進むと、島頂の峰公園に至る。目前に迫る雲仙岳(長崎県)を眺めれば、四郎

大矢野島・天草上島を訪ねる

がこの地に遠見塚を設け、警戒にあたらせたという伝承も首肯できる。公園内には蒲鉾型のキリシタン墓碑もある。

このほか、大矢野郵便局隣の丘には1822（文政5）年・1834（天保8）年のキリシタン墓、国道266号線沿いの天草四郎公園内には寛政年間（1789〜1800）のキリシタン墓が残っている。江戸時代を通じてキリスト教は厳しく取り締まられたが、これらをみると、信仰がひそかに続けられていたことがわかる。

大矢野城跡から県道107号線を約4km南下すると、貝場漁港を見下ろす小高い丘上、金比羅神社の境内に、5世紀末期から6世紀初頭の装飾古墳として知られる長砂連古墳（県史跡）がある。横穴式石室をもつ円墳と推定され、石室内部の石障は全体が赤色で塗られ、直弧文・円文が刻まれている。

大戸鼻古墳群 ❷

〈M▶P.185, 188〉 上天草市松島町阿村　P
松島バス停🚌姫戸港行 東 阿村🚶20分

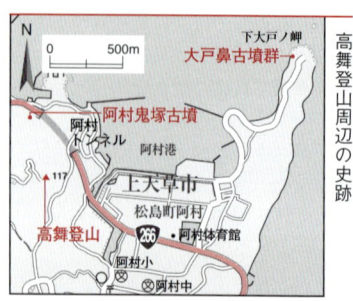

5世紀中頃に築造された装飾古墳

大矢野島より国道266号線を約1km南下して、合津港の所で右折、千巌山（162m、国名勝）にのぼれば北に天草五橋や松島の島々が一望できる。この地には、天草四郎の出陣の伝承が残る。

松島橋から国道266号線を東へ約2.5km行くと、高舞登山（117m、国名勝）の登り口に至る。

北の阿村トンネルの手前右手には円墳2基からなる阿村鬼塚古墳、さらに進めば大戸の瀬戸に突き出た下大戸ノ鼻に、5基の古墳からなる大戸鼻古墳群（県史跡）がある。南2号古墳（箱式石棺）の

高舞登山周辺の史跡

南2号古墳（大戸鼻古墳群）

南壁には3個の2重円文と鋸歯文,北古墳(横穴式石室)の石障には円文が刻まれている。

これと対峙する維和島の上大戸ノ鼻の広浦古墳は,5世紀中頃の箱式石棺の石障,円墳である。

松島橋から有料道路で約3.3km南下し,知十橋ICで降り,県道290号線に入る。さらに南下し金山で右折,県道34号線を約2.5km西進すると,教良木川の対岸に淘汰山金性寺(曹洞宗)がある。1624(寛永19)年,天草代官鈴木重成の創建と伝え,境内には,竿部に「文明竜集辛丑(1481〈文明13〉年)」と刻まれた六面地蔵がある。金性寺の東約500m,市立教良木小学校体育館裏の澄泉寺跡五輪塔群は,室町時代から江戸時代にかけての60余基があり,その数に圧倒される。

県道290号線との合流点から県道34号線を約1km東進,内野河内集落に山方遠見番所大西家屋敷がある。江戸時代,内野河内村の山野の支配役だった大西家の邸宅が残る。また県道277号線から東へ入り内野河内地区多目的集会施設前を通り,南東へ200m行くと内野河内城跡がある。室町時代の城で,今も石垣が残る。

棚底城跡 ❸ 〈M▶P.184,189〉天草市倉岳町棚底 P
松島バス停🚌倉岳小学校行棚底🚶20分

高舞登山北麓の国道266号線阿村トンネルを抜け,天草上島の東海岸を南下する。約10km行くと永目神社があり,境内のアコウ(県天然)は幹周り11.2m・樹高約15m,樹齢約300年を数えるという。さらに約2km行き左折すると,上天草市役所姫戸統括支所の南東の姫石神社には,船石・袋石がまつられている。この2つの石を合わせて姫石とよび,景

倉岳周辺の史跡

大権寺跡宝篋印塔

東アジアとの交易品が多数出土した中世城跡

行天皇の九州遠征のおり、船の転覆を救うために犠牲となった姫の伝説にまつわるものである。

姫石神社から南へ約7km、国道266号線をはずれ、樋島大橋を渡ると樋島である。大橋の北約600mの観乗寺(浄土真宗)は1618(元和4)年の創建で、浄土真宗が禁止されていた薩摩からの参詣があったと伝えられる。国道に戻り西へ約4.5km行くと、龍ヶ岳(470m、国名勝)の南麓、市立大道中学校体育館裏西側の墓地には、「享禄三(1530)年庚寅二月」などの銘をもつ乱積みの宝篋印塔群がある。塔の前には基礎のみのものもあり、「嘉吉二(1442)年」の年号もみえる。

国道266号線を龍ヶ岳町から倉岳方面へ進み、倉岳小学校に通じる棚底交差点を右折、倉岳登山道に入ってすぐの角を右折すると棚底城跡(国史跡)に至る。東西約340mの丘陵上に8つの郭があり、最頂部が本丸となっている。現在も石垣が残り、近年の調査で14世紀から16世紀の山城であることがわかった。出土した遺物は2000点を超え、中国の青磁や染め付けなど外来の陶磁器が半数を占め、城主は倭寇と深くかかわったと考えられる。登山道を800mほど進んだ左手に大権寺跡がある。約50基の石塔のうち、正面とその右側に位置する宝篋印塔には、「延文三(1358)」「永享十二(1440)」の銘が残る。

天草最高峰の倉岳(682m)南東麓に天草市立倉岳歴史民俗資料館があり、北側丘陵に箱式石棺22基からなる宮崎石棺墓群がある。

御所浦白亜紀資料館 ❹

〈M▶P.184〉 天草市御所浦町御所浦　P
本渡港🚢御所浦港3分

恐竜や哺乳類、貝などの豊富な化石の展示

御所浦は、御所浦島・横浦島・牧島の有人島を含む18の島々があり、県内唯一の離島の町である。フェリー乗り場から東へ約200mほど歩くと、景行天皇が寄港した際に、船の纜を結んだという石をまつる御所浦菅原天満宮がある。さらに150mほどのぼった東岸寺

（浄土宗）には，中世の五輪塔群がおかれている。島のほぼ中央に位置する烏ケ峠（442m）からの眺望は美しい。フェリー乗り場のすぐ近くには，天草市立御所浦白亜紀資料館がある。御所浦地域は，2009年に日本ジオパークに認定された。

永田隆三郎の法界平等碑 ❺

〈M▶P.184〉天草市栖本町古江
本渡バスセンター🚌下浦経由浦公民館前行稚児崎🚏15分

仏教の平等思想に基づき一揆を起こした義民

　国道266号線の稚児崎バス停から南へ約500m行くと沖ノ瀬古墳がある。5世紀から6世紀にかけて築かれた円墳3基が確認でき，現在は2号古墳の石室部分が復元・整備されている。

　2号古墳を東西から挟むように，2基の法界平等碑が立っている。古江村庄屋永田隆三郎が1828（文政11）年に建てたもので，「南無阿弥陀仏旡縁法界平等利益」と刻まれている。1847（弘化4）年，江戸幕府に対して「百姓相続方仕法」の再施行を求めた農民たちが湯船原村（現，栖本町湯船原）で一揆をおこした。世にいう弘化大一揆である。最大1万5000人が加わり，大庄屋・銀主宅など100軒近くを襲撃したが，長崎代官と島原藩兵により鎮圧された。永田隆三郎は首謀者として処刑されたが，今も義民として敬われている。

　稚児崎バス停から国道266号線を北西へ約2km行くと，天草四カ本寺に数えられた仏日山円性寺（浄土宗）の堂々たる金剛力士像の阿形1体がみえる。1645（正保2）年，天草代官鈴木重成によって創建された寺で，かつて寺沢氏が栖本郡代所をおいた所でもある。円性寺の北東約200m，市立栖本中学校の向かいにある医王山利明寺（浄土宗）は栖本氏の菩提寺で，梵鐘（県文化）には「應永念六甲戌（1419〈応永26〉年）」「住持是金，願主善通，大工氏国」などの刻銘がある。円性寺の南東約150mの栖本諏訪神社では，毎年11月第2日曜日に例大祭が行われ，江戸時代中期から続く栖本太鼓踊り（県民俗）が奉納さ

法界平等碑

れる。

正覚寺 ❻
0969-53-0509

〈M▶P.184〉天草市有明町上津浦3550 P
松島バス停 🚌 大浦経由本渡行上津浦 🚶 6分

南蛮寺跡と伝えられ、キリシタン墓碑群が残る

　小西行長施政下、上津浦はコンフラリア（信者講）が組織され、とくにキリスト教の影響が強かった地域である。上島西岸を走る国道324号線を本渡方面に向かう途中、上津浦郵便局で左折し1.3kmほど行くと、1646（正保3）年創建の円明山正覚寺（曹洞宗）がある。もと南蛮寺跡との説があり、宣教師が植えたというナギ（南蛮樹）や、イエズス会の紋章「IHS」の文字と干十字が刻まれた蒲鉾型のキリシタン墓碑群（県文化）が残る。

　正覚寺から県道282号線を南東へ約500m、老岳登山口バス停付近、谷合川を挟んだ2つの丘陵が上津浦城跡である。中世を通じて上津浦氏が居城とし、天草・島原の乱（1637～38年）のおり、一揆勢が籠城したことでも知られる。

　1792（寛政4）年の雲仙岳（長崎県）の大爆発は、対岸の天草にも大きな被害を与えた。津波による溺死者は343人にのぼり、沿岸に漂着した遺体は「寄り人さま」として供養され、各所に供養塔が建てられている。

　島子漁港のすぐ東側には、志柿村庄屋永野九郎兵衛（抱雪と号して詩文をよくした）の別邸であった対岳楼跡がある。文政・天保年間（1818～44）、広瀬淡窓を始め、多くの文人たちがここを訪れた。

天草の伝統芸能

コラム

芸

未来につなげたい天草の芸能

　上天草市龍ケ岳町大作山に伝わる棒踊りは、カシの棒をもった踊り手と歌い手からなる。棒踊りは薩摩藩の棒術が変化したもので、明治時代初期、龍ケ岳の人びとが鹿児島県出水に行き、習得したものである。

　江戸時代の天草は、その産業基盤の弱さにもかかわらず、人口は増え続けた。そのため男女を問わず、島内外に出稼ぎに出た。八代の干拓工事も出稼ぎ場所の1つである。『松島町史』によると、大鞘新田（現、八代市千丁町）工事では、阿村の村人1300人のうち、じつに300人が働いたといわれる。上天草市松島町阿村の潟切節は、八代の干拓現場における天草出身のお菊の悲恋を題材としており、干拓従事者の労働唄である。

　天草市天草町福連木は天草下島中央に位置し、江戸時代は将軍家御用の福連木官山があった。福連木の娘たちは食い扶持を減らすために人吉に子守り奉公に出され、村人の多くが旦那の小作を行った球磨郡五木村の娘たちも、同様に人吉に出された。福連木子守唄と五木子守唄の類似性はよくいわれるところだが、両者にはこのような接点があった。

　上天草市松島町教良木の菅原神社には毎年12月第3日曜日に教良木神楽や太鼓踊りが奉納される。天満宮は1658（万治元）年の建立と伝えられ、1760（宝暦10）年、村々を活気づけ、疫災を払うため、庄屋や銀主が中心となって太鼓踊りとトコセイ踊りが始められた。神楽は、その26年後に奉納されるようになったといわれている。

　天草市河浦町の虫追い祭り（7月第3日曜日）は、五穀豊穣を祈願する祭りである。15〜20mの高さのタケの先につけられた5色の吹流しがたなびくさまは壮観で、同市新和町でも毎年4月下旬に行われている。

大矢野島・天草上島を訪ねる

❷ 本渡の市街地から早崎瀬戸へ

天草の中心地である本渡は、戦国時代の合戦や天草・島原の乱の舞台となった。

祇園橋 ❼ 〈M▶P.184, 196〉 天草市船之尾町・中央新町
JR三角線三角駅、または熊本桜町バスターミナル🚌本渡バスセンター🚶15分

国内最大級の多脚式石造桁橋

　本渡の市街地は、天草市役所などが所在する行政の中心地である。天草上島と天草下島の間の本渡瀬戸は、幅120〜150m・長さ約3kmで水深は浅い。このため、「戻りゃ　本渡瀬戸　徒歩渡り」と牛深ハイヤ節に歌われるとおり、1923(大正12)年の架橋以前は、干潮時には徒歩で渡っていた。

　1974(昭和49)年建造の天草瀬戸大橋を渡り、国道324号線を市街地に約1.5km進むと町山口川にさしかかり、川に架かる港大橋から上流へ約500mの所に祇園橋(国重文)がある。1833(天保3)年、町山口村の庄屋大谷健之助が発起人となり、本渡瀬戸近くの下浦村の石工辰右衛門が請け負ってつくられた石造桁橋である。長さ28.6m・幅3.3m、下浦産の砂岩を材とし、45本の橋脚に支えられており、左岸の祇園社(八坂神社)の門前にあることから祇園橋とよばれる。左岸の橋のたもとには、架橋当時の石造記念碑(国重文)が残る。

　祇園社の背後の小さな阿弥陀堂内に、「享禄四(1531)年」銘の船之尾尾越の板碑がある。志岐氏と天草氏が町山口川を挟んで対戦した享禄の合戦における戦死者の供養として、一周忌に建立されたもので、阿弥陀如来像が線刻されている。

　祇園橋から左岸の川沿いの道を上流に向かって約150m行くと、旧天草教育会館本館(国登録)がある。1935(昭和10)年に天草の教育者育成のために建設されたもので、昭

祇園橋

和時代初期の洋風建築の意匠が残る。現在は天草文化交流館と名称をかえ，伝統工芸品の製作体験などに利用されている。

殉教公園 ❽
0969-22-3845

〈M▶P.184,196〉天草市船之尾町 P
本渡バスセンター🚌苓北方面行舟の尾🚶10分

天草・島原の乱の殉教者・鎮魂の場

本渡の市街地西方にある丘陵の城山(しろやま)には，天草五人衆の1人天草(てんしょう)氏が築いた本渡(本戸)城跡がある。1589(天正17)年，小西行長・加藤清正ら連合軍の攻撃を受け，本渡城も落城した。本渡城跡は，昭和30年代以降に殉教公園として整備された。

県道44号線から標識に従い殉教公園への坂道をのぼると，右手に殉教戦千人塚(せんにんづか)がある。1637(寛永14)年の天草・島原の乱の戦死者を供養したものである。ここは，本渡城出丸跡(でまる)にあたる。坂道を進むとキリシタン墓地があり，天草に初めてキリスト教を伝えたポルトガル人宣教師ルイス・アルメイダの記念碑も立つ。この一帯は本渡城本丸跡にあたる。

さらに道を進むと，左手の高台に天草キリシタン館(かん)がある。当館所蔵の綸子地著色聖体秘蹟図指物(りんずじちゃくしょくせいたいひせきずさしもの)(国重文)は，通称「天草四郎陣中旗(しろうじんちゅうき)」として名高く，天草・島原の乱において益田(ますだ)(天草四郎)時貞(とき　さだ)が使用したと伝えられる。期間限定の展示となっており，通常はレプリカ展示である。そのほか，江戸時代の軍記物語『四郎乱物語(らん)』，ロザリオ・メダリオン(銅製メダル)など，多数のキリシタン関係資料が展示されている。当館敷地は本渡城二の丸跡である。

天草切支丹館から北へ約300m行くと明徳寺(みょうとくじ)(曹洞宗(そうとう))がある。1645(正保2)(しょうほう)年，キリスト教から仏教への改宗を促進するために，天草代官(だいかん)の鈴木重成(すずきしげなり)によって創建された。開山(かいさん)は，瑠璃光寺(るりこうじ)(山口県山口市)15世の中華珪法(けいほう)である。山門は，1714(享保2)(きょうほう)年に建てられたもので，豪華な楼門(ろうもん)も知られる。山門入口の黒い掛板(かけいた)の詩句(双聯(そうれん))は，邪宗禁制(じゃしゅうきんぜい)を示す遺構である。

明徳寺山門前の石段をくだり，

殉教公園

天草市役所周辺の史跡

参道を歩いて県道44号線を渡ると延慶寺(浄土真宗)に至る。寺の裏手にまわり、柴折戸から庭に入ると兜梅(県天然)がある。樹高約3m、枝張りは東西約11m・南北約6mの白梅である。天正の合戦(1589年)において、天草方の志岐氏の客将木山弾正の妻お京の方が男装して奮戦したが、この梅樹に兜を取られ、女性であることが判明して討たれた。最期のとき、お京の方が無念の思いで「花は咲けども　実はならせまじ」と言い残して、以来、この梅樹は実がならないという伝説がある。

楠浦の眼鏡橋 ❾

〈M▶P.184〉天草市楠浦町中田原 P
本渡バスセンター🚌新和方面行楠浦🚶5分

天草石工の技量を示す優美な眼鏡橋

天草瀬戸大橋から県道26号線を約4km南下、右折して県道278号線を約1km行った所で再び南へ向かうと楠浦の眼鏡橋(県文化)がある。1878(明治11)年、楠浦村の庄屋宗像堅固の発起により、楠浦と南の宮地を結ぶため方原川に架けられた。長さ約26m・幅約3m。工事は下浦村の石工が手掛けた。眼鏡橋から北東約500m、市立楠浦小学校の正門前に、1804(文化元)年築造と伝わる宗像家屋敷が現存しており、石垣に囲まれた旧庄屋宅の景観が残る。

天草瀬戸大橋から国道324号線を市街地へ進み、港町交差点で左折、県道24号線を約2.5km行き、南へ折れると山口の施無畏橋(附架橋碑、県文化)がある。1871(明治4)年に染岳登山口の無畏庵の参道橋としてに架けられたが、崩落したため、1882年に再建された。長さ約22m、幅約3mある。

施無畏橋の脇の橋を通り、坂道を約2km進むと、中腹の観音院

楠浦の眼鏡橋

（曹洞宗）に着く。創建は941（天慶4）年と伝えられ，真言宗の寺院であった。古代から中世にかけて山岳修行の場であったと考えられ，境内は染岳霊場として民衆の信仰を集めてきた。

　市街地から県道44号線を北西へ約4km進むと，東向寺（曹洞宗）がある。天草・島原の乱の後，天草の民心を安定させるために初代代官の鈴木重成が建立した天草四カ本寺（東向寺・円性寺・国照寺・崇円寺）の1つであり，江戸時代は寺領50石が給され，寺格を誇った。創建は1648（慶安元）年，開山は中華珪法である。

　東向寺の西約2.5kmの所に鈴木神社がある。天草・島原の乱後，天草の復興に尽力した初代代官の鈴木重成と2代重辰，そして重成の兄で名僧として知られる鈴木正三の3人，「鈴木三公」がまつられている。

天草市立本渡歴史民俗資料館 ❿
0969-23-5353

〈M▶P.184, 196〉天草市今釜新町3706　P
本渡バスセンター🚌国際ホテル方面行総合庁舎前🚶15分

考古・民俗の分野が充実した資料館

　天草市立本渡歴史民俗資料館は町山口川の河口左岸突端部にあり，有明海に面して眺望がよい。古代から近代にかけての天草の歴史・民俗資料を多数収蔵・展示しており，大矢遺跡出土品と妻の鼻墳墓群出土遺物一括（ともに県文化）は必見である。また当館には，天草市立天草アーカイブズ（公文書館）が併設されている。

　本渡歴史民俗資料館の北西約300m，大矢橋を渡って左折すると大矢遺跡（県史跡）がある。広瀬川左岸の段丘に形成された縄文時代の遺跡で，縄文時代後期の土偶や朝鮮半島の遺跡出土品と共通するオサンニ型結合釣針が出土した。

　大矢橋から海沿いに市道を北へ約2km進み，茂木根港を過ぎた左手の明瀬の丘陵に妻の鼻墳墓群（県文化）がある。1974（昭和49）年，亀場町亀川から当地に移転・復元された。36基の墳墓は地下式

ペーが墓

板石積石室墳で，鏡・鉄剣などが多数出土し，5世紀後半から6世紀前半の築造と推定される。同じ様式の石室が分布する鹿児島県西部や人吉地方と共通の文化圏が存在したと考えられる。

　市街地から国道324号線を約6km北上して五和町に入る。鬼の城公園方面の案内板に従い左折し，南西へ約600m進むと，右手の丘陵奥に「ペーが墓」とよばれるキリシタン墓碑群がある。五和町には，御領を中心に約1000基のキリシタン墓碑が残る。その代表例がペーが墓で，「ペー」とはキリシタン洗礼名と考えられたが，近年の研究では，古いスペイン語で神父を意味する言葉だとされる。ここには14基のキリシタン墓碑があり，禁教以前の古い形式を残している。墓石は，凝灰岩(御領石)を材とする。

　ペーが墓から西へ約2km進むと，右手の台地一帯に鬼の城公園が広がる。公園奥に隣接しているのがキリシタン墓碑公園であり，五和町内に点在していた墓約100基が集められている。

芳證寺 ⓫
0969-32-0359　〈M▶P.184,198〉天草市五和町御領6610
本渡バスセンター🚌鬼池港行御領中央🚶5分

明治初期の小学校校舎が境内に残る

　国道324号線の五和支所前交差点で左折し，北へ約400m進むと芳證寺(曹洞宗)があり，1645(正保2)年の開山と伝えられる。境内に立つ衆寮堂は禅僧の修行・宿泊のためにつくられたが，1875(明治8)年，御領小学校の開校時に校舎として借りられ，1880年の新校舎完成まで6年間使用された。明治時代初期の初等教育の様子を伝える建造物である。境内には長岡興就の墓もある。御領組大庄屋の長岡興就は，1845(弘化2)年，農民救済のために

芳證寺衆寮堂

幕府へ直訴した。今も義民として地元で崇敬されており，上訴姿の長岡の銅像が五和支所前庭に建立されている。なお芳證寺の境内地一帯は，中世の御領城跡とみられ，古井戸が残る。

　芳證寺から北へ約300m進み，左折すると豪商松坂屋（石本家）屋敷跡がある。石本家は江戸時代に貿易と手広い商法で富を築き，大名貸も営んだ。5代石本平兵衛（世襲名勝之丞）は，幕府勘定所御用達になり扶持を受け，帯刀を許された。このような豪商を天草では銀主とよび，「島で徳者は大島様よ　御領では石本勝之丞様」と俚謡に歌われた。1棟残る蔵や石塀が往時の繁栄を偲ばせる（見学不可）。

　有明海をみながら，国道324号線を北上すると鬼池港に至る。ここから西へ6kmほどで，潮流の激しい早崎瀬戸に突出している通詞島への入口に着く。通詞大橋の手前右手に沖ノ原遺跡がある。縄文時代から古墳時代の複合遺跡で，1959（昭和34）年に学術調査が行われ，天草の古代遺跡調査の嚆矢となった。アカガイ製貝輪を装着した縄文人骨のほか，大量の漁労具などが出土して，県内の海岸遺跡としては大矢遺跡と並ぶ貴重な遺跡とされている。出土品は，通詞島の丘陵に立つ天草市立五和歴史民俗資料館に展示されており，古墳時代の製塩土器は注目に値する。

③ 天草灘沿いから牛深へ

江戸時代に代官所がおかれた富岡から、漁港の牛深に至る天草西海岸は景勝地が続く。

富岡吉利支丹供養碑 ⑫ 〈M▶P.184, 200〉 天草郡苓北町富岡 P

本渡バスセンター🚌富岡行富岡三叉路🚶5分

天草・島原の乱における一揆軍の供養碑

富岡は、陸地近くにあった島が砂州の発達で陸地と連結した陸繋島の地形となっている。長崎に近い地の利に加え、良港を保有していたため、江戸時代には天草統治の中心地とされ、幕府の代官所(陣屋)・郡会所がおかれた。そして、漁業権と海運権をもつ「定浦」に指定された天草24カ村のまとめ役「総弁指」の中元家も存在した。

苓北町役場から国道324号線を南へ約1.5km進み、富岡三差路を右折して約100m進むと、右手に富岡吉利支丹供養碑(国史跡)がある。1637(寛永14)年の天草・島原の乱で討死したキリシタン一揆勢約1万人のうち3300人余の首が埋葬された所で、1647(正保4)年、天草代官鈴木重成の手によって供養碑が建立された。碑文は、鈴木重成が天草に招聘した瑠璃光寺(山口県山口市)15世の中華叟珪(珪法)による。地元では、首塚あるいは千人塚とよばれる。

富岡吉利支丹供養碑から左手に天草灘をみながら国道324号線を北に約

富岡吉利支丹供養碑

苓北町役場周辺の史跡

1km進むと，1818(文政元)年に来遊して詠んだ「泊天草洋」の頼山陽詩碑が立つ。詩碑の手前から旧道に入り右折すると，岡野屋旅館前のアコウの樹の下に林芙美子文学碑が立つ。1950(昭和25)年，林芙美子は富岡を訪れ，同旅館に宿泊して，天草を舞台とした短編小説『天草灘』を書いた。旧道を南へ約500m行くと，突き当りに瑞林寺(曹洞宗)がある。石段の上の山門は，江戸時代後期の富岡陣屋(代官所)の正門を移築した堂々たる構えで，境内には鈴木重成供養碑がある。

　頼山陽詩碑から国道324号線を北へ約300m進むと，丘陵上に鎮道寺(浄土真宗)がある。当寺は，安政年間(1854〜60)，長崎海軍伝習所にいた勝海舟が，航海訓練中に2度立ち寄ったことで知られる。このときの勝海舟落書きが，本堂の柱に今も残る。

富岡城跡 ⓭　〈M▶P.184, 200〉天草郡苓北町富岡　Ｐ
本渡バスセンター🚌富岡行富岡港🚶20分

天草灘に臨む高台の城跡

　富岡港の北西側，突き出た旧島部分の丘陵上に富岡城跡がある。富岡城は，1602(慶長7)年，唐津藩主寺沢広高によって築かれた。天草・島原の乱(1637〜38年)において，城代の三宅藤兵衛は本渡にて討死したものの，富岡城はキリシタン一揆勢の2度の攻撃に耐えた。城郭は，1670(寛文10)年，富岡藩主戸田忠昌によって破却されたが，翌年に幕府領となり，幕府の代官所(陣屋)が幕末までおかれた。

　鎮道寺と町立富岡小学校の間の市道を北へ進み，袋池とよばれる溜池を左手にみて，富岡城跡を左回りに二の丸駐車場へ向かう。城山北側の崖下には，天草最初の殉教者アダム荒川殉教之地の碑がある。駐車場の近く，二の丸西側の石垣には，天草・島原の乱における火矢の痕跡をみることができる。二の丸広場には，初代天草代官の鈴木重成とその兄正三，さらには富岡ゆかりの人物である頼山陽と勝海舟の

富岡城跡

銅像が立つ。

本丸跡には、ビジターセンター(展示施設)が整備されている。富岡城跡東側に曲崎(砂嘴地形)に区切られた巴湾が広がり、巴湾の周辺部は、早春に花をつけるハマジンチョウ群生地(県天然)である。

志岐城跡 ⓮ 〈M▶P.184, 200〉天草郡苓北町志岐 Ⓟ
本渡バスセンター🚌富岡行釜入口🚶20分

天草五人衆の1人 志岐氏の居城跡

志岐の地名は古く、10世紀に編纂された『倭名類聚抄(和名抄)』に、天草五郷の1つとして「志記」と記されている。中世、地頭志岐氏は、天草下島北部一帯を支配した。戦国時代、天草五人衆の1人志岐鎮経(麟泉)は、宣教師ルイス・アルメイダから洗礼を受け、志岐城下でキリスト教を保護したが、のちに棄教している。

釜入口バス停から約1.2km南下し、消防署裏手の坂道をのぼって行くと、志岐氏の居城だった志岐城跡に至る。志岐城の築城時期は定かでないが、1589(天正17)年、小西行長・加藤清正ら連合軍の攻撃で落城した。現在、頂上の本丸跡には志岐麟泉をまつった社が立つ。

志岐城跡から東へ約4km、志岐山北平の広域農道の坂一帯が仏木坂古戦場跡である。小西・加藤氏連合軍との合戦時に、志岐氏客将の木山弾正が加藤清正と一騎討ちした所である。

消防署から南西へ約1km行くと国照寺(曹洞宗)がある。1648(慶安元)年、初代天草代官鈴木重成により、天草四カ本寺の1つとして創建された。本堂裏手には、天保年間(1830〜44)につくられた禅庭園が広がる。

国照寺から国道389号線を天草灘沿いに約8km南下すると、天草市天草町に入る。さらに約2km行くと、下田漁港の下田大橋を渡った左手に『五足の靴』文学遊歩道の入口がある。1907(明治40)年、与謝野寛(鉄幹)・北原白秋・木下杢太郎・吉井勇・平野万里の5人の文人が、長崎・天草を訪ね、紀行文『五足の靴』を発表した。長崎県茂木港から富岡に渡った一行は、大江まで約32kmの山道を歩いた。往時の道が一部整備されて文学遊歩道となっており、国道沿いの左手高台には『五足の靴』文学碑が立つ。

妙見浦 ❶ 〈M▶P.184, 203〉 天草市天草町高浜北 [P]（十三仏公園）
本渡バスセンター🚌高浜上河内行十三仏🚶5分

国道389号線の下田大橋から南へ約2.5km進み，案内に従い右折すると，約1kmで十三仏公園の展望台に着く。ここから妙見浦（国名勝・国天然）が一望できる。天草西海岸の代表的景勝地で，高さ20〜80mの断崖が海岸に連なり，大小の奇岩が岸に接し，その中に高さ20m・幅8.5〜20m・深さ50mの最大の洞門があり，妙見洞門とよばれている。展望台に隣接して与謝野鉄幹・晶子の文学碑が立つ。「天草の西高浜のしろき磯　江蘇省より秋風ぞ吹く」（晶子）。

十三仏公園から国道389号線に戻り約4.5km南下，旧県立天草高校天草西校舎の角で左折して高浜川沿いに約4.5km進むと，皿山の山中に高浜焼窯跡及び灰原（県史跡）がある。1762（宝暦12）年，この地で産出される良質の陶石をいかすため，高浜村庄屋の上田家6代伝五衛右門が，肥前（現，佐賀県・長崎県）の陶工を招いて開窯した。高浜焼は磁器生産を中心として発展，1778（安永7）年には長崎出島で出店を許され中国・オランダなどへ輸出したが，しだいに衰退して1899（明治22）年には廃窯となった。窯跡には，高浜焼最終期の連房式登窯が残る。本来7室あった焼成室のうち4室のみで

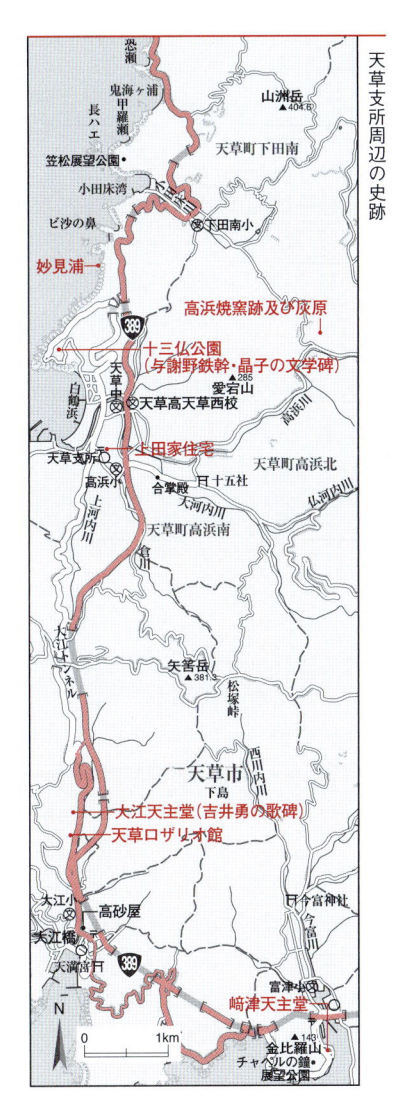

妙見浦

天草西海岸を代表する景勝地

ある。全長26.4m，現存する窯跡としては県内最大規模を誇る。

旧県立天草高校天草西校舎から南西へ約500m行くと上田家住宅がある。主屋(国登録)は，1815(文化12)年に築造された木造平屋建ての入母屋造・瓦葺きで，江戸時代後期の庄屋宅の景観が保たれている。正門・表玄関，離座敷，裏門及び塀(いずれも国登録)は，明治時代につくられた。なお，屋内の見学はできない。敷地内にある上田資料館には，色絵烏瓜文六稜大皿二揃(県文化)を始めとする高浜焼の逸品，高浜村庄屋を世襲した上田家にかかわる上田家文書(県文化)などが保存・展示されている。上田家7代の宜珍は文化人として名高く，史書『天草島鏡』や『宜珍日記』などの著書は，天草の歴史を知るうえで貴重な史料である。

大江天主堂 ⓰

隠れキリシタンの里に建つ白亜の天主堂

〈M▶P.184, 203〉天草市天草町大江1782 P
本渡バスセンター🚌─町田中央乗換え，高浜上河内行天主堂入口🚶5分

江戸幕府の長い禁教時代に耐え，天草下島の南西部では「隠れキリシタン」によって信仰が守られていたため，天草のキリスト教の復活はこの地域から始まった。

高浜の中心部から南へ約5kmの所に大江天主堂(大江カトリック教会)がある。国道389号線を南へ進み大江トンネルを抜けて行くと，右手高台に白亜の天主堂がみえる。ロマネスク様式の鉄筋コンクリート造りで，1933(昭和8)年，フランス人宣教師ガルニエ神父が私財を投じ，長崎県五島出身の棟梁鉄川与助によって建てられた。ガルニエ神父は，1892(明治25)年に赴任して，1941(昭和16)年にこの地で亡くなるまで48年間在任した。紀行文『五足の靴』において，「パアテルさんは何処に居る」と北原白秋が詩に著したパアテルさんこそ，ガルニエ神父であった。ガルニエ神父の墓は天主堂敷地内にある。なお，毎週日曜日午前中にはミサが行われている。

天草陶石

コラム

産

磁器原料として「天下無双」と評された

　天草はかつて焼き物の一大産地であった。現在でも天草陶磁器として熊本県の伝統工芸品の指定を受け、再び陶磁器の島へと活況を呈している。その最大の理由は、天草西海岸一帯で豊富に産出される陶石による。天草陶石は可塑性に富み、透光性にすぐれた磁器と化すもので、世界でも類をみない磁器原料である。

　17世紀中頃の楠浦焼や志岐の内田焼が、天草陶石を使用した磁器生産の早い例であろう。元禄年間(1688〜1704)、高浜村庄屋の上田家3代伝右衛門が陶石に着目して、砥石として掘り出し、関西方面に流通させた。さらに肥前吉田(現、佐賀県嬉野市嬉野町吉田)周辺へ陶石を供給し、18世紀には肥前、薩摩・伊予・安芸(現、鹿児島県・愛媛県・広島県西部)、19世紀には豊後・筑前・筑後(現、大分県中部・南部、福岡県北部・西部、同県南部)の主要な窯に搬出した。平賀源内は、その質の高さを「天下無双の上品」(『陶器工夫書』)と評したと伝えられる。

　1762(宝暦12)年、上田家6代伝五右衛門は、肥前長与から陶工を招き開窯した。明和・安永年間(1764〜81)には、繊細な筆遣いによる染付磁器も多くみられ、九谷焼を彷彿とさせる錦手(色絵磁器)も残る。特筆すべきことは、オランダへの輸出品が製作され、高浜から船で長崎出島へ運ばれていたことである。明治時代中期に高浜焼は一旦途絶えるが、陶石の採掘は続き、磁器原料としての供給は行われた。第二次世界大戦後、高浜焼は復興し、寿芳窯が伝統に新しい感性を加えた白磁製品を産みだしている。現在でも有田焼の主原料は天草陶石である。陶磁器の世界において、天草はまさに「宝の島」とよべるのではないか。

　大江天主堂の丘の麓に天草市立天草ロザリオ館がある。キリシタン資料館で、隠れキリシタンが仏式の葬式を営む際に経を封じ込めるため使用した経消しの壺を始め、マリア観音・メダイ・踏絵など(キリシタン禁制の遺物一括、県文化)が展示されている。1805(文化2)年の「天草崩れ」とよばれる事件に関す

大江天主堂

天草灘沿いから牛深へ

る資料も展示されている。

　大江天主堂前には,「白秋とともに泊まりし天草の　大江の宿は伴天連(ばてれん)の宿」と刻まれた吉井勇の歌碑が立つ。「伴天連の宿」は,碑の南方約1.5km,大江橋の袂の旅館高砂屋(たかさごや)である。

﨑津天主堂(さきつてんしゅどう) ⓱

〈M▶P.184,203〉 天草市河浦町﨑津(かわうらまちさきつ)574　**P**
本渡バスセンター🚌牛深行─町田中央乗換え,高浜上河内行教会入口🚶すぐ

　天草ロザリオ館から国道389号線を約4km南下,富津(とみつ)トンネルを抜けると,右手に﨑津天主堂(﨑津カトリック教会)がみえる。1886(明治19)年創建,現在の建物は1934(昭和9)年にハルブ神父によって改築された。棟梁は大江天主堂と同じ鉄川与助である。ゴシック様式で,正面は鉄筋コンクリート造り,後方は木造,内部は畳(たたみ)敷きとなっている。また,教会の敷地は江戸時代の﨑津村(むら)庄屋の吉田(よしだ)家跡にあたる。信仰の場であるため,拝観には配慮を要する。

　﨑津天主堂から国道389号線に戻り東へ約6.5km,一町田川を渡って市立河浦中学校前の交差点を左折すると,宣教師のアルメイダ上陸記念碑が立つ。ここから一町田川を約1.5km上流に遡(さかのぼ)った天草市役所河浦支所付近が天草学林(がくりん)(天草コレジヨ)跡と推定され,川沿いに記念碑がある。市立河浦中学校から国道389号線をさらに東へ約1km進むと,天草市立河浦図書館と併設して天草市立天草コレジヨ館(なんばん)がある。南蛮文化に関する展示品のなかで,グーテンベルク印刷機(けん)(複製)が目を引く。天正遣欧使節(1582～1590年)がヨーロッパからこの印刷機を持ち帰り,天草学林でキリシタン版(天草本)とよばれる出版物を金属活字で印刷した。

　アルメイダ上陸記念碑の上流約500mの所に崇円寺(そうえんじ)(浄土宗)がある。1645(正保2)年,天草四カ本寺の1つとして創建された。この一帯には,中世,天草氏の居城河内

﨑津天主堂

「海の天主堂」とよばれる漁村に立つ教会

天草本(キリシタン版)

コラム

天草コレジヨで印刷されたキリシタン文化の書物群

　15世紀中頃,ドイツのグーテンベルクによって開発された活版印刷機は,天正遣欧使節(1582～1590年)によってヨーロッパから日本に伝えられた。最初に金属活版印刷が行われたのは,島原半島の加津佐コレジオ(現,長崎県南島原市加津佐町)といわれる。コレジオが1591(天正19)年に天草に移り,その後,7年間の天草コレジオ(天草学林)の期間に出版された本は約40種におよぶが,確認できるものはつぎの12種である。天草版は,日本人信者用の平仮名本,または外国人宣教師が日本語を学ぶためにポルトガル式ローマ字で綴られている。さらに文法や辞書も出版されており,国語学上,貴重な資料となっている。

書名	内容
ひでうすの導師	教義書
ドチリナ・キリシタン	公教要理
ばうちすもの授けよう	信心書
平家物語	文学
伊曽保物語	文学
金句集	文学
ラテン文典	文典
羅葡日辞典	辞書
精神の鍛錬	信心書
コンテンプツスムンデ	信心書
コンベンジウム	信心書
心霊修行	文学

浦城があった。江戸時代に入り,その居館跡に唐津藩の河内浦郡代所が設けられ,天草・島原の乱(1637～38年)後,崇円寺となった。石垣に囲まれ,古格の楼門が立ち,威厳ある構えの寺院である。1810(文化7)年,天草の測量に訪れた伊能忠敬が当寺に宿泊している。

久玉城跡 ⑱　〈M▶P.184, 208〉天草市久玉町
本渡バスセンター🚌牛深行無量寺🚶すぐ

室町時代の海城の跡

　天草コレジヨ館から国道389号線を南へ約400m行き右折,国道266号線に入り約13km南下すると無量寺(浄土宗)がある。1648(慶安元)年の創建で,2層の楼門が格式を今に伝える。門前から国道を渡って細い参道をくだると,小川に石橋が架かる。長さ8m・幅3mの眼鏡橋で,1716(享保元)年架橋,1893(明治26)年修復と伝わる。

　無量寺南側の丘陵地帯が久玉城跡(県史跡)である。中世の豪族久玉氏の居城で,野面積み石垣・井戸・排水溝跡などが残る。築城された室町時代には,国道を隔てた市立久玉小学校付近は入江をなしていたと考えられ,連郭式の海城であったと推定される。

天草灘沿いから牛深へ

久玉城跡

　久玉城跡から国道266号線を南下すると牛深の市街地に入る。天草下島の南端に位置し，県内最大の漁港の町である。牛深港に架かるハイヤ大橋の下にあるうしぶか海彩館は水産観光の拠点施設であり，復元された八丁櫓の鰹船を始め，多彩な漁具を展示する資料館も設けられている。また，第二次世界大戦中に牛深沖で撃沈された軽巡洋艦長良の記念室が併設され，同艦の模型，遺品などが展示されている。

　市街地の北側，遠見山(217m)の山頂には，江戸時代，遠見番所があった。天草ではほかに富岡・大江・魚貫・高浜・崎津におかれた。県道35号線から市立牛深小学校裏手の坂道を約3kmのぼって行くと，遠見番所跡・烽火場跡がある。遠見山頂の展望所からは，龍仙島(片島，国天然・国名勝)を遠望できる。牛深港の南西約6kmにある無人島で，海食により，多くの断崖・石柱・石門・洞窟などの景観がつくられている。

　天草下島の西部は良質の無煙炭を産出することで知られ，炭鉱が活況を呈した。牛深の市街地と橋で結ばれた下須島西岸の200mほど沖合には，烏帽子坑跡がみえる。1897(明治30)年の操業開始から数年で閉坑となった海中炭鉱跡であり，赤レンガのアーチ型坑口は今なお原形を保つ。

　牛深の丘陵地帯には，サソリモドキ(県天然)が生息する。サソリモドキは，熱帯・亜熱帯に生息する動物であり，牛深は北限となる。南方からの貿易品に紛れ込み繁殖したと考えられる。

牛深ハイヤ節

コラム 芸

牛深から全国にハイヤ民謡は広まっていった

♪ハイヤエー　ハイヤハイヤで今朝出した船はエー　どこの港に(サーマ)入れたやらエー　牛深
　三度行きゃ三度裸　鍋釜売っても酒盛りしてこい　戻りゃ本渡瀬戸徒渡り

　ハイヤとは南風を「ハエ」とよぶことから生じた言葉で、「ハイヤ節」とよばれるこの唄は、元来、船乗り相手に多く存在した酒盛り唄の1つであったが、天草を代表する郷土芸能として知られるようになった。

　牛深は、江戸時代、大坂から瀬戸内海を通って南下し鹿児島入りする下り船と、その逆の上り船にとって、潮待ち・風待ちの港、そして中継地であった。南風を帆いっぱいに受けて出港する船を牛深の女性たちは岬まで見送り、航海の安全を願った。南風は季節にもよるが、波が高くなることからあまり良好な風とはいえず、南風で出帆した船の安全を願うのである。

　全国に数多くあるハイヤ系民謡の源流は、この牛深ハイヤ節といわれる。江戸時代の海運の発達にともない、海の男たちによって全国津々浦々に伝播していったと考えられ、近くはハンヤ節(鹿児島県)・田助ハイヤ節(長崎県)、阿波踊り(徳島県)、また大坂から北前船により北上し、浜田節(島根県)・宮津アイヤ(京都府)・佐渡おけさ(新潟県)・津軽アイヤ節(青森県)などが生まれた。

　南国らしい陽気な囃子と踊りは、県立牛深高校郷土芸能部を始め、地元の人びとに親しまれている。毎年4月第3金・土・日曜日には牛深ハイヤ祭りが開かれ、多くの踊り手と観光客で牛深の街は賑わう。

牛深ハイヤ祭り

天草灘沿いから牛深へ

八代・葦北

Yatsushiro Ashikita

亀蛇の演舞(妙見宮祭礼神幸行列)

八代海(不知火海)のうたせ船

①野津古墳群	⑨八代神社	⑰日奈久温泉神社
②勝専坊	⑩悟真寺	⑱赤松館
③旧井芹銀行本店	⑪春光寺	⑲佐敷城跡
④八代市東陽石匠館	⑫八代城跡	⑳重盤岩眼鏡橋
⑤印鑰神社	⑬松浜軒	㉑水俣城跡
⑥釈迦院	⑭郡築三番町樋門	㉒徳富蘇峰・蘆花生家
⑦五家荘	⑮水島	
⑧興善寺廃寺跡	⑯平山瓦窯跡	

◎八代・葦北散歩モデルコース

氷川流域コース　　JR鹿児島本線有佐駅 10 野津古墳群 10 大野窟古墳 15 旧井芹銀行本店 10 八代市東陽石匠館 30 釈迦院 50 印鑰神社 5 JR有佐駅

八代市コース　　JR鹿児島本線千丁駅 10 興善寺廃寺跡 10 八代神社 10 悟真寺 10 春光寺 20 八代城跡 5 松浜軒・八代市立博物館未来の森ミュージアム 10 郡築三番町樋門 15 水島 10 平山瓦窯跡 15 日奈久温泉神社 5 肥薩おれんじ鉄道日奈久温泉駅

葦北・水俣コース　　肥薩おれんじ鉄道たのうら御立岬公園駅 10 赤松館 20 佐敷城跡 20 重盤岩眼鏡橋 20 水俣城跡 10 徳富蘇峰・蘆花生家 20 肥薩おれんじ鉄道水俣駅

氷川流域から五家荘一帯

古代，火君一族が拠点とした氷川流域には古墳が広がる。
秘境といわれた五家荘には，落人伝説や山里の文化が残る。

野津古墳群 ❶

〈M▶P.212, 214〉八代郡氷川町大野字北川・野津字上北山王　Ⓟ（端ノ城古墳公園）
JR鹿児島本線有佐駅🚌10分

古代の火君一族の古墳群

　氷川町は，古墳時代後期の古墳群で知られる。有佐駅の南東約1.2kmの氷川橋を渡り国道3号線を北上，法道寺交差点で右折し，丘陵地帯を約1.5kmのぼると端ノ城古墳に至る。端ノ城古墳から北へ中ノ城古墳・物見櫓古墳・姫ノ城古墳と，4基の前方後円墳が標高90〜110mの台地上に存在しており，野津古墳群（国史跡）と称される。築造時期はいずれも6世紀前半から中頃とみられる。

　中ノ城・姫ノ城・端ノ城の3古墳は周濠をともない，これを含めた全長は各々117m・115m・81m，物見櫓古墳は墳長62mあり，後期の前方後円墳としては大規模である。物見櫓古墳からは金製垂飾付耳飾，中ノ城古墳からは高さ約1mの大型円筒埴輪が出土している。古墳の規模・立地などから，被葬者は「火君」一族と推定されている。火君一族は，古代，現在の氷川流域を支配していたとみられる。なお氷川は，火打ち石（石英の一種）を産したことから「火の川」，さらに「氷川」に転訛したと伝えられる。

　国道3号線法道寺交差点の北約1.8km，大野交差点から東に入ると，すぐ右手の高台に氷川町ウォーキングセンターの敷地が広がるが，ここが大野貝塚である。1879（明治12）年，大森貝塚（東京都品川区大井）の発見で名高いアメリカ人動物学者のモースによって発掘調査が行われ，縄文時代の海岸線が現在の国道3号線と重なることが判

大野窟古墳

明した。

　そのまま県道155号線を南東へ約1km進み，吉野保育園の脇の急な坂道をのぼり，標識に従って右折すると，小さな社の奥に大野窟(いわや)古墳(県史跡)がある。全長約120mの前方後円墳で，6世紀後半の築造とされる。巨石を使った横穴(よこあな)式石室(せきしつ)は全長約12m，羨門(せんもん)の高さ約2m，奥の玄室(げんしつ)の高さ約6mと，日本でも最大規模を誇り，火君一族の墳墓と考えられている。古墳内部への立入りはできない。

勝専坊 ❷
0965-22-4400　〈M▶P.212, 214〉八代郡氷川町野津4121　P
JR鹿児島本線有佐駅 🚶10分

豊臣秀吉も休息した浄土真宗の名刹

　有佐駅から線路沿いに北上して野津橋を渡り，さらに約400m進むと慈照寺(じしょうじ)勝専坊(じょうどしん)(浄土真宗(どうりょう))がある。16世紀初頭，道了(どうりょう)によって合志郡(ごうし)富村(とみむら)(現，菊池市泗水町(しすいまち))に創建され，その後，宮原村(みやはらむら)に移転，現在地に移ったのは寛永(かんえい)年間(1624〜44)といわれる。以来，肥後南部における浄土真宗布教の拠点となった。

　寺宝の銅造阿弥陀如来立像(あみだにょらい)(県文化，八代市立博物館寄託)は，8世紀末に新羅(しらぎ)でつくられたと推定される金銅仏で，台座も含めて高さは12.1cmしかない。1587(天正(てんしょう)15)年，九州遠征の途次，豊臣秀吉(ひでよし)(とよとみ)は勝専坊で休息を取り，この金銅仏を寄進したとの伝承が残る。

　勝専坊庫裏(くり)(国登録)は，近くにあった酒蔵を1920(大正9)年に移築，1926(大正15)年に増築したもので，2階建ての入母屋(いりもやづくり)造である。1階の広間は門徒の会合や法会(ほうえ)に使われており，250人は収容できるといわれ，直径30〜40cmの太いスギの梁(はり)が県内最大級の木造建築物を支える。

　氷川橋南岸が旧宮原町(まち)の中心部であり，国道3号線宮原交差

勝専坊庫裏

氷川流域から五家荘一帯　215

点から西へ約200m進むと宮原三神宮(祭神天照大神・国常立尊・神武天皇)がある。旧郷社で，10月13日の秋季大祭には飾り馬や獅子舞が奉納されて賑わう。境内の一角に神蔵寺塔心礎が残る。神蔵寺は当社の別当寺で，明治維新の神仏分離令により廃寺となった。

旧井芹銀行本店 ❸
0965-62-1600

〈M▶P.212, 214〉 八代郡氷川町宮原35-1　P(氷川町宮原振興局)
JR鹿児島本線有佐駅🚶20分

町づくりの拠点となっている近代化遺産

宮原三神宮から約350m東進し右折，南へ約150m行くと，氷川町宮原振興局の向かいに，旧井芹家住宅と旧井芹銀行本店が並ぶ。
旧井芹家住宅主屋(氷川町まちつくり酒屋，国登録)は木造2階建て切妻造平入で，2階外壁の白漆喰が目立つ。旧薩摩街道に面した町家であり，1832(天保3)年に醸造業を営んでいた井芹家の居宅兼店舗として建てられた。土蔵・門・外塀・煉瓦塀(いずれも国登録)は，明治・大正時代の建造である。現在は氷川町の所有で，内部改造の後，「氷川町まちつくり酒屋」と命名され，文化・交流の活動拠点となっている。

旧井芹銀行本店(氷川町まちつくり情報銀行，国登録)は，1925(大正14)年建造の鉄筋コンクリート造り2階建てで，窓枠や玄関の庇などに大正建築の雰囲気が残る。当初は，井芹家が1920年に開設した井芹銀行の本店行舎であったが，その後合併により，肥後銀行宮原支店となった。現在は氷川町が所有し，住民と行政が共同で取り組む「まちつくり」の拠点である。

旧井芹銀行本店前を約800m南下すると，新一丁目御門札の辻(熊本市新町)から9里(約36km)を示す里程標跡の碑がある。さらに400mほど南下し，案内標柱に従い東方の丘陵にのぼると大王山古墳群がある。現存する3基の円墳のうち覆屋がかけられた大王山古墳第3号(県史跡)

旧井芹銀行本店(左)と旧井芹家住宅主屋

は4世紀末から5世紀初頭の築造とみられ、竪穴式石室内に舟形石棺が安置されている。

大王山古墳群方面へ曲がらず、薩摩街道をそのまま約200m進むと、四つ角に早尾六地蔵(石幢)が立つ。なお、早尾地区に伝わる早尾のスッキョン行事(国選択)は、成人式の際に行われる珍しい通過儀礼である。

八代市東陽石匠館 ❹
0965-65-2700

〈M▶P.212, 214〉八代市東陽町北98-2 P
JR鹿児島本線有佐駅🚌河合場方面行石匠館🚶5分

石造眼鏡橋をつくった石工の技の資料展示

旧井芹家住宅から国道443号線を東へ約600m進むと、小川沿いの小公園内に郡代御詰所眼鏡橋がある。もとは約200m下流にあり、藩政時代は八代郡代詰所近くに架かっていたことから、この名称がある。天保年間(1830～44)の築造で、全長約12mの薄い石組みの眼鏡橋(現在は通行不可)である。さらに国道443号線を東へ約1.5km・幅2.9m進むと立神峡に至る。氷川右岸に、高さ75m・幅250mの石灰岩の岩壁がそそり立っており、景勝地として親しまれている。

立神峡から国道443号線を約1.5km東進、左折して氷川を渡ると八代市東陽石匠館がある。建築家木島安史による設計で、地元産の凝灰岩を使った外壁と、ヒノキの丸太を組み合わせてつくったドームが印象的である。館内には、江戸時代に精緻な石造眼鏡橋の架橋で知られ、種山石工とよばれた種山手永種山村(現、八代市東陽町)の石工たちの知恵と技に関する資料が展示されている。

東陽石匠館の向かいに橋本勘五郎の生家と墓が残る。橋本勘五郎は、通潤橋(上益城郡山都町)の架橋に携わってその技が評価され、明治政府の招きで万世橋などを手がけ、肥後(種山)の石工の名声を高めた。その後、熊本へ帰り、明八橋(熊本市)を始め、県内各地に石橋を架け、1897(明治30)年に没した。なお、石匠館の周辺にも5基の小さな石橋があり、東陽町全体で21基の石橋が確認されている。

氷川流域から五家荘一帯

印鑰神社 ❺ 〈M▶P.212, 214〉 八代市鏡町鏡村1
0965-52-0947
JR鹿児島本線有佐駅 🚶15分

古代の郡倉跡と推定される古社

　鏡町の中心部に位置する鏡四つ角から東へ300mほど進むと，左手にクスの大木群がみえてくる。ここが印鑰神社（祭神蘇我石川宿禰）である。印鑰とは郡司の印と倉などの鍵で，ここは古代の八代郡倉跡と推定されており，公印と鍵をまつったことが社の起源とされる。印鑰神社と市立鏡小学校の間の道を北へ300mほど行った所にある鏡が池公園では，毎年4月7日，印鑰神社の春の祭事である鮒取神事が行われる。

　鏡四つ角から県道42号線を西へ100mほど進むと，左手の道の奥に鑑内橋がある。1830（文政13）年架橋の石造眼鏡橋で，全長7.2m・幅2.8mの小さな橋だが，肥後の名石工として名高い岩永三五郎の作と伝えられる。岩永三五郎は，1793（寛政5）年に八代郡野津手永西野津村（現，八代郡氷川町）で生まれ，石工として活躍，薩摩藩から招聘されて鹿児島の甲突川五石橋を建設した。その後，郷里に帰り，1851（嘉永4）年に死去した。鏡町芝口の氷川南岸には，岩永三五郎の墓と銅像が立つ。

　鏡四つ角から県道14号線を約2.5km北上すると，こんもりとした木立の中に氷川町竜北歴史資料館がある。八代平野の干拓史資料のほか，竜北町出身で明治時代末期から昭和時代初期にかけて外務大臣を5回つとめた内田康哉に関する資料などが展示されている。

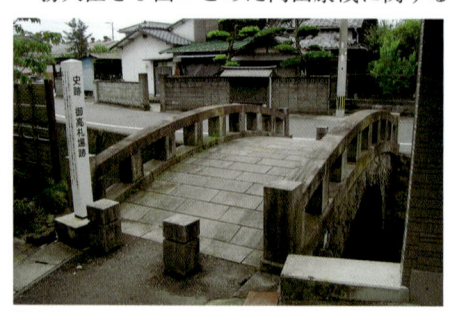

鑑内橋

釈迦院 ❻

〈M▶P.213〉 八代市泉町柿迫5535 P
0965-67-2804　JR鹿児島本線有佐駅🚌40分

山岳霊場として知られる天台寺院

　八代市東陽石匠館から国道443号線を北東へ約9.5km行き，県道52号線に入り約4km南下すると，JAやつしろ泉支所がある。泉郵便局との間の坂道を北東へ約6km進むと，スギの大木が林立する中に柿迫神社が鎮座し，さらに約2kmで釈迦院岳(980m)山頂の釈迦院(天台宗)に至る。

　釈迦院は，平安時代初期の開山と伝えられ，堂塔伽藍75坊を擁して壮大な寺域を誇ったが，天正年間(1573～92)，小西行長の焼討ちで衰退したといわれる。その後，加藤忠広によって再建され，霊場として人びとから崇敬を受けた。仁王門(山門)・縁起堂は，再建当時の建造物という。寺宝として，鎌倉時代の銅造釈迦如来立像(県文化)と木造男女神坐像7躯(県文化)を蔵する。拝観を希望する場合は，寺への事前問い合わせが必要となる。

　泉郵便局から南下し，市立泉第二小学校前で県道247号線に入り約3.5km進むと，栗木集落の高台に法浄寺(浄土真宗)がある。本堂にかかる梵鐘(県文化)には「文永五(1268)年」の銘があり，現存する梵鐘としては県内最古である。銘文から，隈庄(現，下益城郡城南町)の七所宮に奉納されたものとわかる。

法浄寺梵鐘

五家荘 ❼

〈M▶P.213〉 八代市泉町久連子・樅木・葉木・仁田尾・椎原
JR鹿児島本線有佐駅🚌30分

落人伝説も残る歴史豊かな山間地域

　泉町東部一帯に広がる山間地を五家荘とよび，久連子・樅木・葉木・仁田尾・椎原の5集落からなる。九州山地の中央に位置し，北は下益城郡美里町，東は宮崎県東臼杵郡椎葉村と接する。伝承によれば，仁田尾と樅木は菅原道真の子孫左座家の一族，久連子・葉木・椎原は平家の子孫緒方家の一族が地頭として治めてきた。江戸時代は，幕府の直轄地(天領)であった。

氷川流域から五家荘一帯　219

古代踊

　八代市泉支所から県道52号線を南東へ向かう。笹越峠(ささごえ)(1000m)を通り,栴檀 轟の滝(せんだんとどろ)入口を過ぎ,約25kmで仁田尾の左座家に着く。石垣の高台の上に立つ藁葺(わらぶ)き寄棟造で,江戸時代後期の建造と推定される。内部は改造され,見学は可能。左座家から約5km南下すると国道445号線との三差路があり,右折して約200m行くと椎原の高台に緒方家がある。合掌(がっしょう)造の一種の兜(かぶと)造屋敷で,江戸時代中期の建造と推定される。内部見学もできる。

　椎原の緒方家から国道445号線を約3.5km南下し左折,県道247号線に入り約4km進むと久連子古代の里に至る。地域振興のための観光施設で,歴史・民俗を映像で紹介するほか,五家荘の地鶏(じどり)の久連子鶏(県天然)が飼育されている。久連子地区に継承されている古代踊(おどり)(国選択)は,人吉・球磨地域に多い臼太鼓(うすだいこ)踊りの一種だが,久連子鶏の黒い尾羽をつけた笠(かさ)をかぶるのが特徴で,8月15日,9月1・26日,11月3日に久連子神社で踊られる。

　椎原の緒方家から国道445号線を約7km北上,下屋敷で右折して約5km進むと五家荘平家の里に至る。園内には,樅木地区の古民家が移築され,寝殿造(しんでん)を模した資料館の平家伝説館や能舞台などが設けられている。下屋敷の国道沿いの高台に佐倉宗吾(さくらそうご)(惣五郎(そうごろう))をまつる祠堂がある。佐倉宗吾は江戸時代の下総佐倉(しもうさ)(現,千葉県佐倉市)の義民で,五家荘の出身という伝説があり,葉木の緒方家では宗吾の霊をまつってきた。

　下屋敷から国道445号線を約10km北上すると二本杉峠(にほんすぎ)(1100m)に至る。この峠が五家荘の北の境となる。

❷ 八代市街地とその周辺

球磨川河口の八代は交通の要地で，古代から文化が栄えた地域。城下町として発展した歴史を示す文化財・史跡が多く残る。

興善寺廃寺跡 ❽
0965-39-0050（明言院）
〈M▶P.212,221〉 八代市興寺町1802　P（明言院）
JR鹿児島本線千丁駅🚶25分

平安時代後期制作の毘沙門天立像が残る

千丁駅から東へ約1.5km行き，興善寺町交差点を約200m東へ直進すると明言院（真言宗）がある。この一帯が，県内最古の寺院跡の１つとみられる興善寺廃寺跡である。発掘調査によって，東に三重塔，西に金堂を配する法起寺式伽藍配置と判明している。寺名は妙林寺だったと伝えられるが，平安時代末期に興善寺と改められた。その後は衰退して南北朝時代に顕興寺となり，戦国時代に廃寺となった。1659（万治２）年に明言院として再興され，現在に至る。

当寺の収蔵庫に木造毘沙門天立像（国重文）がある。身高142cm，クスの一木造，鎧兜姿の力強い毘沙門天像で，11世紀の作と推定される。また，明言院の本尊木造千手観音菩薩立像（17世紀），明言院の前身寺院本尊と推定される木造千手観音菩薩立像の断片（平安時代後期）がある。境内には，平安時代の三重塔の土台石や，1724（享保９）年に興善寺村の農民から寄進された石造阿弥陀三尊像も残る。

明言院背後に聳えるのが龍峯山（517m）で，山麓には鬼の岩屋式とよばれる巨石を使った横穴式石室の古墳が20基ほど残っている。盛土がなくなり，石室が露出している。明言院門前から北上すると市立龍峯小学校に至り，その北側200mの民家庭に６世紀後半から７世紀初め頃築造の谷川第１号古墳がある。さらに50mほど山側に谷川第２号古墳がある。

八代神社周辺の史跡

木造毘沙門天立像（明言院）

八代市街地とその周辺

龍峯小学校から北東に約700m行くと、如見水源がある。水源の前から北に坂道を約50mのぼると、石室が露出した谷川古墳と同時期の如見第2号古墳があり、脇に光明寺跡阿弥陀堂が立つ。ここに木造阿弥陀三尊立像(県文化)が伝えられていたが、現在は八代市立博物館に寄託され、年間6カ月展示されている。主尊の阿弥陀如来像は江戸時代、脇侍の勢至菩薩は鎌倉時代後期、観音菩薩は江戸時代の作である。

八代神社 ❾
0965-32-5350　〈M▶P.212,221〉八代市妙見町405　Ｐ
JR鹿児島本線・肥薩線・肥薩おれんじ鉄道八代駅🚶30分

妙見信仰で有名な八代の鎮守社

　八代駅から国道3号線に出て約1km東進、西宮町交差点で右折し、県道158号線を約700m進むと、地元で「妙見さん」と親しまれている八代神社(妙見宮、祭神 天御中主神ほか)がある。妙見信仰とは、古代中国における北極星・北斗七星(妙見神)への信仰と仏教の妙見菩薩信仰が融合したものと考えられている。当社の社伝では、渡来した妙見神は、最初横嶽山頂に鎮座(上宮)、その後、麓の谷(中宮)へ遷り、最終的に当地(下宮)へ遷ったといわれている。下宮である当社の創建は平安時代末期と伝えられ、妙見宮として八代地方の代々の領主の尊崇を受けてきた。明治維新の神仏分離令で八代神社と改称された。

　鳥居の左脇には、江戸時代後期に八代の商人から寄進された手洗舎がある。鳥居の正面に立つ社殿(本殿・拝殿・四脚門、県文化)は、1699(元禄12)年と1749(寛延2)年に修築されたと記録に残る。入母屋造で、正面に千鳥破風が設けられている。境内には、社伝を記した亀蛇の石像や、1672(寛文12)年に八代の町衆から寄進された六地蔵石幢もある。また、展示館では、毎年11月22・23日の八代神社(妙見宮)祭礼神幸行列(県民俗)で使用する、火王・水王・風王や、木馬・獅子・亀蛇

八代神社社殿

八代神社(妙見宮)祭礼神幸行列

コラム 祭

獅子が舞い、亀蛇が走り、豪華な笠鉾が進む

　八代神社(妙見宮)の秋の例大祭の山場が、毎年11月23日に行われる神幸行列である。前日に妙見宮から塩屋八幡宮(八代市八幡町)にくだった神輿を中心とした祭礼行列が、同宮を朝に出発し、本町商店街・八代駅前などをめぐり、昼頃に妙見宮へと帰ってくる。神幸行列が現在のような形になったのは、江戸時代中期からと考えられるが、1846(弘化3)年の「妙見宮祭礼絵巻」における行列の様子は、現在のものとほとんどかわらない。

　先頭の獅子舞は、長崎諏訪神社祭礼(おくんち)の獅子舞をみた八代の商人が取り入れたと伝えられ、獅子や舞手の衣裳、楽器(チャルメラ・ドラ)など、中国色が強い。神輿は、1635(寛永12)年、八代城主細川三斎(忠興)が妙見宮に奉納したもので、内外に金箔を張り、天井には三斎直筆の龍の絵を配した豪華な造りである。八代市の各町内から奉納される笠鉾は9基ある。宮之町の「菊慈童」、通町の「西王母」、中島町の「蜜柑」など、不老長寿や商売繁盛を願った人形や飾り物をいただく。笠鉾は高さが5mにもおよび、江戸時代の美術工芸の粋を集めた造りで、八代の町衆の財力を物語る。笠鉾には釘は使用されず、祭礼のたびに解体と組み立てを各町内で繰り返し、保持してきた。笠鉾の後に続くのが、出町が奉納する亀蛇である。八代では「ガメ」の通称で親しまれている。古代、妙見神が亀蛇(玄武)に乗って中国から八代に渡来したという伝説にちなんだ出し物である。妙見宮到着後、近くの中宮川(水無川)の砥崎河原で勇壮な演舞を披露する。

　古くからの妙見信仰と江戸時代の町衆文化が融合した華やかで品格ある神幸行列は、国重要無形民俗文化財に指定されている。また、神輿や9基の笠鉾は、妙見宮祭礼神幸行列関係資料として県重要文化財に指定されている。

などが展示されている。

　なお、妙見宮の本地堂の本尊であった木造阿弥陀如来坐像(県文化)は、現在、西宮町階下公民館に保管されている。像高86cm、ヒノキの寄木造で、江戸時代初期の作とされる。台座が亀蛇の形をしており、妙見宮との深い関わりを示している。ただし、一般公開はされていないため、公民館に問い合わせが必要となる。

悟真寺 ❿ 〈M▶P.212,221〉 八代市妙見町2472 Ｐ
0965-34-8201　　　JR・肥薩おれんじ鉄道八代駅🚌東町行谷🚶5分

征西将軍懐良親王の菩提寺

　八代神社から県道158号線を約200m南下し，左折して中宮川（水無川）沿いに県道155号線を南東へ約300m進み，橋を渡ると宗覚寺（日蓮宗）に至る。加藤清正の嫡男で，わずか9歳で亡くなった加藤忠正の墓がある。

　宗覚寺から県道155号線を約150m東進，右折して坂道をのぼると悟真寺（曹洞宗）がある。山門脇には，スギとイチョウの古木が立つ。南北朝時代，九州南朝方の中心征西将軍懐良親王の菩提寺で，後を継いだ征西将軍良成親王の命により，菊池武朝が創建したと伝えられる。

　境内奥の御霊殿には，懐良親王の筆になる後醍醐天皇の御霊牌が安置されている。また，像高17.5cmの銅造誕生仏が伝わる。高麗時代に朝鮮半島でつくられたものと推定され，中世の八代が海外交易にかかわっていたことを示す。このほか寺宝に，室町時代中期の雲版（県文化，八代市立博物館寄託）などがある。

　悟真寺から県道155号線に戻り100mほど進むと，右手に鬱蒼とした森がみえる。懐良親王の御陵である。御陵は，悟真寺と同じく，良成親王命で菊地武朝が造営したとされる。御陵内に，懐良親王直筆銘と伝える宝篋印塔が立つ。

　御陵から県道155号線を約300m南下した，石造鳥居の立つ所が妙見中宮跡である。さらに約400m進み，観音前バス停右の坂道を1時間ほどのぼると横嶽（400m）の頂上付近に妙見上宮跡（県史跡）がある。古代の神仏混淆の山岳仏教寺院跡と推定されている。

悟真寺

224　　八代・葦北

春光寺 ⓫　〈M▶P.212, 221〉八代市古麓町971　P
0965-32-5557
JR・肥薩おれんじ鉄道八代駅🚌東町行市立病院前🚶5分

八代城代松井氏の菩提寺

　八代神社から県道158号線を南へ進み，中宮川を渡ると古麓町に入る。この一帯が，14世紀から16世紀にかけて名和氏・相良氏の城下町として栄えた所である。背後の古麓山に，南北朝時代，名和氏が丸山城・飯盛城・鞍掛城・勝尾城・八丁嶽城を築き，戦国時代に人吉から進出してきた相良氏があらたに鷹峰城・新城を築き，山麓に城下町が形成された。中世城下町の遺構はないが，「御内」「陣内」などの小字名が残る。

　中宮川から県道158号線を球磨川方面へ約700m進むと，左手に春光寺（臨済宗）がある。脇の古麓稲荷神社参道は古麓城跡をめぐる遊歩道の起点となり，妙見町の悟真寺方面につながっている。春光寺は，熊本藩筆頭家老で八代城代をつとめた松井氏の菩提寺で，1677（延宝5）年，松井直之によって創建された。境内に八代城三の丸跡から移築された永御蔵御門（薬医門）と番所がある。裏山には，殉死者の墓がある。

　当寺は句碑寺として有名で，八代ゆかりの江戸時代前期の俳人西山宗因を始め，数多くの句碑が境内に立つ。また，紫陽花寺としても知られる。

　春光寺から県道158号線を約400m南下すると球磨川の岸に出る。上流に向かって進み，肥薩おれんじ鉄道の鉄橋，南九州西回り自動車道の球磨川大橋の下を通ると，遙拝堰がみえる。球磨川最下流の堰であり，八代平野の農業・工業用水の取水の役割をはたしている。

　遙拝堰から引き返し，河口に向かって球磨川沿いの道を約2km進むと，右手に宮崎八郎戦没ノ碑が立つ。この一帯を萩原堤とよび，球磨川が八代市街地に入って大きく左にカーブしている所にあたる。西南戦争（1877年）のとき，この堤において官軍の攻撃を受け，民権運動家で熊本協同隊参謀長だった宮崎八郎（滔天の兄）が戦死した。

　萩原堤から新萩原橋で球磨川を渡り，国道219号線を約4km南下，西部大橋の手前で左折すると今泉製鉄跡（県史跡）がある。1849（嘉永2）年に熊本藩によって始められ，1877（明治10）年頃まで操業した鑪製鉄の遺跡である。砂鉄は鹿児島県の長島から船で運ばれ，

八代市街地とその周辺

木炭は地元で供給された。

八代城跡 ⑫

〈M▶P.212,226〉 八代市松江城町 P
JR・肥薩おれんじ鉄道八代駅 八代産交行八代宮前 すぐ

> 白亜の石垣が残る近世城跡

八代市役所と並んで八代城跡(県史跡)がある。八代の城廓造営は,中世の山城である古麓城から始まり,1588(天正16)年に肥後国の南半分の領主となった小西行長は,あらたに球磨川河口の三角州に麦島城を築いた。しかし,1619(元和5)年の大地震で崩壊したため,ついで肥後に入部した加藤家の重臣加藤正方が,現在地に築城を開始,1622年に完成させたのが八代城である。加藤家改易後は,細川忠興(三斎)が入り,以後,細川家の家老松井氏が城代として受け継ぎ,明治維新まで続いた。

八代城は,石垣に石灰岩を用いたことから白鷺城,または地名から松江城ともよばれる。創建当時は,本丸に4層5階の大天守と2層2階の小天守,7棟の櫓などが立ち並んでいたが,落雷による焼失や明治維新後の取りこわしによって,現在は本丸の石垣と内堀が残るのみである。江戸時代,本丸へは市役所側から橋を渡っていた。現在,橋はコンクリート造りだが,擬宝珠には竣工年を示す「元和八年二月吉日」の銘が残り,城の遺物として貴重である。

八代城跡

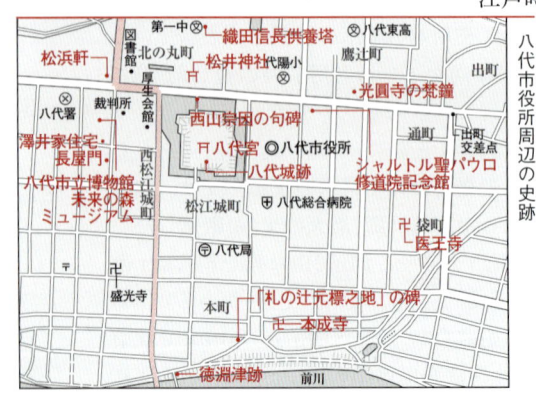

八代市役所周辺の史跡

八代の3つの城

> コラム
>
> 中世から近世にかけて3つの異なる型の城郭が築かれた

八代には、中世に古麓城、近世初期に麦島城、続いて松江城(八代城)と3つの異なるタイプの城が築かれた。

古麓城は、古麓の丘陵地帯に築かれた山城の総称である。14世紀半ばから約150年間、八代を支配した名和氏は、丸山城・飯盛城・鞍掛城・勝尾城・八丁嶽城を築いた。続いて約80年間治めた相良氏は、同地に鷹峰城・新城を築き、山麓に城下町を整備した。相良氏の記録『八代日記』によれば、外港の徳淵津では明や朝鮮との貿易が行われ、城下町では連歌会や猿楽能が催され、繁栄したと伝えられる。16世紀後半には薩摩(現、鹿児島県西部)の島津氏が八代に侵攻したが、1587(天正15)年、豊臣秀吉の九州遠征で撤退した。秀吉との面会のために八代を訪ねたイエズス会宣教師ルイス・フロイスは、『日本史』のなかで、八代は自然が美しく、寺院が多く、肥後で栄えた町と記している。

麦島城は、秀吉の命で八代を治めることになった小西行長の家臣小西行重(末郷)によって、球磨川河口の三角州に築かれた。徳淵津の南にあたり、交易と水軍活動の利便を考えて、この地が選ばれたと推定される。関ヶ原の戦い(1600年)で小西氏が敗れた後、八代は加藤氏の支配下に入るが、1619(元和5)年の地震で麦島城は崩壊した。これ以来、麦島城跡を示す古城という地名だけが残る幻の城となったが、近年、発掘調査が進み、石垣や礎石建物跡が確認され、桐文鬼瓦・金箔瓦・滴水瓦などが出土した。2002(平成14)年には、平櫓の建築部材が出土して話題となった。現在、遺跡は埋め戻されているが、古城町のシルバーワーク八代古城館ロビー内に石垣の一部が保存されている。

松江城(八代城)は熊本藩主加藤忠広の命を受け、重臣の加藤正方が築城し、1622(元和8)年、前川北岸の現在地に完成させた平城である。加藤氏改易の後は、細川氏の家老松井氏が八代城代となる。

1615(元和元)年に江戸幕府が一国一城令を出したにもかかわらず、八代城が存続できたのは異例といえる。八代城は、薩摩との境目に位置する特別な城だったからであろう。

本丸跡には八代宮がある。1880(明治13)年、征西将軍懐良親王をまつるために創建され、今も「将軍さん」とよばれ市民に親しまれている。本丸北側の虎口には西山宗因の句碑が立つ。西山宗因は、加藤正方の家臣であったが、加藤家改易にともない大坂へ出て、連歌師・俳諧師として活躍した。談林俳諧の祖として知られ、井原西

鶴や松尾芭蕉にも影響を与えた。

県道250号線に面して立つ松井神社(祭神松井康之・興長)の境内一帯は北の丸跡で、外堀の一部や臥龍梅(県天然)がある。松井神社の北隣、市立八代第一中学校校庭に織田信長供養塔がある。1633(寛永10)年、細川忠興が建立した五輪塔で、高さ146cm、銘文もはっきりと残る。なお細川忠興は、1645(正保2)年、八代城北の丸において83年の生涯を終え、この地で荼毘に付された。松井神社から東に約500mの通町にある光圓寺(浄土真宗)の梵鐘(県文化)は、忠興が造らせたもので、慶長19(1614)年の銘文が残る。

市役所東側道路を一本隔てた場所に、シャルトル聖パウロ修道院記念館(国登録)がある。1900(明治33)年、女子修道院として建設された木造2階建て寄棟造瓦葺きの洋風建築で、2階の大きく張り出したベランダが特徴的である。見学には、事前に隣接する修道院(TEL0965-32-6850)の許可を得なければならない。

市役所前から東に約400m進み、右折して袋町の通りに入ると医王寺(真言宗)がある。平安時代の創建という伝承をもつが、寺歴は明らかでなく、1665(寛文5)年、八代城代松井寄之の正室が再建して、松井氏の祈願寺となった。寺宝の木造薬師如来立像(国重文)は像高63.7cm、ヒノキの一木造で室町時代の作、木造聖観世音菩薩立像(県文化)は像高77cm、ヒノキの寄木造で鎌倉時代後期の作と推定される。

松浜軒 ⓭
0965-33-0171
〈M▶P.212, 226〉八代市北の丸町3-15 Ⓟ
JR・肥薩おれんじ鉄道八代駅🚌八代産交行北荒神町福祉センター前🚶5分

八代城代松井氏の庭園

松浜軒

松井神社の西約200mの所に松浜軒(旧熊本藩八代城代浜御茶屋)がある。1688(元禄元)年、八代城代松井直之が母崇芳院のために建てた別邸で、名称は、松林が連なる八代海の浜に面していたこ

キリシタンと八代

コラム

キリシタン弾圧、殉教の歴史がよみがえる

　八代市本町1丁目にあるカトリック八代教会の聖堂入口前に、1603（慶長8）年に八代で殉教したキリシタンの碑が立っている。教会では、毎年12月に殉教祭が執り行われている。江戸幕府の禁教令（1612年）が出る前におこったこの殉教は、いったいどのようなものだったのか。

　1588（天正16）年から宇土を拠点に肥後国南半分を領有した小西行長は、幼い頃に洗礼を受けたキリシタン大名であった。洗礼名はアゴスチイノという。イエズス会宣教師やキリシタンの家臣の勧誘もあり、八代ではキリシタンが増加していったと伝えられる。南蛮貿易推進の政策的観点からキリスト教の保護や、海上交通の拠点八代における布教活動の容認は必要なことだったと考えられる。

　しかし、関ヶ原の戦い（1600年）で小西行長は敗れ、八代は加藤清正の支配下に入った。熱心な日蓮宗信者であった清正は、旧小西家臣団に対して、棄教すれば召し抱えるとの命令を出した。多数の家臣は棄教したが、最後まで改宗を拒んだ南五郎左衛門（ジョアン）と竹田五兵衛（シモン）は、1603年12月に処刑され、その家族4人も麦島の刑場で殉教を遂げた。この殉教は徳川政権下でもっとも早い事例であり、宣教師に衝撃を与えた。同時代のヨーロッパにも伝えられ、18世紀後半には、竹田五兵衛の妻アグネス（洗礼名）を主人公とした歌劇がイタリアでつくられている。

　徳川政権による徹底した禁教政策は続き、八代のキリシタンは根絶された。現在、八代に残るキリシタン関連遺跡は、本町1丁目の金立院のキリシタン墓碑のみである。小西行長は、多くの寺社を焼討ちにしたという伝承だけが残り、熊本の歴史から抹殺されていた。しかし、近年、麦島城の発掘調査や文献史料の整理にともない、小西行長の人物像に関する見直しが進んでいる。

とによる。県道42号線に面して立つ正門は、屋根のない略式門（冠木門）で、門の左右に番所が残る。

　庭園（国名勝）は心字池を中心とした茶庭で、江戸時代初期の大名庭園の形状を伝えている。現在は、5月下旬から6月にかけて咲くヒゴハナショウブの名所でもある。庭園入口には馬屋が残り、内部は松井家に関する資料を展示する松井文庫となっている。

　県道250号線を松浜軒と向かい合って八代市立博物館未来の森

ミュージアムが挟み立つ。八代市の歴史と文化について紹介する人文系博物館で、芝生の丘の上に入口があり、環境と調和したデザインは目を引く。おもな所蔵品として、江戸時代前期の名工の林又七作鐔三階松透、松井興長宛の宮本武蔵書状(ともに県文化)がある。また、松井文庫コレクションの常設展示コーナーも設けられて、年間5〜7回展示替えを行い、公開している。

博物館駐車場の南側の小路に澤井家住宅・長屋門がある。八代市内に残る唯一の武家屋敷遺構で、1865(慶応元)年の建造と伝えられる。現在は個人住宅であるため、内部見学はできない。

澤井家住宅から東へ約200m行き右折、八代宮参道を南へ約500m進むと、前川の堤に突き当る。この地点は、江戸時代の薩摩街道において熊本城下の起点から11里(約44km)にあたり、八代城下の高札場がおかれたことから、「札の辻元標之地」の碑が立つ。また、堤一帯が16世紀、貿易港として繁栄した徳淵津跡と推定されている。なお、古代、中国から河童の集団が球磨川河口に渡来したという伝承により、河岸には「河童渡来之碑」が立つ。

高札場跡から北東へ約300m進むと、1634(寛永11)年に宮地村から現在地に移った本成寺(日蓮宗)がある。移転の際、細川三斎が寄進した八代城本丸の高麗門は、1716(享保元)年に焼失したが、再建されて現在に至る。八代城本丸の唯一の遺構である。

郡築三番町樋門 ⓮

〈M▶P.212〉八代市郡築三番町168-2・171-2の一部
JR・肥薩おれんじ鉄道八代駅🚌郡築行郡築二番町
🚶10分

明治時代の干拓事業の貴重な遺構

八代市街地から県道250号線を八代外港に向かって約5km西進すると、右側に郡築の干拓地が広がる。郡築とは、八代郡が主体の干拓事業を示す言葉である。1900(明治33)年に八代郡が、当地の干拓事業に取り組み、

郡築三番町樋門

難工事の末，1904年に竣工した。総面積は約1000ha，最初に300戸が入植したという。1909年に郡築村が誕生すると，干拓地は一番から十二番に区画され，田畑も道路も碁盤の目のように整理された。

港町の信号から北西へ約1.2km進むと，郡築二番町樋門(国登録)がある。郡築の干拓地を守る水門として1938(昭和13)年に設けられた，長さ14.2m・幅8.2mの石造アーチ式3連樋門である。さらに約700m進むと，郡築三番町樋門(旧郡築新地甲号樋門，国重文)がある。郡築干拓工事にともない建設された3基の樋門のうち，唯一現存するものである。現存する石造樋門としては，国内最大規模を誇る。海側には延長1090mの石造潮受堤防(国重文)を設けており，1901(明治34)年に完成した。

三番町樋門から北へ約800m，右折して県道336号に入り，約1km東進し左折すると，300mほど先に郡築神社(祭神天照大神)がある。1916(大正5)年の創建で，境内には干拓事業を不退転の決意で推進した八代郡長の古城弥二郎の胸像が立つ。また，石造鳥居には，1924(大正13)年から1930(昭和5)年にかけておこった3回の大規模な小作争議の際に刻まれた，「大正十五年　日本農民組合郡築支部一同」の文字が残る。

県道336号線に戻り約2.5km東進，左折して県道42号線に入り，約5km北上すると，大鞘川を渡った右手一帯に大鞘樋門群(県史跡)がある。1819(文政2)年，野津手永惣庄屋の鹿子木量平は400町の新地の干拓工事を行ったが，このときに建造された樋門のうち3基が残り，石垣造りの2重構造で堅牢さがうかがえる。当地には，干拓に従事した人びとが歌った「大鞘節」が今も民謡として伝えられており，大鞘川の岸に歌碑が立つ。大鞘川縁から県道42号線を北へ約1.5km進み右折，遍照寺北側の道を約400m行くと，鹿子木量平をまつる文政神社(八代市鏡町)がある。地元の人びとが1910(明治43)年に創建し，社殿の脇には，鹿子木量平・謙之助父子の墓がある。

水島 ⓯　〈M▶P.212, 232〉 八代市水島町　P(水島見学者用)
　　　　JR・肥薩おれんじ鉄道八代駅🚗20分

八代市街地から県道338号線を約3.5km南下，金剛橋を渡って右

折し，球磨川沿いに約1.5km進むと，右手に水島(国名勝)がみえる。八代海に浮かぶ東西93m・南北37mの小島で，『日本書紀』には，景行天皇の九州巡幸の際，水が湧き出たという記述が残る。『万葉集』では，長田王が2首を詠んでいる。歌碑が，約100m離れた堤防上の道路脇に立つ。なお，八代海は旧暦8月1日の夜，不知火とよばれる不思議な火があらわれることが古代から知られ，水島とあわせて国の名勝指定を受けた。天保年間(1830〜44)には一帯の干拓計画が持ち上がったが，国学者和田厳足が水島を残すように熊本藩へ進言したため陸地化を免れた。水島の対岸，大鼠蔵山(48m)には，4世紀から6世紀頃築造の大鼠蔵古墳群(県史跡)がある。

> 「日本書紀」や『万葉集』に登場する景勝地

平山瓦窯跡 ⓰

〈M▶P.212,232〉八代市平山新町5824
JR・肥薩おれんじ鉄道八代駅🚌二見駅前行平山新町🚶10分

> 麦島城、八代城の瓦を焼いた窯跡

肥薩おれんじ鉄道肥後高田駅から北へ約200m行き，市立八代第五中学校前の角を右折して約300m進むと，小公園がある。東へ向かい，最初の四つ角を左折して約200m進むと奈良木神社(祭神天御中主神ほか)がある。境内の観音堂には，木造十一面観世音菩薩立像(県文化)を安置する。像高134cm，ヒノキの一木造で，14世紀頃の作とみられ，懐良親王の高田御所の鬼門を守護するためにおかれたという。拝観には，市文化課(TEL0965-35-2021)に事前連絡。

肥後高田駅から国道3号線の平山新町バス停の角で左折して線路を越え，南九州西回り自動車道の高架下を通って，細い道を約50m直進すると高田焼平山窯跡(県史跡)がある。青磁の美しさと象嵌の精緻さで知られる高田焼の祖は，朝鮮から連行された陶工尊楷と伝えられる。尊楷は細川家に召し抱えられ，豊前国上野(現，福岡県田川郡福智町)で窯を築き，上野焼をおこし，名を上野喜蔵と改めた。細川氏の肥後入国に従い，高田手永に

> 肥後高田駅周辺の史跡

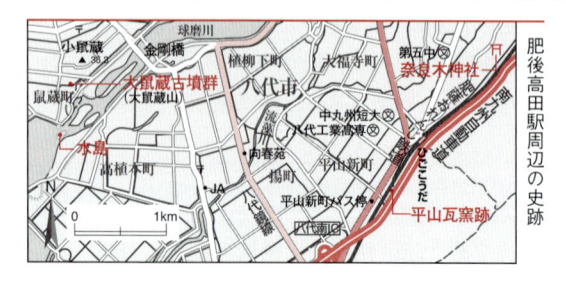

居を定めて高田焼を始め，1658(万治元)年，喜蔵の長男忠兵衛の代に平山窯(全長20m)が築かれたとされる。窯の約30m上手に上野喜蔵の墓が残る。なお，上野家末裔の窯元が，日奈久温泉街において高田焼の伝統を保持している。

　高田焼平山窯跡から引き返し，高架沿いの道を北へ約300m進むと右手に平山瓦窯跡(県史跡)がある。現在，だるまに外観が似ていることから「だるま窯」とよばれる1号窯が復元され，2号窯は遺構が保存されている。16世紀末から17世紀初頭にかけての窯跡とみられ，軒丸瓦・鬼瓦・平瓦など，さまざまな瓦が出土している。

日奈久温泉神社 ⑰
0965-38-0251
〈M▶P.212〉 八代市日奈久上西町401
肥薩おれんじ鉄道日奈久温泉駅🚶20分

日奈久温泉の鎮守社

　市街地から国道3号線を約7km南下すると，日奈久大坪町交差点の左角に薩摩街道十三里木跡の標柱がある。さらに日奈久阿蘇神社(祭神健磐龍命)を左手に国道3号線を約500m進み，左折して線路を越えると北側に田川内第1号古墳(県史跡)がある。直径約20mの円墳で，横穴式石室の石棺内部に，同心円文や円文の装飾が施され，5世紀後半の造営と推定される。また，イモガイ貝輪も出土している。内部見学は不可。

　国道3号線に戻り800mほど南下すると日奈久温泉駅に至る。その南約300m，国道と分かれて八代市南部市民センターへ向かう道が旧薩摩街道で，約200m行くと高田焼上野窯がある。江戸時代は熊本藩主細川家御用窯として，高田手永に平山窯を構えていたが，1892(明治25)年，日奈久に移り現在地に上野窯を開いた。

　上野窯から旧薩摩街道をさらに約400m進むと，八代市日奈久温泉センターがある。ここは，熊本藩の藩営温泉御前湯の跡地である。温泉センター横の参道を通り，階段をのぼって行くと日奈久温泉神社(祭神市杵島姫命)がある。1419(応永26)年創建で，1822(文政5)年に，大火

日奈久温泉神社

金波楼

のため現在地に遷された。境内には，土俵と，これを囲む石の観覧席が残る。

日奈久温泉の開湯は，1409(応永16)年とされる。多くの文人墨客が来訪したが，1930(昭和5)年には放浪の俳人の種田山頭火が滞在して，日奈久の湯を賞賛した。憩いの広場に山頭火の句碑があり，広場から国道3号線を北へ約50m進み海岸側に入った路地に，山頭火が宿泊した旅館織屋の建物が残っている。内部見学などには日奈久温泉観光案内所(TEL0965-38-0267)へ連絡。

日奈久温泉センターから海に向かって進み，最初の角を左折すると，1910(明治43)年建築の金波楼(国登録)がある。木造3階建ての風格のある旅館として知られる。

日羅伝説

コラム

古代の朝鮮と日本の交流を担った伝説の人物

『日本書紀』敏達天皇12(583)年条に、日羅という人物が登場する。火葦北国造の刑部靫部阿利斯登の子として百済に渡り、百済の朝廷で達率という高位に昇進していた日羅は、この年敏達天皇により日本へ招かれた。天皇の諮問に対して、日羅は半島出兵と富国策を建言したが、百済の九州侵攻を伝えたため、同行の百済人により難波(現、大阪市北区)で暗殺された。天皇はその死を悼み、遺体は故郷の葦北に運ばれ、埋葬されたという。

葦北地方を治める立場にあり、ヤマト政権から君の姓を与えられる有力豪族の子である日羅が、いつ、どのように百済へ渡ったのかは不明である。肥後国葦北地方は、大和(現、奈良県)からみると辺境の地にあたるが、八代海(不知火海)の海上交通が古代から発達していたと考えられ、中国大陸や朝鮮半島との海の道があったのであろう。『日本書紀』推古天皇17(609)年条には、百済人85人が葦北津に漂着したとの記録がある。また、日羅が「我が君大伴金村大連」と述べていることから、ヤマト政権の軍事をになった大伴氏の配下であったことが推察される。大伴金村は、百済外交に深くかかわった政治家でもあったが、6世紀初めに加耶4県の百済譲渡問題で失脚。562年には新羅の台頭によって加耶(任那)は滅亡。激動の朝鮮半島情勢のなか、日羅暗殺はおこったのであった。

日羅の遺体が帰り着いたのは、葦北郡津奈木町の赤崎海岸と伝えられる。海岸の高台にある将軍神社は日羅を祭神とし、「弘化二(1845)年」銘のある木造日羅像を安置している。日羅の墓と伝えられる場所は、八代市坂本町の百済来地蔵堂である。堂には、百済から日羅が父の阿利斯登へ贈ったとの伝承が残る木造延命地蔵菩薩半跏像が安置されており、境内には日羅の塚がある。また、堂の背後に樹齢1000年を超すとみられる大スギがあり、霊木として保存されている。

肥後を始め、日羅を開基とする寺院が各地にあり、奈良時代の仏教書には日羅を僧とみなすものが少なくないが、これは日本に仏教を伝えた百済との関連から生まれた伝説であろう。

③ 佐敷から水俣へ

薩摩街道が南北に貫かれた芦北・水俣地方は、国境の要地として山城などの史跡が街道沿いに点在し、独特の歴史と景観を呈している。

赤松館 ⑱

〈M▶P.212〉 葦北郡芦北町大字田浦781-2
肥薩おれんじ鉄道たのうら御立岬公園駅🚶10分

明治の建築様式が残る大地主藤崎家の邸宅

八代から肥薩おれんじ鉄道で南へ向かうと、八代海が車窓に広がり、リアス式海岸を眺望できる。たのうら御立岬公園駅で降り、国道3号線を横断し東へ約700m行くと、江戸時代後期から芦北地方の大地主として栄えた藤崎家の邸宅赤松館がある。1893(明治26)年建造の主屋を始め、表門・長屋・味噌蔵・塀などが残り、その近代和風建築は2000(平成12)年に国の登録有形文化財に指定されている。そこから東へ約300mで橋本眼鏡橋がある。幕末に種山石工が中心となってつくったとされる長さ10m、高さ3.3mの町内最大の石橋である。

たのうら御立岬公園駅へ戻り西へ約800m行くと万葉歌碑野坂乃浦があり、道なりに西へ約100mで万葉史跡の保存に尽力した江戸時代後期の歌人和田厳足の墓がある。そこから西へ約300mで丸山古墳がある。5世紀頃に築造された円墳で、出土品は不明であるが石室から2つの頭蓋骨がみつかったといわれている。八代海に面したこの一帯は御立岬公園で、この公園の展望台から東を望むと田浦の丘陵が広がる。佐敷氏と同族の田浦氏が拠った中世山城の田浦城は、その一角にあった。

佐敷城跡 ⑲

〈M▶P.212,237〉 葦北郡芦北町佐敷 P
肥薩おれんじ鉄道佐敷駅🚶20分

薩摩との国境を守るために加藤清正が築城

佐敷駅から北東へ約1km行くと、県立芦北高校裏の城山に佐敷東の城跡がある。堀切の遺構が残っており、佐敷氏・相良氏が支配していた時代のものとみられる。

現在は峰崎桜公園として整備されており、その一角には、西南戦争(1877年)の激戦を偲ばせる峰崎官軍墓地がある。

芦北高校から県道27号線を南東へ約1.4km行くと、相良氏がこの地を支配していた1437(永享11)年に白木(現、芦北町大字白木)から遷された佐敷諏訪神社(祭神武御名方命ほか)がある。境内に

八代・葦北

三太郎峠と葦北七浦

コラム

風光明媚なリアス式海岸の地形

　葦北地方は，リアス式海岸が連なるため，陸上交通は困難であった。薩摩街道最大の難所といわれた3つの大きな峠，いわゆる三太郎(赤松太郎・佐敷太郎・津奈木太郎)峠があり，西南戦争(1877年)では薩軍もこの峠越えに苦しんだ。明治30年代になって，レンガ造りの佐敷隧道(1903年竣工)・津奈木隧道(1901年竣工，ともに国登録)が開通し，この地域にあらたな産業・文化がもたらされた。

　両隧道は今も旧道に残り，近代化遺産として明治時代の土木技術を伝えている。

　また，入り組んだ海岸線は良好な港を形成し，そこに集落が生まれた。古来，旧葦北郡に属した八代市日奈久・二見から水俣にかけては葦北七浦とよばれ，海上交通で結ばれて，多くの物資が交易された。

佐敷駅周辺の史跡

は推定樹齢約560年，樹高約32mのスギが聳え，宝物殿には熊本藩の御用絵師杉谷雪樵の「熊本城図」が所蔵されている。

　佐敷諏訪神社から県道27号線を南に約200mで，宮浦阿蘇神社(祭神健磐龍命)に至る。本殿には，「大檀那藤原朝臣長唯」(相良義滋)の墨書銘をもつ木造女神坐像が安置されている。境内一帯からは，弥生時代の土器片などが出土し，古代隼人の文化圏であったことを偲ばせる地下式板石積石室墓が確認された。

　芦北高校から県道27号線を南東へ約500m行き右折，佐敷川を渡り南下すると，町立佐敷中学校前に実照寺(日蓮宗)がある。1613(慶長18)年の創建と伝えられ，山門には兵火により廃寺となった平等寺より移されたという鎌倉時代初期の木造仁王像が立っている。寄木造で，胴体部分に残る矢傷は梅北の乱(1592年)による跡と伝えられる。

佐敷城跡

佐敷から水俣へ

梅北の乱とは，薩摩の武将梅北国兼が佐敷城を乗っ取ろうとして失敗した事件である。また，幕末から明治時代にかけて活躍し，書聖ともよばれた書家土肥樵石の墓がある。

実照寺から北へ向かうと，近世の町並みを今に伝える旧佐敷町に入る。佐敷は水陸交通の要地であり，中世には城下町として，近世には薩摩街道の宿場町として栄えた。

芦北町立図書館・芦北町社会教育センターの敷地は熊本藩の番代屋敷跡で，館内には町内の歴史・民俗についての展示コーナーがある。その脇には，1937(昭和12)年に武道場として建てられた木造平屋建て(外観2層)の芦北町立武徳殿(国登録)が立つ。

芦北町社会教育センターの裏山が佐敷城跡(国史跡)で，佐敷中学校前に登山路がある。佐敷城は，1590(天正18)年頃，加藤清正により築城された城で，1993(平成5)年からの発掘調査により，総石垣造りであることが判明した。当時の土木技術や城郭の構造を考える上で，重要な遺跡として注目されている。2008年に国史跡に指定され，出土した「天下泰平国土安穏」銘鬼瓦・「桐紋」入鬼瓦は県指定重要文化財である。本丸跡から八代海を望むと，右前方には熊本藩の番所が設置されていた御番所の鼻をかすかにみることができる。

また，佐敷川下流域を見下ろす小さな平野部には花岡木崎遺跡がある。約1500〜1200年前の人びとが住んでいた竪穴住居が30軒発見され，土器も多数発見されたことから，集落跡と考えられていた。2007(平成19)年の発掘調査で，井戸の中から木簡が発見され，そこに「佐色」「路」「駅」と書かれていたことから，この遺跡が古代官道の佐色(敷)駅であった可能性が高まり注目されている。

重盤岩眼鏡橋 ⑳

〈M▶P.212, 239〉 葦北郡津奈木町岩城
肥薩おれんじ鉄道津奈木駅 徒10分

奇岩重盤岩にちなんで名がつけられた眼鏡橋

津奈木駅の裏手には，二枚貝でつくった腕輪や石器・人骨などが発見された縄文時代後期の浜崎貝塚跡がある。

津奈木駅から国道3号線を東へ約700m行くと，津奈木川に重盤岩眼鏡橋(県文化)が架かっている。長さ18m・幅4.5m・径間17mのとても優美な橋である。1849(嘉永2)年，津奈木手永惣庄屋の

衛藤三郎左衛門為経らの尽力によって，種山石工岩永三五郎の弟三平が建造したと伝えられている。このほか町内には，中村・浜・新村・金山・中尾・瀬戸など，個性的な9基の眼鏡橋がある。

重盤岩眼鏡橋の真上に切り立つのが，その名称の由来となった重盤岩で，町のランドマークとなっている。この重盤岩のある山一帯が，津奈木城跡である。南北朝時代に名和氏によって築城され，戦国時代は相良氏の支配下にあったが，1581（天正9）年，薩摩の島津氏の侵攻を受けている。その後，支配はたびたび入れかわり，加藤清正が肥後一国の領主となると，島津氏の防衛線として整備された。現在，山頂の本丸跡周辺には石垣・堀切などが残り，一帯は舞鶴城公園として整備されている。城跡へは徒歩のほか，麓のつなぎ美術館2階からモノレールでのぼることができる。

熊本県ゆかりの現代美術品などを展示するつなぎ美術館から，国道3号線を約3km北上すると千代塚がある。約300年前，この地に生まれた千代という孝女をたたえて築かれた塚である。また津奈木町では，「緑と彫刻のあるまちづくり」として，1984（昭和59）年から町内の橋や公園に彫刻家佐藤 忠 良らの作品を設置しており，訪れた人びとの目を楽しませてくれる。

水俣城跡 ㉑　〈M▶P.212, 239〉水俣市古城　ⓟ
肥薩おれんじ鉄道水俣駅🚶25分

水俣駅から駅前通りを約700m北上し右折，県道117号線を南東へ400m行くと西念寺（浄土真宗）がある。熊本藩御用絵師で矢野

水俣市役所周辺の史跡

派の緒方安清・吉田良久作の「涅槃図」，元禄年間(1688〜1704)の鏡師藤原義信作の豊太閤紋入り鏡を所蔵する。

　西念寺から南下して江南橋を渡り，北東へ約300m 行くと県立水俣高校第2グラウンド脇に南福寺貝塚の一部が残る。この貝塚から出土した南福寺式土器は，南九州の縄文時代中期の標式土器となっている。

　県立水俣高校からさらに北東へ約600m 行った丘陵地に水俣城跡がある。1288(正応元)年，元寇での勲功により菊池武房から葦北郡の一部を与えられた相良頼俊が築いたといわれるが，詳細は不明。1600(慶長5)年の関ヶ原の戦い後，加藤清正の領地になると，城代として中村将監が派遣され，城の本格的な改築がなされたという。東西の丘陵は「高城」「古城」とよばれ，現在は城山公園として整備されており，古城には古井戸跡や瓦片も確認できる。また城跡の一角には，西南戦争(1877年)で戦死した官軍兵士42人の墓を集めた陣内官軍墓地(県史跡)がある。

　水俣城跡から北西へ向かうと通称陣内通りとなるが，この一帯が肥後と薩摩(現，鹿児島県西部)の国境に栄えた薩摩街道水俣宿である。陣内通りが国道3号線と合流する水俣市役所前交差点のすぐ東側に，水俣市立蘇峰記念館(旧淇水文庫，国登録)がある。鉄筋コンクリート造り2階建ての建物は，1929(昭和4)年，徳富蘇峰が，みずからの蔵書を町に寄贈して建てた図書館淇水文庫を利用したものである。淇水は父一敬の号に由来する。館内には，水俣出身の歴史家・言論人徳富蘇峰とその弟で小説家蘆花に関する資料などが展示・収蔵されている。

　市役所の裏山をのぼると，1930(昭和5)年，女性解放を目指し，平塚雷鳥らとともに無産婦人芸術連盟を結成した高群逸枝の墓がある。高群は宇城市松橋町の出身で女性史研究の先駆としても知られ，『女性の歴史』『招婿婚の研究』を著した。1964年に死去。夫橋本憲三が水俣出身であるため，1967年，この地に墓が建てられた。また，ここから南東の山中に詩人淵上毛銭の墓がある。毛銭(本名喬)は，1915(大正4)年水俣町陣内に生まれ，詩壇に新しい息吹をもたらし，長い仰臥生活の後，35歳の若さで没した。墓碑には，「生

肥薩国境の拠点として攻防が繰り広げられた中世城

きた 臥（ね）た 書いた」と刻まれている。

徳富蘇峰・蘆花生家 ㉒
とくとみそほう・ろかせいか
0966-62-5899

〈M▶P.212, 239〉 水俣市浜町2-6-5 P
肥薩おれんじ鉄道水俣駅🚶20分

水俣市役所から水俣川沿いに北上し幸（さいわい）橋で右折，さらに山を約400mのぼって行くと，徳富家一族の墓地内に徳富蘇峰夫妻の墓がある。幸橋に戻って，川沿い・海岸沿いに北上すると水俣病研究センターや湯ノ児温泉に至り，左折して幸橋を渡ると浜町通りの商店街に至る。

徳富蘇峰・蘆花生家

白壁土蔵造りの構えと回遊式庭園の風格ある家

その商店街から左側に入ると，水俣城代中村将監が創建したという源光寺（こうじ）（浄土真宗）がある。本堂の仏壇裏には，薩摩部屋とよばれる隠し部屋が残る。これは，浄土真宗を禁止した薩摩藩の信者が国境を越えて当寺を訪れ，この部屋でひそかに信仰を守ったことからついた名である。

源光寺の山門正面の道を直進すると，ほどなく徳富蘇峰・蘆花生家（県史跡）に着く。徳富家は代々水俣の惣庄屋（そうじょうや）をつとめた家柄で，猪一郎（いいちろう）・健次郎（けんじろう）兄弟は，この家で生まれ幼年期をすごした。白壁土蔵造りの主屋は1790（寛政2）年，蔵は1811（文化8）年の建造で，ともにタブを材としている。

江戸時代，熊本藩の専売品とされた蠟（ろう）の原料として，水俣一帯に，最盛期には10万本が植えられたといわれている。現在，月浦（つきのうら）の侍街道はぜのき館では，蠟燭作りや絵付け体験ができる。鹿児島県境の袋（ふくろ）には，薩摩街道の袋番所跡や1883（明治16）年に建造された眼鏡橋である境橋などが残る。なお，水俣市街地から国道268号線を東へ約8km行った薄原（すすばる）には樹齢約800年といわれる薄原神社のナギ（県天然）がある。樹高約17m・根回り約4.5m・胸高周り約3.7mの全国的にもまれな巨木である。

佐敷から水俣へ　241

水俣病問題と「もやい直し」

コラム

自然と人間の共生を模索する水俣

　1953(昭和28)年頃，海産物の宝庫であった水俣湾一帯において，大量の魚が浮き，ネコやカラスなどが狂死するようになった。時を同じくして，神経症状に苦しむ住民が急増し，平穏な地方の一都市は騒然となった。のちに水俣病と命名されたこの病は，新日本窒素肥料株式会社(1965年より，チッソ株式会社)水俣工場が水俣湾に排出した有機水銀化合物による汚染が原因であることが判明する。食物連鎖の過程を経て有機水銀に汚染された魚や貝などを長年にわたり食した人びとに，有機水銀中毒による神経系の病気が発症した。当初，原因が不明だったため，初期の激症患者の多くは発症後まもなく亡くなった。また母親の胎盤を経由して胎児も有機水銀に冒されたため，胎児性水俣病の子どもが生まれた。

　このような悲劇をもたらした出来事が，公式に確認されたのは，1956(昭和31)年5月のことであり，その実態が明らかにされるにつれ，重大な社会問題となった。

　最初の患者が確認されてから12年後の1968(昭和43)年9月，厚生省(現，厚生労働省)は，工場排水に含まれた有機水銀が原因と断定し，水俣病を公害病として公式に認定した。同年，会社側は，有機水銀の発生源であったアセトアルデヒドの製造を中止し，水俣病対策に取り組み始めた。裁判も，1973(昭和48)年の水俣病第一次訴訟において，加害者としてチッソの損害賠償責任が確定した。

　認定を棄却された人びとの自主交渉はその後も続いたが，1990(平成2)年9月，東京地裁の和解勧告が出された。1995(平成7)年9月，村山連立政権下において最終解決策がまとめられ，政治的な決着をみたが，それは患者団体にとっては苦渋の選択でもあった。水俣病の認定申請者数は延べ1万7000人以上(熊本・鹿児島両県)。また，行政による認定患者数は2269人(うち死亡者1678人，2009年5月31日現在)である。政府解決策により一時金支給の対象になった患者は1万353人にのぼったが，さまざまな事情で認定申請しなかった人もあり，被害者の正確な数はわからない。

　環境汚染の恐ろしさを世界に示した事件であるが，身体的な被害の一方で，水俣病に関連した差別が顕在化し，社会的な被害も数多くあった。現在，水俣市立水俣資料館において，水俣病患者の方から直接貴重な体験談を聞く「語り部」制度(要予約)がある。また，熊本県環境センターでは環境問題の体験学習ができ，水俣病歴史考証館では100点余りの写真やパネル，多数の書籍やビデオを閲覧できる。

水俣市は，1992（平成4）年11月4日，「環境モデル都市づくり宣言」を行い，水俣病から得た教訓を広く世界に伝え，自然の生態系に配慮した都市づくりや資源リサイクルの運動を推進している。また，水俣病によって損なわれた市民同士の絆を，一つ一つ解きほぐす「もやい直し」（「もやい」とは船をつなぐことや共同で行うという意味）活動が，もやい館やおれんじ館を拠点として市民の手によって行われている。

Hitoyoshi Kuma

人吉・球磨

青井阿蘇神社の楼門（国宝）

明導寺阿弥陀堂

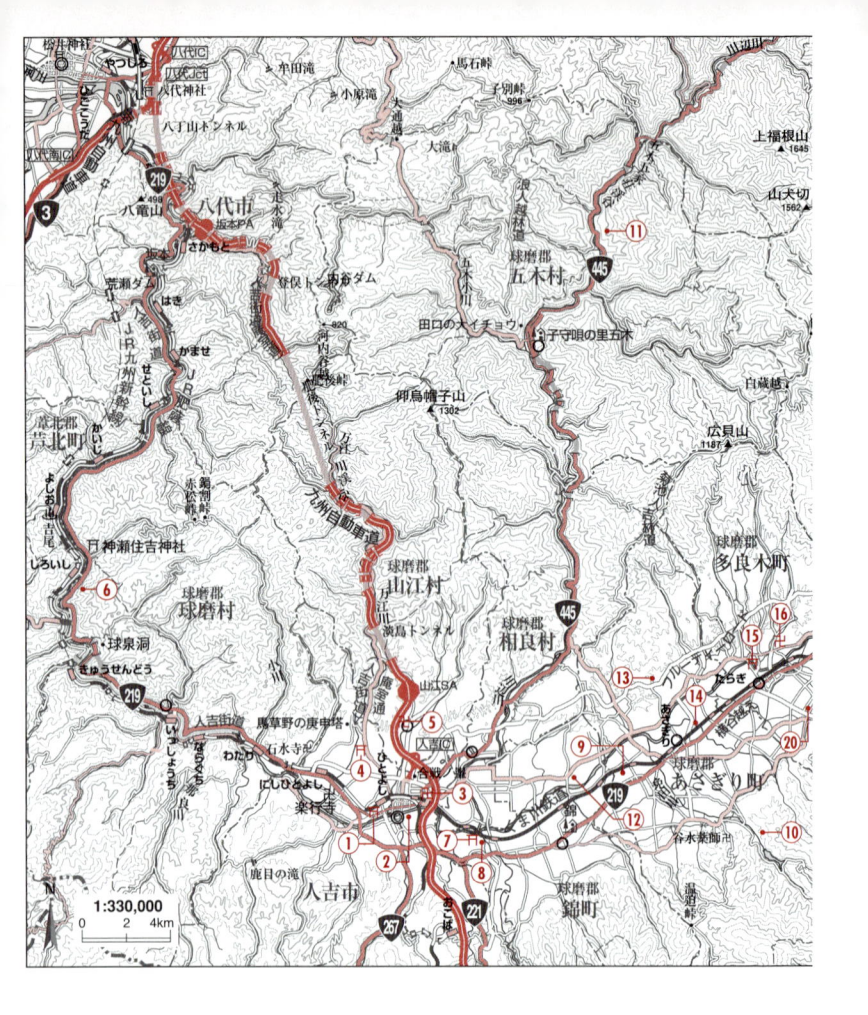

人吉・球磨

◎人吉・球磨散歩モデルコース

人吉市街地及び周辺コース　　JR肥薩線・くま川鉄道人吉駅_10_大村横穴群_15_青井阿蘇神社_10_永国寺_10_老神神社_10_人吉城跡_10_願成寺_15_井口八幡神社_10_高寺院_3_山田大王神社_15_JR人吉駅

くま川鉄道沿線コース　　くま川鉄道川村駅_15_十島菅原神社_30_京ガ峰横穴群_15_くま川鉄道肥後西村駅_5_一武駅_15_桑原家住宅_20_才園古墳群_10_鬼の釜古墳_10_勝福寺古塔碑群_10_くま川鉄道あさぎり駅

多良木から市房コース　　くま川鉄道多良木駅_20_王宮神社_20_青蓮寺_15_生善院_15_八勝寺阿弥陀堂_5_明導寺阿弥陀堂_10_太田家住宅_10_くま川鉄道東多良木駅

---

①青井阿蘇神社	⑨才園古墳群	⑰槻木大師堂
②人吉城跡	⑩上村焼窯跡	⑱明導寺阿弥陀堂
③願成寺	⑪宮園のイチョウ	⑲八勝寺阿弥陀堂
④井口八幡神社	⑫岩城跡	⑳太田家住宅
⑤高寺院	⑬勝福寺古塔碑群	㉑生善院
⑥神瀬鍾乳洞	⑭鬼の釜古墳	㉒明導寺本堂
⑦岩屋熊野座神社	⑮王宮神社	㉓幸野溝取水口
⑧京ガ峰横穴群	⑯青蓮寺	㉔市房山神宮

1 人吉城跡とその周辺

人吉は相良氏がつくった城下町。球磨川沿いには多くの文化財・史跡が残る。

青井阿蘇神社 ❶　〈M▶P.246, 248〉 人吉市上青井町118 P
0996-22-2274　JR肥薩線・くま川鉄道人吉駅 🚶 5分

熊本県内初の国宝建造物「青井さん」

　人吉駅北側に聳える阿蘇溶結凝灰岩の断崖面に，1m程度の長方形の穴が幾つも掘り込まれている。大村横穴群(国史跡)である。古墳時代後期(6世紀)につくられた横穴墓群と考えられ，東西550mの間に2群に分かれて27基が点在する。そのうち東群6基・西群1基から浮き彫り・薬研彫りによる装飾や赤色顔料の塗布が確認されている。彫刻はおもに横穴の入口壁面に施され，武具(剣・鏃・弓・盾・靫)，動物(ウマ)や幾何学文様(円文・連続三角文・車輪状文)，そのほかの文様(刀子・馬鐸)がある。近年，凝灰岩の崩落防止のための保存修理工事や周辺整備が完了し，説明板をみながら装飾文様を見学できるようになった。

　人吉駅前の通りを南へ300m直進すると，右手に青井阿蘇神社(祭神健磐龍命・阿蘇津媛命・国造速瓶玉命)の鳥居がみえる。旧県社で，806(大同元)年，阿蘇神社(阿蘇市一の宮町)の分霊を勧請し，創建されたと伝える。鎌倉時代，相良長頼が人吉荘地頭として下向すると同氏の氏神となり，慶長年間(1596〜1615)以降は球

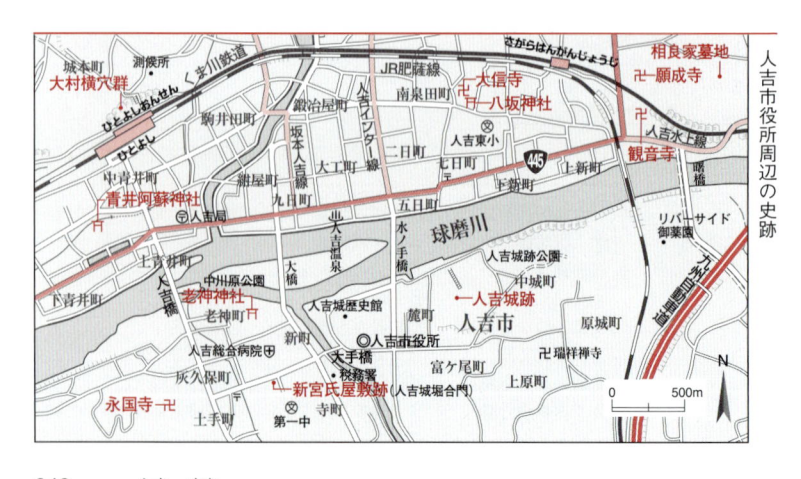

人吉市役所周辺の史跡

大村横穴群

磨郡250余社の総社となった。

　1610(慶長15)年から1613年にかけて再建された社殿群(本殿〈附 棟札1枚・銘札5枚〉・拝殿・幣殿・廊・楼門)は，桃山様式を継承した建造物で，2008(平成20)年に熊本県に所在する初の国宝に指定された。黒塗りで勾配が急な茅葺き屋根の本殿には，随所に花鳥風月や動植物，昇龍・降龍や『二十四孝物語』などの彫刻が施され，創建当時は極彩色で彩られていたと考えられる。また，楼門の軒下四隅には陰陽1対の鬼面(計8面)を配し，全国的にも珍しく，人吉様式とよばれている。

　毎年10月9～11日に行われる例大祭は，おくんち祭とよばれる。1641(寛永18)年から続くもので，人吉・球磨地方に伝わる臼太鼓踊り(球磨地方の臼太鼓踊り，県民俗)などが奉納される。

　なお臼太鼓踊りのほか，人吉市域の県重要無形民俗文化財には，人吉市の棒踊り(大塚・田野)・人吉田野の俵踊り・人吉田野の錫杖踊り，天正年間(1573～92)にポルトガル人によって伝えられた西洋風カルタであるウンスンかるたの遊戯法がある。また人吉と球磨郡域には球磨神楽(国選択)が伝わり，各地区の祭りの際に奉納される。

人吉城跡 ❷
0966-22-2324(人吉城歴史館)　〈M▶P.246, 248, 257〉　人吉市麓町　P
JR肥薩線・くま川鉄道人吉駅🚶20分

相良氏の本拠地　約700年間にわたる

　青井阿蘇神社から南東へ向かい，人吉橋を渡って300mほど直進すると永国寺(曹洞宗)がある。1410(応永17)年，相良前続の開基と伝え，1877(明治10)年の西南戦争時には薩摩軍本営がおかれ，戦火で全焼した。本堂脇には西郷隆盛の遺蹟碑が立っている。寺宝は，応永年間(1394～1428)の作という幽霊掛軸の絵で，毎年8月旧盆の頃，幽霊まつりにおいて，一般公開される。

　永国寺前から東進すると，人吉城大手門跡がみえてくる。この周辺は土手馬場といわれる旧武家屋敷町で，人吉総合病院前には新宮氏屋敷跡があり，人吉城の堀合門が移設・復元されている。これは

人吉城跡とその周辺　　249

幽霊掛軸の絵(永国寺)

近世人吉城の唯一現存する建物である。

人吉総合病院の北側には，老神神社(祭神彦火々出見尊)がある。1628(寛永5)年相良長毎により造営され，現在の本殿(附銘札および文書1組・前机1脚・覆屋1棟，国重文)は漆塗り，極彩色の入母屋造・藁葺きで，本殿・拝殿及び神供所(国重文)の欄間彫刻に桃山風の華麗な手法を残している。

胸川に架かる大手橋を渡ると，相良氏の居城人吉城跡(国史跡)がある。北と西は球磨川と胸川を天然の堀として，東と南は台形状の地形をいかした城郭である。人吉城は，1198(建久9)年に人吉荘地頭に任ぜられ，遠江国相良荘(現，静岡県牧之原市相良)から下向した相良長頼(下相良)によって築城されたと伝わる。近年の研究では，鎌倉時代の相良氏の本拠は，球磨川北岸の願成寺周辺や佐牟田にあったと考えられ，当地への本拠移転は1470(文明2)年前後と推定される。

1589(天正17)年，20代相良長毎は，豊後(現，大分県中部・南部)から石工をよび石垣普請に着手し，文禄・慶長の役(1592・97年)などでの中断を挟み，1601(慶長6)年までに本丸・二の丸や御館を完成させた。1607年からは外曲輪の石垣普請に着手したが，急流に面した川岸での作業は容易ではなく，結局，子の頼寛の代に至ってお下の乱直前(1639年)に中断，本丸の石垣と天守閣はついに完成をみなかった。1862(文久2)年には城下でおきた寅助火事の延焼を受けて城はほぼ全焼した。これを契機に軍制改革が行われ，西洋式石垣の導入や，外塀の土塀化などの大改修が施されたが，西南戦争の戦火で再び焼失した。

近年，人吉城跡は史跡公園として整備され，多門櫓・角櫓・長塀や，球磨川舟運のための水の手門が復元されている。また2007(平成19)年には，地下室遺構をもつ相良清兵衛屋敷跡地の上に人吉城歴史館が開館した。

コラム

相良清兵衛屋敷跡とお下の乱

徳川家康に御目見得を許された家老の末路

　相良清兵衛は初め犬童姓を称したが、相良長毎を補佐し、文禄・慶長の役（1592・97年）にも出征、その軍功により相良氏を与えられた。さらに関ヶ原の戦い（1600年）では、西軍を率いる石田三成に味方しつつ、ひそかに東軍の将徳川家康に通じ、相良氏を安泰に導いた。戦後、清兵衛は、陪臣でありながら家康に御目見得を許され、また人吉藩の家老として8000石余を領したが、しだいに専横な振舞いが多くなり、1640（寛永17）年藩主は江戸幕府に訴状を提出した。清兵衛は、1640年8月、家康の「御目見得士」として死一等を減じて、津軽藩に預けられ、14年後88歳で没した。清兵衛の養子となった半兵衛は一族とともに屋敷に立てこもり、藩主頼寛に対して反乱（お下の乱）をおこしたが、鎮圧され、滅亡した。

　1993（平成5）年、人吉市教育委員会により発掘調査が行われ、人吉城跡内の相良清兵衛屋敷跡から井戸をもつ地下室遺構が発見された。お下の乱を描いた「人吉城絵図」では持仏堂の位置にあたる。

　2000（平成12）年、この相良清兵衛屋敷跡の上に人吉城歴史館が開館した。保存された地下室遺構のほか、一般展示室では、人吉城と相良氏に関する資料がテーマ別に展示されており、映像資料とあわせてわかりやすい説明となっている。

　また、1773（安永2）年に作成された「球磨絵図」は、人吉藩領を詳細に描いたものである。日向国臼杵郡椎葉山（現、宮崎県東臼杵郡椎葉村）境から八代郡（細川領の肥後藩境）までを球磨川に沿って、領内の境目、村名・字名・一里塚・米蔵・高札場、山川の漁猟場、寺社・古城・景勝地などが記されており、当時の政治や社会を知るうえで貴重な歴史資料である。

願成寺 ❸

郷土が誇る相良氏の菩提寺

0966-24-4161　〈M▶P.246, 248, 257〉人吉市願成寺町956　P
くま川鉄道相良藩願成寺駅 🚶 5分

　相良藩願成寺駅から東へ約300m行くと、相良氏の菩提寺願成寺（真言宗）がある。1233（天福元）年、相良長頼の創建で、開山は遠江国常福寺（静岡県）からともなった弘秀上人である。本尊の木造阿弥陀如来坐像（国重文）は、もと多良木の妙法寺（廃寺）の本尊であったが、1658（万治元）年に当寺に移された。ヒノキの寄木造・彫眼で、鎌倉時代末期の作とされる。小さく詰まった螺髪、円満な顔立ち、切れ長の目、広い肩幅、張りのある体、浅く流れるような衣

人吉城跡とその周辺

木造阿弥陀如来坐像(願成寺)

　文は美しい。このほか寺宝に，木造不動明王立像・石造七重塔・絹本著色両界曼荼羅・願成寺文書(いずれも県文化)などがある。

　願成寺の裏山には相良家墓地(県史跡)がある。歴代当主とその夫人の墓所で，入口正面にある大きな墓が初代長頼のものといわれる。江戸時代初期から人吉藩主の墓所(第2〜5墓所)が営まれ，元禄年間(1688〜1704)には各地に点在する相良氏一族の石塔を集め(第1墓所)，現在の墓地景観の基礎ができあがった。五輪塔を主体に約250基の石塔群が立ち並んでいる。

　願成寺から約250m南下すると，1385(至徳2・元中2)年相良前頼の創建と伝える観音寺(曹洞宗)に至る。ここでJR肥薩線の踏切を渡り，すぐ右折，小道を入り西進すると，北側が高く，南側が低い地形となっていることに気づく。市立人吉東小学校前の八坂神社には，湧水があり，この辺りが人吉荘の地頭開発田の中心部と考えられている。その北隣，石垣上に大信寺(浄土宗)がある。1663(寛文3)年の創建といわれ，境内に地蔵堂がある。江戸時代前期の建築と考えられ，堂内に安置されている木造地蔵菩薩立像(ともに県文化)は，クスの一木造・玉眼，女性的なやさしさをたたえる。

井口八幡神社 ❹

〈M▶P.246, 253〉人吉市井ノ口町949　P
JR肥薩線・くま川鉄道人吉駅🚌人吉・熊原線井口🚶3分

彩色彫刻とともに桃山時代を踏襲した建築物

　井口バス停の西100mの所に井口八幡神社(祭神応神天皇ほか)がある。1247(宝治元)年，相良頼観が鎌倉鶴岡八幡神を勧請し，1400(応永7)年相良実長が再興，1488(長享2)年相良為続が造替したという。三間社流造・柿葺きの本殿，拝殿・神供所(神殿，県文化)は，1699(元禄12)年の造営で，桃山様式を伝える建築物である。また鳥居は17世紀後半の造立で，当地方最古のものとされる。

　境内の薬師堂には鎌倉時代後期の木造薬師如来坐像(県文化)が安置されているほか，脇侍の日光・月光両菩薩立像もある。

高寺院 ❺ 〈M▶P.246, 253〉球磨郡山江村山田甲1640 [P]
JR肥薩線・くま川鉄道人吉駅🚌人吉・山田線JA山江🚶15分

人吉駅の北東約2km、上鶴田町バス停すぐ北側の小高い丘は合戦ノ峯とよばれ、古来古戦場と伝えられてきた。その麓に山田伝助の供養墓がある。近世、人吉藩は浄土真宗を禁制にしていたが、信者はひそかに信仰の火を守り続けた。この「かくれ念仏」といわれた信者の1人に山田伝助がおり、1796（寛政8）年に処刑された。

合戦ノ峯から県道162号線を2.5kmほど北上したJA山江バス停近くには、1937（昭和12）年に建造された木造2階建ての旧山江村役場庁舎（国登録）がある。

旧山江村役場庁舎から南へ約300m行き右折すると、西方約500mの高台に高寺院（真言宗）がある。平安時代末期、平頼盛の代官矢瀬主馬之助の創建と伝えられ、本堂の木造勢至菩薩立像（県文化）は「承久二（1220）年源寛作」の胎内銘をもっている。境内の収蔵庫に安置されている3体の木造毘沙門天立像（2体が国重文）は、いずれもクスの寄木造、平安時代後期の作である。墨書銘から木造多宝塔（県文化）は県内唯一の安土桃山時代の木造塔で、1580（天正8）年、須恵の平等寺（廃寺）8世・9世の追善・逆修供養のために寄進されたことがわかる。収蔵庫脇の石段を約300段のぼると、林の中に1655（承応4）年造営の高寺院毘沙門堂（国登録）がある。この堂は、球磨地方に現存するもっとも古い瓦葺き建造物であることが文化庁の調査で判明した。

高寺院の北東約200mの所に山田大王神社（祭神平河藤高命）があ

山江村役場周辺の史跡

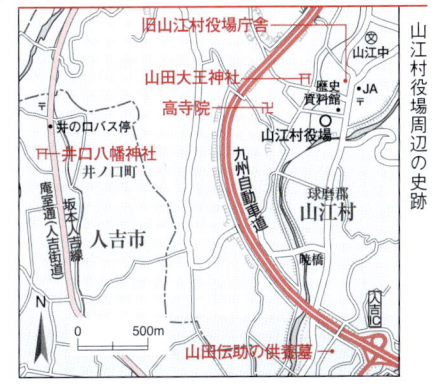

高寺院毘沙門堂

県内唯一の安土桃山時代の木造多宝塔を所蔵

人吉城跡とその周辺　253

る。本殿(附祈禱札1枚・覆屋1棟・由緒札1枚・石造明神鳥居1基，国重文)・拝殿及び神供所(附銘札1枚，国重文)は，中世の南日本の神社建築を知ることのできる数少ない建造物として貴重である。また，神社の裏山一帯は14世紀に存在した山田城跡である。

神瀬鍾乳洞 ❻

〈M▶P.246〉球磨郡球磨村神瀬 P
JR肥薩線白石駅🚶10分，またはJR肥薩線・くま川鉄道人吉駅🚌人吉・熊本(八代)線岩戸🚶5分

イワツバメが越冬する神秘的な洞窟

人吉市街地から国道445号線を約2km西進すると人吉市下薩摩瀬町交差点に至り，これを越えてさらに約600m行くと楽行寺(浄土真宗)に着く。当寺には「傘の開山像」と「俎の阿弥陀如来像」(真宗禁制の遺物一括，県文化)がある。傘・俎にみせかけて加工したキリの容器に親鸞画像の掛軸1幅と阿弥陀如来像を納めたもので，「かくれ念仏」の信者の苦労が偲ばれる。また楽行寺から万江川沿いに北へ約4km進むと，上原田町馬草野集落の入口に1539(天文8)年に建立された馬草野の庚申塔(県文化)があり，初期の作例として貴重である。

神瀬鍾乳洞

メガロドン化石群

人吉市下薩摩町交差点から国道219号線を西へ約3km進むと，球磨郡球磨村に入る。両側の山が急に迫り，国道もJR肥薩線も球磨川に沿う形で延びていく。近世，人吉と八代を結んだ唯一の動脈は球磨川舟運であり，1908(明治41)年の鉄道開通まで多数の川舟が往来した。現在では観光用として球磨川下りが行われており，近年はラフティングの愛好者が増えている。

球磨川沿岸には大小15の石灰岩の鍾

人吉・球磨地方に残る石橋・石倉・石風呂

コラム

凝灰岩を生活の中に利用した独自の文化

人吉盆地内の台地のほとんどは溶結凝灰岩とよばれる火山の噴出物によって形成されている。また、そのなかのほとんどが加久藤溶結凝灰岩(約30万年前に加久藤カルデラから噴出)で、わずかに阿蘇溶結凝灰岩(約9万年前に阿蘇カルデラから噴出)がみられる。これらの凝灰岩はやわらかく加工がしやすいため、古くからさまざまな道具の材料に利用されてきた。人吉・球磨地方では、深田石・山田石・原田石が有名でほとんどが加久藤溶結凝灰岩と考えられる。

人吉城跡内の溜池に架かる御館御門橋(県文化)は、1766(明和3)年の竣工で、球磨郡山江村円蔵から採石・運搬されたことが、庄屋日記から判明している。竣工銘のある石橋では県内最古のものである。また人吉市下原田町には1854(嘉永7)年に建造された石水寺の眼鏡橋があり、人吉・球磨地方には、江戸時代から昭和時代までの石橋17基が存在する。

石倉は約100棟が残っている。建築年代はおもに大正時代から1945(昭和20)年以前であり、山江村山田に所在する1941(昭和16)年建造の球磨地域農業協同組合第26倉庫(山江倉庫2号)や1929(昭和4)年建造の赤坂家石倉は1998(平成10)年に、1935(昭和10)～37(昭和12)年建造の多良木町交流館石倉(旧多良木町農業会米倉)が2009(平成21)年に国登録文化財となった。

石風呂は、焚口が鉄製である以外は、凝灰岩塊を割り抜いてつくられており、1753(宝暦3)年に亡くなった瓜生市兵衛の考案になるとされている。五右衛門風呂の普及により使用されなくなり、民家の庭の隅などに放置されていることが多い。

多良木駅前の石倉

乳洞がある。球磨村大瀬の球泉洞は、観光洞として整備され、800mほどの区域が見学ができる。大瀬鍾乳洞からは、縄文時代早期の土器・石器や獣骨・貝殻が出土した。神瀬鍾乳洞(国名勝)は、約6km上流で国道219号線岩戸バス停の東約150mにあり、幅40m・高さ17m・奥行き40mの規模で落石によりふさがれている洞窟である。洞窟奥の擂り鉢状のくぼみには、水が溜まっており、御池とよ

人吉城跡とその周辺

ばれている。天井にみられる多数の鍾乳石は,最長で3mほどである。洞窟内には,神瀬の熊野座神社(祭神伊邪那美命・速玉男命・事解男命)がまつられている。

1783(天明3)年に当地を訪れた伊勢(現,三重県)出身の医師橘南谿は,『西遊記』の中で,神瀬鍾乳洞には「一足鳥」とよばれる小鳥が数百羽生息しており,これを捕らえると災害や疫病が流行するといわれ,地元で大切にされていると記している。一足鳥とはイワツバメを指し,この洞窟内で越冬することで知られる。

岩戸バス停から国道219号線を北へ約1.5km進むと,村立神瀬小学校のかたわらに,806(大同元)年創建という神瀬住吉神社(祭神筒男三神)がある。社殿・拝殿・覆屋・鳥居(いずれも県文化)は17世紀後半の建造物で,鳥居の額束は相良氏33代相良頼之の書である。

なお,球泉洞周辺の球磨川の河原は,今から約2億年前に生息した厚い貝殻と大きな歯をもつ二枚貝の一種メガロドン化石群産地(県天然)となっている。

❷ 人吉から多良木を訪ねて

球磨川沿いを歩き，文化財愛護のモデル地区を確かめる。

岩屋熊野座神社 ❼

〈M▶P.246, 257〉 人吉市東間上町3799
JR肥薩線・くま川鉄道人吉駅🚌東間経由大塚または田野行岩屋口前🚶5分

人吉・球磨地方で唯一の両部鳥居をもつ神社

人吉駅から約2km南下して左折，約600m行くと国道219号線東間下町交差点に至る。再び南へ向かい，胸川沿いに約900m遡った所で左折すると岩屋熊野座神社(祭神熊野三社〈応神天皇〉)の鳥居がみえる。当社は建久年間(1190〜99)，初代相良長頼の創建である。

凝灰岩製の鳥居(附旧扁額1面)は当地方唯一の両部鳥居で，これをくぐり，長い参道を抜けると境内に至る。本殿は切妻造・鉄板葺きの覆屋の中にあり，一間社流見世棚造・板葺きの中央殿(附相殿2棟・棟札1枚)・左殿・右殿の3棟からなる。その手前には，入母屋造・茅葺き(鉄板仮葺き)の拝殿を配する。中央殿・左殿は天正年間(1573〜92)，右殿・拝殿・覆屋は1727(享保12)年，鳥居は1701(元禄14)年の造営である。社殿の構成や本殿の意匠など，球磨地方の神社建築の特色をよくあらわしており，いずれも国の重要文化財に指定されている。

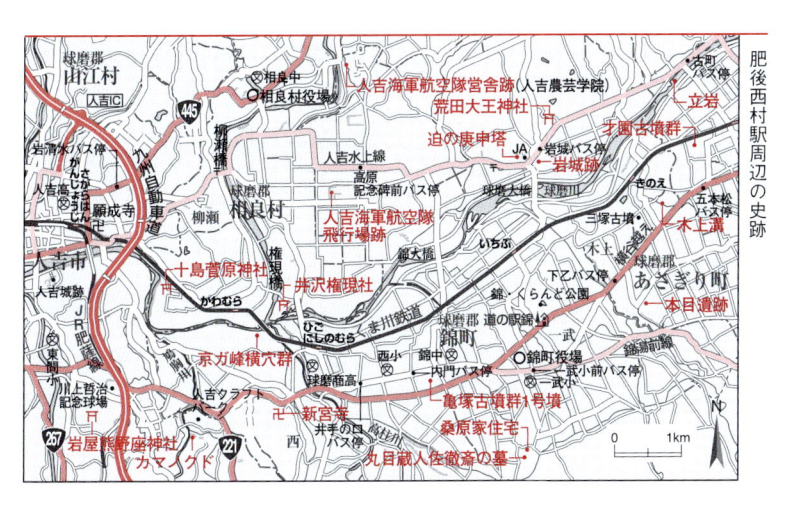

肥後西村駅周辺の史跡

人吉から多良木を訪ねて

岩屋熊野座神社鳥居

国道219号線に戻り東へ約2km行くと，右手に人吉クラフトパークがみえる。その下を流れる鳩胸川(はとむね)周辺には，カマノクド(県天然)がある。加久藤溶結凝灰岩(かくとうようけつ)の岩盤上の窪(くぼ)みに入り込んだ小石が，水流を受けて回転することにより形成された甌穴(おうけつ)(ポット・ホール)群で，クド(竈(かまど))の名称はその形状にちなむ。

京ガ峰横穴群(きょうがみねよこあなぐん) ❽

〈M▶P.246,257〉球磨郡 錦 町 西字蓑毛田1121-1ほか ℗ くま川鉄道肥後西村駅(にしむらえき)🚶15分，または JR肥薩線・くま川鉄道人吉駅🚌人吉・湯前線新宮寺前(しんぐうじ)🚶15分

球磨川左岸の崖に掘り込まれた装飾古墳

肥後西村駅の西方約1kmの所に京ガ峰横穴群(県史跡)がある。川辺川(かわべ)と小纏川(こまとい)が球磨川に合流する辺りから約500m下流にかけて，阿蘇溶結岩の崖面に6世紀頃と考えられる横穴3基が確認されている。そのうちの1基の羨門(せんもん)外壁周辺に装飾がみられ，靫(ゆき)・盾(たて)・車輪(しゃりん)状文(もん)，剣・人物彫刻に朱(しゅ)の彩色が施されている。

肥後西村駅の南西約900mの新宮寺(おうばく)(黄檗宗)には，天正〜寛永(かんえい)年間(1573〜1644)に造立された木造六観音坐像(ろくかんのん)がある。

新宮寺から東へ約1km行った球磨中央高校前バス停の北東一帯には，東西約400m・南北約500mにおよぶ尼が土手(あまがどて)とよばれる土塁(どるい)があった。相良氏入国以前からの豪族須恵氏の居館跡，あるいは郡衙(ぐうが)跡と考えられている。肥後西村駅の東約1.5kmの所に，須恵尼の墓と伝えられる尼どんの墓が残る。

球磨中央高校前バス停に戻り，国道219号線を東へ約1.3km，内門(うちかど)バス停北東側の梨畑に亀塚古墳群(かめづか)1号墳(県史跡)，その西約50mに2号墳がある。全長50mの前方後円墳で，出土遺物は未確認だが，5世紀中頃から6世紀前半の築造と推定されている。1号墳より南へ約300m，駐車場内にある3号墳とともに，本県および南九州の最内陸部における前方後円墳(ぜんぽうこうえんふん)の南限となっている。これは，ヤマト政権の支配下に入った熊襲(くまそ)や隼人(はやと)に対抗する勢力が，当時の人吉・球磨地方に存在した証拠といえる。

桑原家住宅

亀塚古墳群1号墳から東へ約2km行き，町立一武小学校前バス停手前で右折，1.2km南上すると桑原家住宅(国重文)がある。江戸時代末期に建てられた寄棟造・茅葺きの曲り家で，「ざしき(接客の室)」「あらけ(次の間)」のそれぞれに玄関を備えている。

桑原家住宅の南西約250mの所には，丸目蔵人佐徹斎(長恵)の墓がある。丸目蔵人は宮本武蔵とほぼ同時代の人で，相良家の武道師範をつとめた。

桑原家住宅の南東約700mの山中に下り山須恵窯跡群がある。1966(昭和41)年に9基が発見され，9世紀頃と考えられる大型の甕から，大小の壺類・碗・皿・坏・紡錘車など膨大な量の出土品が確認されている。3基は11世紀後半から12世紀前半の登り窯とみられ，この時期の須恵窯として九州唯一で，注目される。

才園古墳群 ❾ 〈M▶P.246,257〉球磨郡あさぎり町免田西字永才 くま川鉄道おかどめ幸福駅🚶5分，または JR 肥薩線人吉駅🚌湯前行五本松🚶10分

中国の影響を受けた金メッキの鏡などが出土

桑原家住宅から国道219号線に戻り北東に進み，水無川を渡るとあさぎり町に入り，下乙バス停から国道をはずれ東へ約500m行くと，左手竹林の脇に本目遺跡がある。ここは，約1800年前につくられた免田式土器が初めて出土した遺跡である。算盤玉の形をした胴に，やや開き気味に延びる円筒状の長い頸がつく独特な形状の土器で，胴部の上半分には重弧文・鋸歯文・綾杉文などが細い棒でつけられている。分布域は，中九州の白川・緑川流域や球磨川流域と南九州に分布するが，北九州や遠く沖縄本島でもみつかっており，弥生時代後期における地域間交流を物語る。現在，遺跡の一角は歴史公園として整備されている。

下乙バス停から国道219号線を北東へ約2km，五本松バス停直前の小道を左折し約1km行くと，才園公民館の脇に才園古墳群(県史跡)の2号墳石室がある。1938(昭和13)年の公会堂建設で封土が

金メッキ銅鏡（才園古墳出土）

取りのぞかれ，石室が露出した。溶結凝灰岩の巨石を箱型に組み立てた横穴式石室は，奥行2.25m・幅2.12m・高さ1.3m，内部壁面や床面に朱が塗布されていた。6世紀後半から7世紀前半頃につくられた径15m・高さ3.5mの円墳と推定され，破壊時，神獣鏡を始め，石製の玉・金環といった装飾品，馬具・直刀などの副葬品が出土した。神獣鏡は白銅製で直径11.6cm，背面には神獣文様のほか，外縁に32文字，内区に12文字の吉祥句の文字があり，背面全体に金メッキが施されている。金メッキ銅鏡は，中国では後漢や六朝時代にみられる特色で，日本ではほかに3例があるだけである。これらの副葬品は，才園古墳出土品として国の重要文化財となり，熊本市立熊本博物館に展示されている。2号墳とともに県指定史跡となっている。

上村焼窯跡 ❿

〈M▶P.246〉球磨郡あさぎり町上字上の原2104-1
JR肥薩線・くま川鉄道人吉駅🚌人吉・狩所線狩所🚶15分

生活雑器を焼いた窯跡、西南戦争により廃窯

才園古墳群から国道219号線に戻り約2km東進，免田東交差点から県道260号線に入り，約1.5km南下すると，柳別府バス停の東方に町立あさぎり中学校がある。この周辺は，1945（昭和20）年につくられた神殿原陸軍飛行場跡で，永山集落の林の中に掩体壕のコンクリート土台が残存している。

柳別府バス停から南東へ約2.5km行くと，整然とした地割をもつ麓集落がある。江戸時代の外城制度により，城の麓に居住した旧郷士屋敷跡で，1軒あたりの屋敷地が現在も残っており，驚かされる。集落側の突き当たりが上村城跡への登り口となっている。城主上村氏は相良氏の一族で，戦国時代には上村頼興の子晴広が相良氏本宗を継いだことから勢力をなした。現在でも堀切や段数にわたる平場などの遺構が残る。

麓集落から県道43号線を約1km北上，狩所バス停手前で右折し南東へ600m行くと，鶴田氏邸入口に標柱が立つ。ここが，江戸時

代初期から明治時代初期まで焼かれた上村焼窯跡及び灰原(県史跡)である。4連房式の登り窯と，灰原のマウンドが残存している。

狩所バス停から県道43号線を北東へ約4km行くと，あさぎり町岡原の宮麓(みやふもと)集落に着く。ここからは城山(しろやま)をのぼって行くと，宮原観音堂(県文化)がある。和様と唐様の折衷様で室町時代末期の建立とみられる。堂内の厨子(ずし)(県文化)は色彩が艶(あで)やかである。

宮園(みやぞの)のイチョウ ⓫

〈M▶P.246〉球磨郡五木村甲5663 P
JR肥薩線・くま川鉄道人吉駅 🚌 人吉・上荒地線宮園(かみあらち)
🚶1分

樹齢600年、樹高45mの大イチョウ

人吉市街地から国道445号線を約30km北上すると，川辺川ダム建設に揺れた五木村役場のある頭地(とうじ)集落に着く。そこから比高差約100mをくだると，ダムで水没する予定であった頭地の旧集落跡に田口の大イチョウと民家がある。推定樹齢500～600年，樹高28mの雌の老大木で，古来この場所で，願立て・堂祭り・雨乞(あまご)い・綱引き相撲などが行われ，五木村の歴史的シンボルとされてきた。

五木村役場から国道445号線をさらに約8km北上すると，宮園の阿蘇(あそ)神社に樹齢600年とされる宮園のイチョウ(県天然)がある。樹高45m・幹囲8.3m，以前は雄株・雌株からなっていたが，雌株は1965(昭和40)年の台風で倒れてしまった。秋になると美しい黄金色に染まる。

宮園のイチョウ

岩城跡(いわんじょうあと) ⓬

〈M▶P.246, 257〉球磨郡錦町(にしきまち)木上岩城(きのえ)
くま川鉄道一武(いちぶ)駅 🚶20分，またはJR肥薩線・くま川鉄道人吉駅 🚌 木上経由人吉・湯前(ゆのまえ)線岩城 🚶5分

球磨川右岸の独立丘陵上に平河氏による築城

人吉駅から球磨川沿いに約2.3km東進し，九州自動車道手前で右折，南東へ約1km行くと十島菅原(としまずがわら)神社(祭神菅原道真(みちざね))がある。弘安(こうあん)年間(1278～88)の創建と伝えられ，室町時代以降は，人吉・球磨地方の領主相良氏によって篤く崇敬されてきた。三間社流造(さんげんしゃながれづくり)・

人吉から多良木を訪ねて　261

十島菅原神社

板葺き(鉄板仮葺き)の本殿(附宮殿1基)は1589(天正17)年、寄棟造・茅葺きの拝殿(ともに国重文)は1763(宝暦13)年の建造である。本殿の棟束には、「天正十七(1589)年」、近世相良家の基礎を築いた20代長毎が建造したと墨書されている。境内にある池(東西42m・南北47m)の中には10個の島があり、十島の由来とされる。

川村駅から北東へ約600m進み、川辺川に架かる権現橋を渡ると井沢権現社がある。1542(天文11)年、相良長唯の再興と伝えられる。中央殿・右脇殿・左脇殿は1542年頃、右摂社・左摂社(いずれも県文化)は17世紀前半頃の建造とみられる。

権現橋の北約2kmの柳瀬橋を渡り県道33号線を東進、高原台地にのぼると、高原記念碑前バス停の南側に人吉海軍航空隊飛行場跡があり、その北約1.5kmの国立少年院人吉農芸学院の敷地が人吉海軍航空隊営舎跡にあたる。当時のままの門柱が残っている。

高原台地を東へくだると木上集落に出る。この付近が、鎌倉時代に相良氏と並ぶ勢力をもった在地豪族平河氏の本拠地である。岩城バス停の東約100mの所には平河義高の築城とされる岩城跡がある。標高120m、東麓の水田からの比高差約40mの独立丘陵上に築かれた山城で、中央部を走る迫地などが残る。平安時代末期にはすでにその存在が確認できる平河氏は、相良氏との戦いに敗れて没落した。相良氏は、平河一族の怨霊を鎮めるために、岩城跡の北側に荒田大王神社を始めとする郡内6社の大王神社を創建したといわれる。荒田大王神社境内の観音堂には、「保延七(1141)年」銘の木造釈迦如来像(県文化)がまつられている。また、錦町立木上小学校の北側約300mの迫集落の中には、「天文三(1543)年」銘をもつ球磨地方最古の庚申塔である迫の庚申塔(県文化)がある。

勝福寺古塔碑群 ⑬ 〈M▶P.246, 263〉球磨郡あさぎり町深田北字仁王 くま川鉄道あさぎり駅,またはJR肥薩線・くま川鉄道人吉駅🚌黒肥地経由人吉・湯前線庄屋🚶30分

中世の歴代住職や檀家の武士たちの墓所

　荒田大王神社から県道33号線を東へ約1km行くと,1759(宝暦9)年に開削された用水路である木上溝を越える。さらに約1.2km東進すると,古町バス停の東側,球磨川沿いに大きな岩が聳えている立岩である。古町付近は,1919(大正8)年の鉄道開通まで,舟運の要地として栄えた。立岩は舟繋ぎとして使用されていたが,現在は,1907(明治40)年に井上微笑(藤太郎)が詠んだ「大根舟　続く炭舟　下り舟」の句が刻まれており,当時の様子が偲ばれる。なお,井上微笑は福岡県甘木市出身で,湯前村役場に勤務するかたわら俳人として活躍した。

　あさぎり町役場深田支所から銅山川沿いに約1.5km北上,内山集落先で左折して広域農道(通称フルーティーロード)を西へ約1.5km進み,右折して約500m,開拓地の畑の中に新深田遺跡(地下式板石積石室墓群)がある。板状の石をドーム状に積み上げて築いた墓群で,弥生時代の終わりから古墳時代初め頃の築造と推定され,南九州地方のみにみられる独特の形態から,熊襲や隼人の墓と考えられている。

木造毘沙門天立像(勝福寺)

　内山集落からフルーティーロードを東へ約2.5km進み,左折して約600m行くと,平安時代中期頃の創建と伝えられる勝福寺(真言宗)がある。1813(文化10)

須恵支所周辺の史跡

人吉から多良木を訪ねて

新深田遺跡(地下式板石積石室墓群)

年の「深田村絵図下地」には伽藍の様子が描かれているが，1870(明治3)年に廃寺となり，現在は荒茂毘沙門堂と称する一堂が残るのみである。この中には木造毘沙門天立像外七立像(県文化)が安置されている。2004(平成16)年の調査により，「久寿三(1156)年」の紀年銘と，地元の豪族須恵氏の造立とわかる胎内墨書が発見された。

谷を挟んだ西側丘陵上の勝福寺古塔碑群(県史跡)は，鎌倉時代から江戸時代にわたる1100基以上におよぶ石塔群である。そのうち造立年銘をもつ石塔は，鎌倉時代3基・南北朝時代5基・室町時代10基・桃山時代24基・江戸時代40基が存在し，「弘安四(1282)年」の五輪塔は球磨地方で最古のものである。

鬼の釜古墳 ⑭

〈M▶P.246, 263〉球磨郡あさぎり町免田東字北吉井
くま川鉄道あさぎり駅🚶30分，またはJR肥薩線・くま川鉄道人吉駅🚌人吉・湯前線下吉井🚶13分

隅丸長方形に刳り抜いた羨門をもつ円墳

あさぎり町役場深田支所から県道33号線を約2.5km東進すると，旧須恵村域に入る。旧須恵村は，アメリカのシカゴ大学のジョン・F・エンブリーによって紹介され，世界的に有名になった村である。エンブリーは，1935(昭和10)年から1年余り，夫人と娘とともに須恵村に住んで，日本人学者でもまれだった日本の村落社会構造に関する研究を行い，その成果を1939年に『SUYE MURA, A Japanese Village』として刊行した。当時，外国人が日本の村落を知るための唯一の論文であった。

須恵支所の北約1.2km，フルーティーロード沿いに須恵諏訪神社(祭神建御名方主命ほか)がある。覆屋のかけられた本殿(県文化)は二間社流造・板葺き，その内部に安置された宮殿(県文化)は寄棟造・板葺きで唐様の手法がみられる。宮殿の神像には，「天文二十一(1552)年」の墨書がある。相良晴広の造営とされる。

旧須恵中学校舎から県道33号線を深田方面へ約1km進み，須恵

鬼の釜古墳

支所から左折し、川瀬橋を渡り免田方面へ約1.2km進むと、鬼塚橋のたもとに鬼の釜古墳(県史跡)がある。阿蘇溶結凝灰岩製の横穴式石室をもつ径約11m・高4.5mの円墳である。羨門は1枚の大石を隅丸長方形に刳り抜き、奥壁には石棚が設けられており、石室構造や採集された須恵器などから7世紀前半頃の築造と推定されている。

須恵中学校から約3km、フルーティーロードを抜けて阿蘇川沿いに行くと、平等寺跡がある。道の東側水田の中に平等寺の金堂である釈迦堂があり、堂内に木造釈迦三尊坐像(県文化)が安置されており、もとは平等寺の本尊であった。文殊菩薩坐像の胎内には、「嘉元二(1304)年二月□日」の銘が確認されている。堂の北側と東側の境内には、室町時代から江戸時代の240基からなる古塔碑群がある。この中にある平等寺の庚申塔(県文化)は、1535(天文4)年、勢深ほか15名の逆修供養のための五輪塔型である。

街道から水運,そして鉄道

コラム

人吉・球磨地方の交通の歴史的変遷

街道

1484(文明16)年から1566(永禄9)年までの相良氏八代支配時代の記録である『八代日記』によれば、中世の人吉と八代を結ぶ道は、球磨川を中心に3つあったとされる。

第1のルートは佐敷道(人吉街道)である。このルートはもっとも多く利用された幹線道であった。人吉から芦北の計石までは延長約40kmの陸路、計石から八代までは海路であったとされる。第2のルートは庵室越(求麻山越、照岳越)といわれる山岳道で、人吉・八代間を最短距離で結ぶ。最短道であることからおもに緊急の際用いられており、軍事道的性格が強い。1877(明治10)年の西南戦争時にも利用され、台場跡も点在する。人吉の馬草野から照岳・白岩山を越え、坂本・日奈久を経由して八代に至るルートと考えられ、急げば1日で走破できたと伝えられる。第3のルートは五木越といわれ、五木から大通峠を越え、宮原方面へ抜けて八代に至るルートである。

近世になると、球磨川本流沿いの道や万江川渓谷から肥後峠を越える山岳道などが整備されていったようである。

水運

球磨川は、急流であり、しかも巨岩がゴロゴロと横たわる難儀な川である。八代に向う球磨川沿いの道は険しい。物資の運搬はおろか人馬の通行も容易でなかった。

1662(寛文2)年、人吉藩の御用商人林正盛は、球磨川舟運を実現させるため、私財を投げ打って球磨川開削工事をした。途中、工事は球磨郡球磨村大瀬と葦北郡天月の間に横たわる亀石とよばれる巨岩の掘削に難渋したが、正盛は稲荷神の夢告に従い、数百把の薪を焚いて、これを割り砕いて除くことに成功したという(『求麻川掘記録帳』)。1665年についに舟運は開通した。人吉から八代の下り舟は10時間、上り舟は4日間を要したが、藩主の参勤交代・物資運搬のみならず、一般の人びとの交通手段として鉄道開通まで役割をはたした。

鉄道

肥薩線は、1908(明治41)年5月に八代・人吉間、1909年11月に人吉・吉松間が開通し、鹿児島県まで通じた。八代・人吉間は球磨川沿いを走る鉄道であることから川線、人吉・吉松間は山線とよばれ、大畑駅周辺のループ線やスイッチバックはその名にふさわしい難所となっている。当時の建造物として、人吉駅には1911(明治44)年に建造された石造の機関庫が県内では唯一残されている。矢岳駅には、1939(昭和14)年に製造された蒸気機関車D51が展示されており、1909年建造の旧国鉄矢岳駅駅長官

舎井戸・主屋(国登録)が残る。なお、八代・人吉間が開通した年の1908年6月13日、民俗学者柳田國男（やなぎたくにお）が人吉駅に降り立った。人吉・球磨地方で5日間をすごした後、鹿児島経由で宮崎県椎葉（しいば）の地を踏み、日本民俗学の出発点となった大著『後狩詞記』（のちのかりことばのき）が生まれた。

人吉・球磨地方の近世陶磁器

コラム

肥前や薩摩焼の影響を受けた陶磁器

　人吉・球磨地方の近世陶磁器窯は、県指定史跡の上村焼窯跡（球磨郡あさぎり町）ほか、城本焼窯跡（人吉市）、一勝地焼窯跡・高沢焼窯跡（球磨郡球磨村）、田上焼窯跡（同郡湯前町）がある。ここでは、上村焼・城本焼・一勝地焼について述べたい。

　1847（弘化4）年、人吉藩家老田代政輔により編纂された『求麻外史』によれば、1598（慶長3）年、朝鮮に出兵した相良長毎は、朝鮮人陶工を日本に連れて帰り、上村に住まわせたと記されている。この陶工が、上村焼をおこした人物であると考えられる。その後一時衰退し、1797（寛政3）年に最所利助が再興したが、1877（明治10）年、西南戦争の戦火で廃絶した。現在は、あさぎり町上村字狩所に4連房式の登り窯が1基残存し、灰原とともに県史跡に指定されている。伝存する上村焼は、大型の甕・壺類から厨子・花瓶・擂鉢・諸食器に至るまで、実にさまざまである。なかでも耳付き茶壺が多く、茶褐色の渋い釉薬を特徴とする。

　城本焼は、人吉藩士右田伝八が江戸で楽焼の製法を学んで帰り、1772（明和9）年、人吉の城本で開窯したことに始まる。当初、八代焼の上野丹次を招き窯を築いたが失敗し、肥前大村（現、長崎県大村市）の太平次が窯を打ち替えて成功した。さらに、薩摩龍門司焼の川原芳工や肥前唐津焼の榎本永助も招かれ、以後、城本焼は本格的に発展した。なお一説に、寛永年間（1624～44）頃には伝八の先祖がすでに開窯していたともいう。壺・甕・鉢・皿などが焼かれており、明治時代まで存続したが、窯を青井町に移したことから「青井焼」とも称された。

　1776（安永5）年、一勝地田代で陶石を発見した右田伝八が、城本窯を榎本永助に預けて、同地であらたに開窯したのが一勝地焼である。ほとんどが高温で焼かれた半磁器で、壺・甕・徳利・花入・鉢・皿・茶碗・燗瓶・仏具・菓子器などを中心に生産された。色調は灰青色の淡色の半磁器と、「飴地に藤色流し」と表現される飴色・濃褐色・淡褐色に海鼠釉をかけた陶器がある。

　一勝地焼は、江戸時代を通じて人吉藩の庇護を受け繁栄した。一勝地は肥後藩領の葦北と境を接するため、窯元の右田氏は境目番所の役人を兼ねており、しかも罪人を人夫として使用し、活発な生産活動を行っていたようである。1883（明治16）年、8代目右田忠吾に後継者がなく、廃窯に至った。その後、一時再興されたが、現在は後継者がいない。

❸ 多良木から市房へ

球磨川上流，市房山を拠点に自然と史跡を訪ねる。

王宮神社 ⓯　〈M▶P.246, 269〉球磨郡多良木町黒肥地1278 P
0966-42-2529　くま川鉄道多良木駅 徒 20分

県内最古の楼門が残る古社

　多良木駅の北約1.2km，里城集落は，中世山城の里城があった所である。ここから北へ約250m行くと，1315(正和4)年頃の創建と伝えられる諏訪神社(祭神建御名方主神)，さらに約200m北には，「永禄九(1566)年」銘の木造男女神坐像(県文化)を所蔵する新山八幡神社(祭神相良治頼夫妻)がある。神像は相良治頼夫妻像とされるが，男神像は1970(昭和45)年に盗難に遭って，現在も所在不明である。

　新山八幡神社の北約2km，長平川と宮ヶ野川との合流点西方の小高い丘に栖山観音堂がある。球磨修験道四山の１つで，本尊の木造千手観音立像(県文化)は，像高283cm，球磨地方最大の仏像である。脇侍の持国天・多聞天・毘沙門天像(木造四天王立像，県文化)も，力強く迫力を感じさせる。いずれも鎌倉時代中期の作とみられ

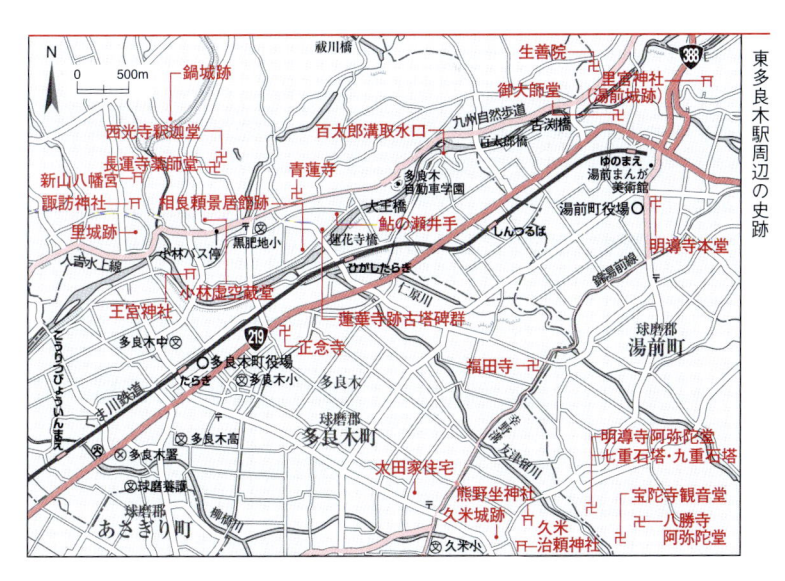

東多良木駅周辺の史跡

王宮神社楼門

ている。

多良木駅から北東へ約1.2km行くと，王宮神社(黒肥地神宮，祭神神日本磐余彦尊ほか)に至る。807(大同2)年，日向国(現，宮崎県)の土持氏によって多良木町源島に創建され，949(天暦3)年に現在地に遷されたと伝えられる。境内には，室町時代の重層の楼門(県文化)がある。明治時代末期の修理時に上層の斗栱が取りのぞかれたが，県内最古の唐様の楼門として貴重である。また，「文永十二(1275)年」銘の懸仏は，元寇に際して異国降伏を祈願して奉納されたものとみられる。

王宮神社から北東へ600mほど行き，県道33号線の小林バス停で左折して坂をのぼると，小林虚空蔵堂(黒肥地寺)がある。東明寺跡に建立されたといわれ，堂内には「寛正六(1465)年」の墨書銘をもつ木造虚空蔵菩薩坐像と，室町時代初期の木造阿弥陀如来立像の2体が安置されている。

小林虚空蔵堂からさらに北へ500m進み，丸山方面へ左折すると，小椎川に架かる橋の北側に位置する独立丘陵が鍋城跡である。相良頼氏によって築かれ，上相良氏歴代の居城になったという。下相良氏による郡内統一後は，上球磨地方の押さえの城として利用された。東西約300m・南北約500mの中世山城跡で，「本丸」「二の丸」などの地名が残り，石垣の一部・古井戸・堀切などの遺構も確認できる。

青蓮寺 ⑯　〈M▶P.246, 269〉球磨郡多良木町黒肥地3992
0966-42-2637　くま川鉄道 東多良木駅 🚶15分

県内最大規模の阿弥陀堂鎌倉時代の特色を示す

小林虚空蔵堂から県道33号線に戻って東に300mほど行き，牛繰川手前の道を左折し，約800m北上すると長運寺薬師堂がある。長運寺は1367(正平22)年に兵火に遭うまでは鍋城内にあり，1383(弘和3)年，現在地に薬師堂のみが再興された。堂内には禅宗様(入母屋造)の厨子(県文化)があり，中に鎌倉時代後期の作という木造

270　人吉・球磨

青蓮寺阿弥陀堂

薬師如来坐像(県文化)が安置されている。薬師堂の隣に西光寺釈迦堂がある。堂内には，「明応十(1501)年」の墨書銘をもつ禅宗様(入母屋造)の厨子(県文化)がある。

　県道33号線に戻り，東へ約600m行くと青蓮寺(真言宗)がある。1295(永仁3)年，相良宗頼が曽祖父頼景の菩提を弔うために建立したと伝えられる。

　青蓮寺阿弥陀堂(附 棟札2枚，国重文)は方5間の寄棟造・茅葺きで，県内最大の規模を誇り，その荘重さは鎌倉時代建築の特色をよく示している。内部は内陣と外陣に分かれ，内陣に安置されている本尊の木造阿弥陀如来及両脇侍〈観世音菩薩・勢至菩薩〉立像(国重文)は，京都の仏師院玄による1295年の作で，円満にして柔和，慈悲深い眼，親しみを感じる面貌で，鎌倉時代彫刻の気品を漂わせている。外陣右側には，「正応元(1288)年」銘の木造地蔵菩薩立像がある。もと深田村(現，あさぎり町深田)の勝福寺に伝えられたものという。

　阿弥陀堂の裏には，鎌倉時代から江戸時代に建てられた上相良氏代々と歴代住職らの五輪塔・板碑・石塔婆100基(青蓮寺古塔碑群，県文化)が整然と並ぶ。境内には，昭和時代のものだが徳利に盃をかぶせた形の「焼酎飲みの墓」があり，ユーモアを誘っている。

　青蓮寺から東へ150mほど行き左折，約1.5km北上すると大塚集落に至り，ここから北東の愛宕山へ向かうと東光寺薬師堂がある。裏山の崖に刻まれた大日如来の磨崖梵字(アーンク)は，鎌倉時代のものと推定されている。山麓からは，「文永十(1273)年」銘の青銅製経筒(附 銭貨及び経巻〈法華経8巻〉，県文化)が出土しており，現在は多良木町中央公民館に収蔵されている。

　青蓮寺から東へ約450m行って右折，大王橋を渡らず球磨川の土手沿いを下流へ向かうと，今は河川工事によってすっかりかわってしまったが，鮎の瀬井手をみることができる。近くに「永仁三(1295)年」銘のある石碑もあり，相良頼宗の時代に掘られた灌漑用

多良木から市房へ

水路と考えられている。さらに土手を西へ約700m行くと相良頼景居館跡に至る。1193(建久4)年,源頼朝より多良木荘を与えられた相良頼景が構えた館跡である。船着場と考えられる遺構が確認され,四方に高く盛り上げた土塁(南側は現存せず)とともに,中国製陶磁器が出土した。

相良頼景居館跡の西約150m,堤防右下には蓮花寺跡古塔碑群(県文化)がある。球磨川河川改修にともなう発掘調査のおりに出土したもので,五輪塔・板碑・石塔132基が残る。また,「文永六(1269)年」銘の笠塔婆があり,銘文によると,相良頼氏(上蓮)の逆修供養碑である。おそらく元寇で死を意識して造立したと考えられ,当時の武士の気概が伝わってくる。

槻木大師堂 ⓱

〈M▶P.247〉球磨郡多良木町下槻木字御大師
くま川鉄道多良木駅 多良木・槻木線終点 90分,または 15分

堂内の大師坐像に「応永十九年」の墨書銘

多良木駅から県道144号線を南東へ約25km行くと槻木大師堂がある。堂内には,木造弘法大師坐像(県文化)が安置されている。ヒノキの一木造で像高56cm,台座には「応永十九(1412)年」の墨書銘がある。境内には,幹周り4m・樹高32m・推定樹齢約600年の大師のコウヤマキ(県天然)が聳えている。

大師堂北方にある明神山上には紀州高野山丹生明神と同体と伝えられる四所神社(祭神丹生明神)がある。桃山時代の造営と推定される流造の本殿には,神面(県文化)が安置されている。6面のうち1号女面は高さ21cm・幅13.5cm,胡粉彩色が施され,頬にえくぼがあり,口紅の痕が残っている。応永・応仁年間(1394〜1469)の作で神体に近いものと考えられ,その麗しさ,気高さはみる人を魅了する。

明導寺阿弥陀堂 ⓲

0966-43-2050・0966-43-2250(湯前中央公民館)
〈M▶P.247,269〉球磨郡湯前町瀬戸口 P
くま川鉄道多良木駅 多良木・槻木線古城 15分

「城泉寺阿弥陀堂」とよばれ,崇敬される

古城バス停で下車すると,そこは久米城跡である。現在,久米公園となっている丘頂部が主郭で,城跡からは上球磨の平野部一帯を

明導寺阿弥陀堂

眺望できる。築城主は、『肥後国建久図田帳』にもその名がみえる人吉地頭久米三郎と伝えられているが、南北朝時代から戦国時代初期には上相良氏の支配地であったらしく、頼観や頼仙兄弟が相良堯頼を攻めた1448(文安5)年の内訌や、相良義陽が郡内を統一する契機となった1559(永禄2)年の獺野原合戦の舞台となった城である。

　久米城跡の東約300mには熊野坐神社(祭神伊弉冊尊ほか)があり、鳥居の左側に「天正十三(1585)年」銘の五輪塔群や板碑群が残っている。また、近くには吉祥院・天満宮や相良治頼夫妻・治頼の母をまつる久米治頼神社がある。なお、久米の青木・伏間田地区には臼太鼓踊り(球磨地方の臼太鼓踊り、県民俗)が伝承されている。

　熊野坐神社から北東へ約1km、久米川内川を渡り湯前町へ入ると、右手に明導寺阿弥陀堂(国重文)がある。当地には、浄土教の流行により、鎌倉時代前期に創建された浄心寺があったが、廃仏毀釈により1868(明治元)年に廃寺となり、1915(大正4)年、湯前町上里の明導寺(浄土真宗)の飛地境内となった。地元では、「城泉寺(浄心寺の誤記)阿弥陀堂」とよばれ崇敬されている。境内の七重石塔と九重石塔の銘文には、貞応年間(1222〜24)、沙弥浄心が、みずからと藤原氏一門の滅罪成仏のために阿弥陀堂を建立したと記されている。単層寄棟造・茅葺きで四方に回廊をめぐらしており、人吉・球磨地方に残る三間堂の基本形、県内最古の木造建築物として貴重である。

　本尊の木造阿弥陀如来及両脇侍像(国重文)はいずれもヒノキの寄木造で、1229(寛喜元)年、僧実明の作である。本尊の光背には7体の化仏が施され、脇侍の観音菩薩・勢至菩薩像には面相・衣文などに中国宋風絵画の影響がみられる。また、堂内内陣の正面に掛けられた鰐口(県文化)は、県内で3番目に古いもので、「天授七(1381)年」の刻銘がある。

　阿弥陀堂東の土塁上に立つ七重石塔・九重石塔(ともに国重文)に

多良木から市房へ　273

は各層の四面に仏像が彫られ、初層塔身にはそれぞれ「寛喜二(1230)年」の刻銘がある。現在は八代市植柳元町の米家に所蔵されている十三重塔(国重文)ももとはここにあり、いずれも浄心が願主となって造立したものである。鹿児島県の大隅国分寺跡に立つ石塔(平安時代末期)は、これらの石塔に先行するもので、軒裏に隅木や垂木を設ける丁寧な作風がよく類似している。

八勝寺阿弥陀堂 ⑲

〈M▶P.247, 269〉球磨郡湯前町長谷場
くま川鉄道新鶴羽駅🚶20分

当初からの部材が残る阿弥陀堂

明導寺阿弥陀堂から町道に出て右折し、水上方面へ約200m行くと宝陀寺観音堂がある。堂内には、鎌倉時代後期の作といわれ、総高180.4cmと当地では珍しい大型の木造十一面観音立像(県文化)や、室町時代作の木造地蔵菩薩立像が安置されている。

さらに約200m行くと、山麓に八勝寺阿弥陀堂(国重文)がある。方3間の入母屋造・桟瓦葺きで、正面に向拝がつく。肘木の渦文建築様式から15世紀後半の建立と推定されている。屋根は茅葺きから1921(大正10)年に瓦葺きにかえられており、回縁や柱間の部材は損なわれているが、当初からの部材がよく残り、貴重な建物となっている。堂内に安置されている厨子(国重文)は、入母屋造・板葺き、背面は切妻造・柿葺きである。厨子内に作者の「賀吽」という墨書銘があることから、天正年間(1573～92)以前の作と考えられる。また、厨子に納められている木造阿弥陀如来及び両脇侍像(県文化)はいずれもヒノキの寄木造で、中央の主尊阿弥陀如来は上品下生の印を結び、右手の観音菩薩は蓮華台を載せ、左手勢至菩薩は合掌している。

宝陀寺観音堂から西へ約2.5km行くと県道43号線に出るが、この道路沿いに流れているのが幸野溝である。幸野溝をたどって1.5kmほど南下する

八勝寺阿弥陀堂内厨子

と奥野集落に至る。1479(文明11)年の「相良為続田畠目録」(『相良家文書』)に奥野村9町分として，一筆ごとの坪付が詳細に記録されている。目録にあらわれる地名のうち，「太郎丸」や「畠中」などの小字や，「白木妙見」などの神社は今も残っており，中世の村の景観を垣間みることができる。

太田家住宅 ⑳

〈M▶P.246, 269〉球磨郡多良木町多良木字中原447-1
くま川鉄道東多良木駅 徒歩25分

「二鈎」の構造をもつ太田家住宅

東多良木駅から南下，国道219号線に出て西へ約700m行くと，正念寺(浄土真宗)がある。鎌倉時代の作とされる，寄木造の木造阿弥陀如来立像(県文化)を所蔵する。

東多良木駅から国道219号線を越えて東へ1.7kmほど行くと，中原集落の中心部に太田家住宅(国重文)がある。太田家は元来，相良家の家臣として人吉に住んでいたが，のちに多良木村に屋敷を構える郷士となり，農業と茶屋(焼酎製造業)を営んだとされる。

人吉・球磨の近世民家の特徴はL字型の鉤屋造にあり，太田家住宅はより発展した型で，寄棟造・茅葺き屋根を2カ所折り曲げ，前後に突出部のある「二鉤」の構造をもつ。アラケ(次の間)・ザシキ(座敷)1棟とドウジ(土間)・ダイドコロ(台所)1棟を平行にし，前後にずらしてナンド(納戸)でつないでおり，19世紀中頃の建造と推定されている。

なお中原集落には，勇壮な臼太鼓踊り(球磨地方の臼太鼓踊り，県民俗)が伝承されている。

東多良木駅から球磨川沿いに北東へ約1.5km行くと百太郎溝取水口がある。百太郎溝は，

太田家住宅

中原の臼太鼓踊り

多良木から市房へ

幸野溝・木上溝と並んで人吉・球磨地方を代表する，江戸時代開削の農業用水である。最初の開削は16世紀末といわれ，取水口も現在地より100mほど下流にあった。

生善院 ㉑
0966-44-0068
〈M▶P.247, 269〉 球磨郡水上村岩野3540-1
くま川鉄道湯前駅 徒20分

猫が怨霊となってあらわれ猫寺の名で知られる

湯前駅から北西へ約700m行き古渕橋を渡り，右折して県道33号線を約300m東進すると，猫寺の名で知られる生善院(真言宗)がある。1582(天正10)年，湯山城主湯山宗昌の弟で，相良氏から謀反の疑いをかけられて非業の死を遂げた普門寺5世盛誉法印の生母玖月善女は，相良氏を恨み，愛猫玉垂を抱いて湯山茂間ヶ淵に入水した。その後，この猫が怨霊となってあらわれ，相良氏につぎつぎと災いをなしたため，1625(寛永2)年，人吉藩初代藩主相良長毎(頼房)は，普門寺跡に生善院を創建し，境内に観音堂を建てて彼らの霊を供養したと伝えられる。

観音堂(国重文)は方3間単層寄棟造・茅葺きで，正面に柿葺きの向拝1間がつく。須弥壇上に安置された入母屋造の厨子(国重文)には，盛誉の影仏阿弥陀如来像とその母の影仏千手観音が納められている。2000(平成12)～02年の解体修理により，部材だけでなく，堂内外の漆塗り・彩色・金箔も含めて全面補修され，1625年造営当初の姿に復された。

湯前駅の北西約300m，下里集落の林の中に御大師堂(真言宗)がある。3間4面の寄棟造で，天正年間(1573～92)の建立と推定されている。堂内に安置されている厨子入りの木造弘法大師坐像(県文化)は，ヒノキの寄木造で，墨書銘から，「応永七(1400)年」に大宰府(現，福岡県太宰府市)の山井弘成を願主として仏師祐全が造立し，のちに当地へもたらされたことがわかる。

生善院観音堂

明導寺本堂 ㉒
0966-43-2181　〈M▶P.247, 269〉球磨郡湯前町買元1955
くま川鉄道湯前駅🚶10分

珍しい洋風の木造仏教寺院建築

　湯前駅から国道219号線に出て東へ向かい，最初の信号を右折，約500m南下すると明導寺(浄土真宗)がある。1926(大正15)年に建造された本堂(国登録)は，仏教寺院としては珍しい洋風の木造建築で，基礎はコンクリート，腰はレンガ積みとし，下見板張の外壁にマンサード(腰折れ)屋根を架けている。入口は妻入で，正面玄関には切妻屋根を設け，ハーフティンバー(木部を露出)としている。ゴシック風尖頭アーチ形の上げ下げ窓なども特徴的である。設計者は，当時の住職の長男藤岡真月で，真月は京都の龍谷大学で西田哲学を学ぶ一方，独自に建築を学んだ。

　国道219号線まで戻り1つ先の交差点を左折北上，都川を渡って北東へ100mほど行くと，里宮神社の森がみえる。中世の東氏の居城湯前城跡に建ち，縁結びの神として名高い。市房山神宮の遙拝所として，1934(昭和9)年に再建された。

明導寺本堂

幸野溝取水口 ㉓
〈M▶P.247〉球磨郡水上村幸野
くま川鉄道湯前駅🚌湯前・湯山線高橋🚶10分

上球磨の田畑を潤す幸野溝

　里宮神社の手前，都川橋を渡った所で右折し，県道264号線を約3.5km北上すると市房ダム第二発電所の橋に出る。ここを渡らず，さらに上流へ約800m行くと幸野溝取水口に着く。国道388号線の高橋バス停からは，橋を渡り北上する。樋門のみがひっそりと残っている。

　幸野溝の開削は，上球磨の扇状地の新田開発のため，人吉藩士高橋政重を中心に，1696(元禄6)

水上村役場周辺の史跡

多良木から市房へ

幸野溝隧道

年から始められた。現在の多良木町多良木字中原を中心とした一帯に、一時東方村という新田村ができた。灌漑水路18km、受益面積1170ha（1933〈昭和8〉年）を数える。中原の福田寺境内には、東方村の人びとが政重の徳を慕って建立した自然石の碑がある。

市房山神宮 ㉔

〈M▶P.247, 277〉球磨郡水上村湯山
くま川鉄道湯前駅🚌湯前・湯山線市房登山口🚶70分

久米の城主市房が奇石を発見

幸野溝取水口から約1km北上すると、1963（昭和38）年に完成した市房ダムがある。ダム右側に沿って、春にはみごとな花を咲かせる桜並木が続き、これを抜けると、市房山登山と温泉で賑わう湯山である。湯山橋の向こうにみえる高城山には、代々湯山氏が居城とした湯山城跡がある。城主湯山宗昌は文禄の役（1592年）の際、釜山で討死したと伝えられる。

中心地の本野から東へ2.3kmほど行くと、市房山西麓に千人塚古墳群がある。もとは、七十数基の円墳があったといわれている。古墳時代後期の群集墳で、直径5～6mのものが多く、金環などが出土している。この山間部に存在した多数の墳墓から、当時の勢力圏が偲ばれる。

千人塚古墳群の東約2km、市房山（1712m）の祓川橋を渡ると市房山神宮の鳥居があり、さらに樹齢数百年を経た杉林の中をのぼって行くと、4合目に鉄筋コンクリート造りの社殿が立っている。807（大同2）年、久米の城主市房が奇石を発見し、ここに薩摩の霧島神宮（鹿児島県霧島市）の霊を勧請したことに始まるという。3月15日の祭礼には、かつては人吉・球磨だけではなく、米良や遠く八代からも参拝者が訪れ、これを縁に結ばれる若者も多かった。地元ではこれを「御岳さん詣り」とよび、現在も行われている。

また、市房山は山岳信仰の霊場であるとともに、動植物の宝庫である。ゴイシツバメシジミ（国天然）は、1973（昭和48）年、市房山麓

で，小林隆史(たかし)によって日本で初めて発見された。翼の開長1cm余りの小さなチョウで，今から200万年以上前の日本列島がまだ大陸と地続きだった頃の残存動物とみられる。一属一種のシジミチョウ科の珍種として貴重なものである。

荒地を切り開いた灌漑用水

コラム

幾多の苦労を乗り越え完成させた用水

幸野溝

江戸時代，人吉藩の財政は困窮しきっていた。その立て直し策として重要だったのが新田開発だった。1696（元禄9）年3代藩主相良頼喬の命を受けた人吉藩士高橋七郎兵衛政重は，湯前村馬返で球磨川から取水し，多良木村・岡原村・上村を通って，末端は一武村に至る総延長約24kmの灌漑用水路の開削に着手した。

工事は，球磨川の洪水，藩財政の窮乏，土木技術水準の低さなどから困難をきわめた。しかし，政重は屈せず，観世音菩薩を背負い各村をまわり，独力で資金を調達し始めた。政重はトンネル技術者には薩摩の金掘人夫を雇って工事を進めた。そして，1705（宝永2）年幸野溝が完成した。

湯前村の古城台地に掘られたトンネルの総長は2400m，これは1890（明治23）年琵琶湖疎水の東山トンネル（2436m）が完成するまで，日本一長かった。その後，人吉藩は3000石にものぼる米を生産し，政重の功を引き継ぐことができた。幸野溝は今も上・中球磨地方の穀倉地帯をうるおしているが，旧幸野溝取水口は，残念ながら市房第2ダムの湖底に沈んでいる。

百太郎溝・木上溝

百太郎溝は，多良木町松下の球磨川から取水し，旧岡原村・旧上村・旧一武村までの総延長約19kmの灌漑用水路である。約300年前，農民の手によって完成した。藩の援助も特別な指導者もなく，総出の手掘りという，いわば農民の血と汗の結晶で進められた工事であり，幸野溝とは性質が大きく異なっている。

堰は洪水で何度も流され，そのたびに人びとは失望を深めていたが，あるとき，庄屋の夢枕に水神があらわれ，「袴に横縞のつぎをあてた男を人柱に立てよ」とのお告げがあった。このためお告げどおりの姿をした百太郎という男性が大石柱の下に生き埋めにされ，以後，堰が流されることはなくなったという。

百太郎溝の完成は，「宝永七（1710）年八月二十日」とされている。百太郎溝は幸野溝や木上溝と同様，今も農業には欠かせない用水路として利用されており，旧樋門は現在の取水堰のかたわらに移転・復元されている。

木上溝は球磨川の中流，旧須恵村と旧深田村の境にある石坂から取水し，錦町木上十日町に至る約10kmにおよぶ灌漑用水路である。

相良藩の助成を受けながら，3カ所の岩盤隧道を掘り抜く難工事を経て，1759（宝暦9）年に完成した。現在，幸野溝・百太郎溝とは反対の球磨川右岸の田畑をうるおしている。

肥薩線に残る近代化遺産

コラム

明治・大正時代の鉄道・産業遺構が数多く残る

　JR肥薩線は鹿児島本線八代駅(熊本県八代市)から日豊本線隼人駅(鹿児島県霧島市)までの124.2kmをつないでいる。八代・人吉間は球磨川に沿っているため「川線」、人吉からは山岳地帯を通るため「山線」とよばれている。1908(明治41)年に八代・人吉間、翌年には人吉・吉松(鹿児島県姶良郡湧水町)間が開通した。すでに吉松・隼人間は営業していたため、官営鉄道として始まった肥薩線の歴史は100年を超える。1927(昭和2)年、八代から鹿児島を結ぶ鹿児島本線が開通し、肥薩線は幹線からはずれ、複線化や電化の対象とならなかった。このため、明治・大正時代の鉄道遺構が多く残り、これらは近代化遺産として注目されている。

　木造駅舎の大畑駅(人吉市大畑麓町)は1909(明治42)年開業当時の姿を保つ。駅舎は、スイッチバックを併用したループ線の途中に建ち、構内には凝灰岩製の給水塔遺構(1910年建造)が残る。ホームには蓮華水盤(1910年建造)が残り、現在も使用されている。矢岳駅(人吉市矢岳町)も1909年の建造で、大畑駅と同型式の給水塔遺構が残る。駅舎の西方100mほど離れた集落に旧国鉄矢岳駅駅長官舎(国登録)がある。1909年建造、木造平屋建て切妻造・瓦葺きの建物で、現在は個人の住居として使われているため、見学には配慮が必要である。

　その他のおもな鉄道遺構は、1908(明治41)年建造の球磨川第一橋梁(橋長205m、八代市坂本町鎌瀬)と球磨川第二橋梁(橋長179m、球磨郡球磨村渡)がある。橋台・橋脚には煉瓦、切石積みを使用したトラス(三角形)構造の鉄橋である。また、開業当初、八代・吉松間で難工事の末掘削された44のトンネルは、現在も活用されている。鉄道遺構ではないが、坂本駅から八代方面に約4km行った球磨川右岸に旧西日本製紙深水発電所跡がある。この発電所は、1921(大正10)年、九州製紙株式会社の付属発電所として竣工、1988(昭和63)年、西日本製紙株式会社の解散にともない廃止されたが、赤煉瓦の建物や内部の水車、発電機なども保存されている。現在は日本製紙株式会社が管理し内部見学はできないが、対岸の国道219号線から遠望できる。

　鉄道遺産や沿線に残る産業遺産により、近年、肥薩線は新たな観光資源として注目されている。1996(平成8)年から人吉・吉松間に1日2往復の観光列車が、2009(平成21)年からはSL人吉号(8620形)が金・土・日、祝日・夏休みなどに熊本・人吉間を1日1往復走るようになった。

あとがき

　高等学校「日本史A」の教科書の「明治の文化」に徳富蘇峰が顔写真入りで掲載されている。授業で聞いてみる。「徳富蘇峰という人の名前を聞いたことがあるか」と。答えはほとんどの生徒が「聞いたことがない」「知らない」という。

　2009（平成21）年は，熊本が生んだ幕末維新期の思想家，横井小楠の生誕200年。同様に「横井小楠という人の名前を聞いたことがあるか」と聞いてみる。数人が挙手をする。「いつ知ったか」と聞くと，ほとんどの生徒が「今年になってから」と答える。残りの大多数の生徒は「聞いたことがない」「知らない」という。

　横井小楠生誕200年の今年は，記念事業が行われたり地元新聞に特集が組まれたりして，私たちは横井小楠という人物の存在に目を向けることが多かった。子どもたちは「知る機会」があればそれなりに知識として身につけていくものである。徳富蘇峰という郷土熊本が生んだ偉大なジャーナリストを知らなかったのは，これまで親や学校の教師らが郷土の先人についてきちんと教えてこなかったからだと思う。

　郷土の誇りであり，財産である偉大な先人たちについて子どもたちに学ぶ機会を与えつつ，私たち大人も郷土熊本を改めて見つめていきたいと思う。新版として刊行される本書を通して郷土が生んだ先人たちの業績，残された歴史的・文化的遺産を身近なものとして感じていただき，今後の生活に生かしていただければ幸いである。

　最後に写真・資料等をご提供いただいた県市町村の教育委員会，その他関係機関の皆様に心よりお礼を申し上げます。

　2009年12月

『熊本県の歴史散歩』編集委員長

瀬尾友信

【熊本県のあゆみ】

地勢

　熊本県は九州の中西部に位置し、県の北東部には世界最大のカルデラ火山である阿蘇山(高岳・中岳・根子岳・烏帽子岳・杵島岳)がある。熊本県は古くは「肥後国」とよばれ、阿蘇五岳の最高峰高岳の標高1592m(ヒゴクニ)にも通じる。阿蘇火山の噴出物は溶結凝灰岩の層を広い範囲に形成し、古墳や眼鏡橋の石材などに使用されるなど、古来より人びとの生活に欠かせないものとなっている。

　また、九州山地・阿蘇外輪山を水源に、菊池川・白川・緑川・球磨川が県土を東西に横切って流れ、これらの流域には人びとの暮らしや歴史を刻んだ文化財が多く残されている。

原始

　旧石器時代の遺跡は県内で100カ所以上みつかっており、分布も県内のほぼ全域におよんでいる。1994(平成6)年に発掘調査が行われた熊本市平山町の石の本遺跡では、3万年以前の石器群であることがわかった。

　東日本にくらべて縄文時代の遺跡が少ない西日本で、熊本県は例外的に豊富に分布する。なかでも宇土市の曽畑貝塚・轟貝塚、熊本市南区城南町の阿高貝塚・御領貝塚など、全国に知られる遺跡もあり、出土した土器は九州縄文土器編年の標式土器に用いられている。

　2008(平成20)年、鹿本郡植木町一木の前畑遺跡で定住生活をうかがわせる屋内に石囲炉をもつ縄文時代晩期(3000～2300年前)の住居跡がみつかった。人びとが一定期間定住していた可能性を推測させる。轟貝塚からは西日本で初めて縄文時代の石笛が確認された。縄文時代のものは全国的にも数例しか確認されておらず、日本の音楽史や民俗学の観点からも重要な発見となった。菊池市の三万田東原遺跡を始め、九州の遺跡から出土した約3600～3000年前の縄文土器5万点以上の土器片の中から、栽培種とみられる大豆や小豆の痕跡が熊本大学の調査で確認されている。定説では豆類の栽培は弥生時代以降とされているが、調査担当者は「縄文時代後期には九州地方でマメ科植物の栽培技術があった可能性がある」と指摘している。

　熊本県は稲作と金属器を特徴とする弥生文化の遺跡も多い。2008年に玉名市玉名の両迫間日渡遺跡で、弥生時代前期(約2300年前)の水田跡が発見され、水田跡は県内最古級のものと確認された。弥生時代の水田は県内では今のところ玉名でしか発見されておらず、有明海を窓口に稲作が伝播した可能性がある。

古墳時代

　県中央部を流れる緑川の下流域にあたる宇土半島の基部には、この地方を支配した者とみられる大規模な古墳が残っており、「火の君」の墓と考えられている。

　県北部を流れる菊池川流域の玉名郡和水町には、漢字の使用例として知られる5

世紀後半の前方後円墳の江田船山古墳がある。多数の鏡や装身具などの副葬品とともに鉄剣が発見され，鉄剣に刻まれた銀象嵌の75の文字から，被葬者がヤマト政権の「ワカタケル大王」に仕えていたことがわかる。

県内に分布する大型の前方後円墳では，山鹿市鹿央町の岩原古墳群主墳の双子塚古墳が全長102m，阿蘇市一の宮町の中通古墳群主墳の長目塚古墳が全長111.5mで有名である。このような大型古墳群が成立する一方で，菊池川流域を中心に装飾古墳群が形成されている。横穴式石室の内部，凝灰岩をえぐった横穴の周辺や内部などに，幽麗な色彩や線刻で描いたさまざまな模様が観察できる。玉名市の石貫穴観音・石貫ナギノ横穴群，山鹿市のチブサン古墳・弁慶ヶ穴古墳など，全国でもっとも多い約200基が発見されている。さらに，装飾古墳とともに熊本の古墳文化の特色として石人の存在がある。荒尾市の三の宮古墳，山鹿市のチブサン古墳，菊池市の木柑子(双塚)古墳の石人がよく知られている。

古代

663年の白村江の戦いにおける，倭と百済連合軍の敗戦は，倭が唐・新羅からの侵攻の脅威にさらされるという事態を引き起こした。中大兄皇子は難波宮から近江大津宮に遷都するとともに，防衛体制をかためるため，対馬および北九州，瀬戸内海沿岸に朝鮮式山城を築いた。山鹿市菊鹿町に残る鞠智城もその1つで，大野城(福岡県大野城市付近)・基肄城(佐賀県三養基郡基山町・福岡県筑紫野市)とともに，大宰府管轄下にあって有事に備えた城と考えられている。

肥後国は玉名・山鹿・菊池・阿蘇・合志・飽田・託麻・益城・宇土・八代・天草・葦北・球磨の13郡からなり，国府は託麻国府・益城国府・飽田国府と三転したと考えられ，託麻国府は現在の熊本市出水が比定地とされてきた。近くには「国府」の地名が残り国分寺跡・国分尼寺跡が確認されている。しかし，熊本市文化財課の『二本木遺跡跡群第13次調査区の発掘調査報告』(2008年)は，8〜9世紀に存在したとされる託麻国府の存在に疑問を投げかけた。肥後の国府所在地は，仮に託麻国府があったとすれば8世紀前半，その後，二本木の飽田国府に移って9世紀後半まで続き，洪水などの理由で10世紀前半の文献に記述がある益城国府に一時移った後，10世紀後半から再び二本木の飽田国府に戻ったのではないかと想定している。今後のさらなる調査と研究が期待される。

平安時代になると，班田制が行き詰まって荘園制が展開するようになり，肥後国にも多くの荘園が出現する。なかでも熊本市北部に成立した鹿子木荘は，寄進地系荘園の典型例として有名で，高等学校用の日本史教科書・史料集にも掲載されている。しかし，「鹿子木荘条々事書」(東寺百合文書)は，鹿子木荘の支配権をめぐる争いに東寺が介入していく中で作成された訴訟文書で，現在は東寺の立場から書かれた寄進地系荘園の成立過程を示した史料として理解されている。

10〜11世紀頃になると武士団が成立するが，肥後国では菊池氏と阿蘇氏が中心で

あった。菊池氏は、刀伊の入寇(1019年)で活躍した大宰権帥藤原隆家の郎等菊池(藤原)蔵規の子孫で、一族は菊池を中心に合志・山鹿・玉名の菊池川流域から肥後国一円に広まっていった。阿蘇氏は国造家の系譜で、律令制下で阿蘇郡司となり、中世には阿蘇社の神主としての権威を背景に武士団化し、阿蘇大宮司と称した。

中世

11世紀末頃から平氏が台頭すると、1137(保延3)年、平清盛が中務大輔兼肥後守となって、平氏の肥後支配が強くおよぶようになる。1180(治承4)年、菊池隆直が反平氏の兵を挙げると、阿蘇大宮司惟泰・木原盛実らが在地勢力の大半がこれに加担した。しかし、1182(養和2)年、肥後守となった平貞能によって討伐され、平氏の軍事体制に編入された。

源頼朝が挙兵し鎌倉幕府が成立すると、平氏方に組み込まれていた菊池隆直は、その所領の大半を没収された。鹿子木荘・神蔵荘(熊本市南部)の地頭下司職は相模国御家人大友能直に、山本荘(鹿本郡植木町・山鹿市南部)地頭職はのち政所別当となる大江広元に与えられた。阿蘇氏の所領は神社のため没収されなかったが、荘園的領地の対象となり、支配命令権をもつ預所に北条時政が補任された。

1185(文治元)年の守護・地頭の設置では、肥後国守護は不明で、大友能直が補任されたと考えられ、人吉荘(人吉市)には遠江国(現、静岡県西部)の御家人相良長頼が、野原荘(荒尾市・玉名郡長洲町)には武蔵国比企郡(現、東京都・埼玉県東松山市)の御家人小代重俊が地頭に補任されている。

文永・弘安の役(1274・81年)は、肥後国に大きな影響を与えた。関東下向の御家人詫磨頼秀・相良頼俊や在地御家人菊池武房・竹崎季長らは参戦したが、戦功を立てたにもかかわらず、恩賞を得た者は少なく、御家人は衰退・困窮化していった。なお、竹崎季長は自己の活躍を『蒙古襲来絵詞』として描かせ、子孫に残している。一方、北条氏一族は全国の守護職の半数以上を独占するなど、権力を肥大化していく。その結果、北条氏に対する反感がおこり、在地御家人の菊池・阿蘇氏などを中心に在地勢力は反幕への姿勢を強めていくことになる。

1978(昭和53)年、福岡市博多区の地下鉄工事にともなう発掘調査で、多数の焼けた首級群が発見された。鑑定結果を含めて総合的に判断した結果、1333(正慶2・元弘3)年3月の博多合戦での菊池氏一族の首級であると推定された。博多合戦とは、護良親王の討幕の令旨を受けた菊池武時が、少弐・大友氏らとはかり、博多の鎮西探題館を襲撃したが、両氏の裏切りに遭い、菊池武時以下ことごとく討死した戦いをいう。悲運の討死をした菊池氏一族は、建武政権が成立すると、武時の子武重は肥後守に、弟武敏は掃部助に、武澄は肥前守にと、破格の恩賞が授けられた。これは武時の博多合戦の勲功によるとされている。このことは、その後の菊池氏が、一貫して南朝方として活動する最大の要因となった。なお、建武政権は、

肥後国守護に大友氏泰を補任している。

足利尊氏が鎌倉で後醍醐天皇に叛くと，菊池氏は南朝の軍として転戦，肥後国では武敏が中心となって活躍した。しかし，尊氏の九州下向時の多々良浜の合戦で菊池氏は武敏以下が討死し，一時，壊滅状態となった。尊氏は肥後国守護に少弐頼尚を任命し，菊池・阿蘇氏の動きを牽制した。1348（貞和4，正平3）年，征西将軍として懐良親王が菊池に入ると南朝方は活気づき，菊池氏は九州南朝方の中心として活躍，武光は菊池本城を回復し，南朝方の肥後国守護兼肥後守に補任された。

1358（延文3，正平13）年，八代荘（現，八代市付近）地頭として名和顕興が移住してきて以来，八代は名和氏の本拠となった。さらに今川了俊（貞世）が1371（応安4，建徳2）年九州探題として下向すると，肥後国は探題の分国となった。その後，1374（応安7，文中3）年末に今川了俊が肥後国に侵入し，南朝方の菊池武朝・阿蘇惟武らと，水島合戦（現，菊池市七城町）・託麻原合戦（現，熊本市）などの合戦を繰り返した。しかし，南朝方の勢力の衰えはいかんともしがたく，1392（明徳3，元中9）年の室町幕府3代将軍足利義満による南北朝合一で，今川了俊は菊池武朝・阿蘇惟政と和を結び，肥後国の南北朝動乱は終わった。

室町幕府は肥後国での菊池氏の影響力を否定できず，肥後国守護として承認した。守護菊池氏の支配は肥後北部の国人領主層を基盤としており，阿蘇・相良・名和・小代氏ら各地方武士団をゆるやかな統属関係の下におくものであった。菊池氏は，武朝・兼朝・為邦・重朝・能運と正統が続いた。しかし，16世紀初頭の能運の死で菊池正統が絶えると肥後は混乱し，隣国勢に侵入された。豊後からは大友氏が，薩摩からは島津氏が，肥前からは竜造寺氏が侵入し，肥後国は三者の争奪の場と化した。島津氏の勢力が肥後全体におよぼうとしたとき，豊臣秀吉による九州征討が行われ，島津義久は戦わずして薩摩に退き，1587（天正15）年，秀吉により肥後の国主に佐々成政が任命された。

近世

肥後の国主に任命された佐々成政は，1587（天正15）年に検地を強行したが，伝統的な在地秩序の解体を恐れた肥後の国衆たちは，検地に反対する一揆をおこした。これが肥後国衆一揆である。豊臣秀吉は混乱を防ぐため，近隣諸藩に乱の鎮圧を命じた。鎮定後，一揆に参加した国衆たちはことごとく斬殺され，佐々成政も領地を没収され，切腹した。その後，豊臣秀吉は肥後を二分し，肥後北半国を加藤清正に，南半国を小西行長に知行させた。朝鮮出兵（1592~97年）などの後，1600（慶長5）年，関ヶ原の戦いでは，加藤清正が徳川方につき，大坂方についた小西行長の宇土城を落した。大坂方の敗北により，小西行長の所領は加藤清正に与えられ，清正は球磨郡相良領をのぞく肥後の支配者となった。

これに先立つ1590（天正18）年頃，加藤清正は熊本城の築城に着手したと考えられ，1600（慶長5）年頃天守閣が竣工，1607年までに城全体を完成させた。清正はこれま

熊本県のあゆみ

での「隈本」の表記を「熊本」に改めるとともに，城下町建設，石高確定，河川改修・新田造成など，藩体制の土台づくりに尽力した。

跡を継いだ忠広は幼少であったため御家騒動がおこり，1632(寛永9)年に改易処分となり，加藤家の時代は終わった。加藤家改易後の肥後には，豊前小倉(現，福岡県北九州市)藩主の細川忠利が配された。細川氏は足利将軍家一門で，室町幕府管領家の出自で，激動の戦国時代を生き抜いてきた。

熊本藩では地方行政の区画として，郡と村の中間に手永が設定されていた。手永の長である惣庄屋には，加藤・菊池・阿蘇氏の家臣や，肥後国衆一揆で浪人した中世以来の土豪に系譜をもつ子孫たちが任命された。細川氏は，入国早々から手永制を通して農村秩序の構築をはかっていった。

商品経済の展開と参勤交代や天草・島原の乱(1637〜38年)への出兵が熊本藩財政圧迫への引き金となって，やがてその格式の維持に苦しむほどの財政難に陥っていった。しかし一方で，藩主の保護や奨励もあって，工芸・園芸などに「肥後のもの」とよばれる個性ある文化も育っている。3代藩主細川綱利は文化にも関心を寄せ，初代忠利がつくった水前寺御茶屋に回遊庭園の成趣園(水前寺成趣園)を完成させた。

逼迫する藩財政の中で，1747(延享4)年，6代藩主となった重賢は藩政改革に乗り出した。これが「宝暦の改革」である。堀平太左衛門勝名を登用し行政改革を進め，文教政策としては藩校時習館を設置し，教授に秋山玉山を任じて，朱子学を中心に武士・町人の身分を問わず入学させ，人材の育成に努めた。産業・財政面では櫨・蠟の専売制をとり，収入を増加させた。こうして宝暦の改革は成功し，藩財政も再建された。重賢は「肥後の鳳凰」と称されて名君とたたえられた。

その後，政治は学校党・勤王党・実学党に分かれ鼎立することになり，なかでも実学党は窮乏化した下士層を原動力とし，藩政には批判的な改革派で，家老長岡監物，横井小楠らを中心に結集していた。横井小楠は，当時の学風を「無用の学」「実なき学」と批判して，「政治の有用」に役立つ人材育成の必要を説き，「学政一致」の道を主張して「実学」と称した。しかし，政治改革・民生安定を目指す横井小楠の実学思想は，保守的な藩政の中には受け入れられず，熊本藩が明治維新に遅れをとる結果となった。

球磨郡では人吉藩の相良氏が2万2000石余の小大名として存続したが，江戸時代を通して藩主と一門・重臣との対立・抗争(お下の乱)が繰り返された。この地方には相良氏の浄土真宗禁制と領主交代がなかったため，中世の文化財が多く伝えられている。天草は，小西氏支配下の国人衆であった天草五人衆が没落した後，加藤氏，肥前唐津(現，佐賀県唐津市)の寺沢氏と領主の交代があり，寺沢氏支配のとき，天草・島原の乱が発生した。以後，幕末まで幕府直轄地(天領)となったが，隠れキリシタン信仰が続き，大規模な農民一揆の展開もおこった。

近代・現代

1867（慶応3）年10月，江戸幕府15代将軍徳川慶喜の大政奉還により，新政府が成立した。新政府は各藩から人材の登用を行い，熊本藩からも細川護美や横井小楠らが登用された。なかでも小楠は明治新政府の重要人物となるが，1869（明治2）年1月京都寺町通で暗殺された。明治新政府高官の最初の政治的犠牲者であった。

版籍奉還により知藩事に11代藩主細川韶邦が任命されたが，すぐに弟護久に交代した。1871年，廃藩置県が断行されると，肥後国には人吉県・八代県・熊本県の3県が設けられ，その後，人吉県・天草郡は八代県に編入された。1872年6月，熊本県は白川県と改称され，翌年，八代県・白川県が合併し白川県となり，1876年に熊本県と改称された。

細川韶邦の下で政権を担当していたのは学校党（時習館に学んだ主流派）であったが，護久が家督を相続し，熊本藩知事に就任して横井小楠の門人や実学党に近い人びとを県政に登用し，実学党政権を建てて，藩政改革を断行した。護久は，「村々小前共え」の布告で雑税免除の減税を実施し，さらに封建的規制の撤廃をはかった。1873（明治6）年に建立された「知事さんの塔」（阿蘇市波野村荻岳）には，「隣藩ノ民之ヲ聞キ，皆其ノ民タラン事ヲ冀ウ」と銘があり，熊本藩の「莫大なる御仁政」は隣藩農民の羨むところとなった。

実学党政権下の施政は，教育面にも業績を残した。熊本洋学校・医学校の創設である。1876年，熊本洋学校の生徒三十数人が，キリスト教信仰のためとして，花岡山で熊本バンドを結成した。この中から海老名弾正ら有名な指導者が出た。しかし，その善政は明治政府の意図を超えたため，政府は1873（明治6）年，県政の中心人物の参事山田武甫を罷免し，権令に安岡良亮を任じて実学党を県政から追放した。実学党政権の終了である。

1873年，徴兵令に抗議して天草崎津で「天草血税一揆」がおこり，これは崎津漁民の抵抗であった。また，自由民権を掲げた学校として植木中学校が設置され，ここで政治・経済・憲法理論など自由民権運動の思想を学んだ者は，九州自由民権運動に活躍した。1876年には政府の断髪・廃刀令に反対して神風連の乱がおこり，1877年には西南戦争が熊本・植木を中心に展開し，熊本県人も西郷軍に多数参加し，反抗を示した。

明治時代の熊本には鎮西鎮台・第六師団が設置され，「軍都熊本」の面があった一方で，第五高等学校（現，熊本大学）が設けられ，九州の文教の中心としての面ももっていた。

大正時代の全国的な自由主義的傾向の中で，熊本県でも同様の動きが女子教育の中にあらわれた。第一高女でのダルトンプラン式学習方法の実施は，特筆すべきものといえる。

昭和時代に入ると，1932（昭和7）年，満州事変で熊本の第六師団は，満州出兵

の命を受け、熊本市内は昭和恐慌の不景気を振り払うほど軍需景気が出現した。熊本県からの満蒙開拓団は長野・山形県に続く全国第3位だったが、終戦の際の来民開拓団(山鹿市鹿本町)の悲劇が今に伝えられている。

第二次世界大戦後、熊本県の課題は敗戦からの立ち直りであった。戦後初の公選知事となった桜井三郎の下、電源開発とその経済効果をねらい県内の河川に多くのダムが建設計画・着工された。

1953(昭和28)年、筑後川大水害を契機に、建設省(現、国土交通省)は多目的ダムによる洪水調節をはかり、松原ダム・下筌ダムの建設を行った。1973年に両ダムは完成したが、史上最大の反対運動となる「蜂の巣城紛争」を生むことになった。

1990(平成2)年に入ると、バブル経済が終わり、環境問題への関心が集まる中で、全国的に大型公共事業の見直しを求める動きが広がった。熊本県でも球磨川下流域でダム建設反対の声が上がり、2000年には熊本県初の女性知事潮谷義子が、これまで国と県が一体として取り組んできたダム推進から中立へと方針を明確に転換した。2006年は水俣病の公式確認から50年となる。水俣病発生が確認された後も、行政がチッソの操業停止命令に踏み切れなかった背景には、アセトアルデヒドは化学繊維や肥料など化学製品の基幹材料であり、日本の化学工業の中核をになうチッソを擁護する意思があったと指摘されている。

2007年は熊本城築城400年で、これを記念して築城400年祭が行われた。2011年の九州新幹線全線開業を見据え、新しい観光施設として熊本城を全国的にアピールしていくこととなり、熊本市も築城400年にあわせて「本丸御殿」を2008年に復元完成させた。

2008年にはハンセン病問題の解決の促進に関する法律「ハンセン病問題基本法」が成立した。この法で、療養所の施設や機能を地域住民に開放できるとしたことを受け、国内最大の菊池恵楓園(合志市)も将来に向けての構想を検討している。

2011年3月12日に九州新幹線鹿児島ルートが全線開業。今後、近畿地方や中国地方から、ビジネス・観光などで熊本県を訪れる人が増えることが期待される。2012年4月、熊本市は全国で20番目、九州で3番目の政令指定都市となった。

【地域の概観】

荒尾・玉名

　荒尾は，県の北西端に位置し，北は福岡県大牟田市に接し，東部は小岱山を擁し，西は有明海を隔てて長崎県・佐賀県に面している。市制施行までは玉名郡に属した。1897(明治30)年，三井の三池炭鉱が万田竪坑の開削に着手し，三池炭坑出炭を開始すると石炭の町として急速に人口増加を招き，三池港の整備や四山竪坑が開削され活気を呈した。しかし，戦後のエネルギー革命の影響でつぎつぎに廃坑が続き，1997(平成9)年，三池炭鉱が閉山した。現在，新たな地域活性化の振興策を展開中である。

　玉名は県北部に位置し，菊池川の右岸に市街地を形成して有明海に面し，北は小岱山(筒ヶ岳)を望み，泉質の温泉がある。

　玉名の地名は『日本書紀』巻7に「玉杵名」，『和名抄』に「玉名郡」と記される。奈良・平安時代この地方の中心であった立願寺には，郡衙跡(郡家・郡倉)がおかれ，日置氏の氏神として祀られた肥後国四座の1つ疋野神社もある。小岱山山麓には，平安時代から鎌倉時代にかけて生産されたと考えられる製鉄遺跡や須恵器窯跡が散在している。中世になると，武蔵国の小代氏は小岱山系の筒ヶ岳の山城を根拠とし，野原八幡宮を氏神としてまつり，地頭として野原荘を支配した。近世になると高瀬は肥後五カ町の1つになり，高瀬町奉行がおかれ，米倉のあった永徳寺から北の秋丸まで菊池川に沿って運河(裏川)がつくられ，町家並みは上方行きの船で賑わった。

山鹿・菊池

　菊池川の中流域を占める山鹿・菊池の地域は，古代から高い生産力を誇る豊穣の地であった。弥生時代，菊池川流域は熊本県内では最も早く大規模な集落(ムラ)が形成されたと推定される。古墳時代中期から後期にかけて，古墳内部に文様や絵画が施された装飾古墳が山鹿地域周辺に数多く出現し，独自の文化を誇っていたことを示している。7世紀後半，山鹿市菊鹿町米原台地に鞠智城が築かれた。この古代山城跡は，白村江の戦い(663年)後の緊張した東アジア情勢を伝えるものである。

　中世になると，菊池一族の時代となる。とくに，室町時代，菊池氏は肥後国守護となり，その城下町隈府は栄えた。

　近世においては，菊池川の舟運が発達し，菊池米を始め商品作物が河口の高瀬(玉名市)へ下って行った。また，熊本から小倉へ向かう豊前街道の整備にともない，山鹿は宿場町として繁栄した。1877(明治10)年の西南戦争では，植木の田原坂や山鹿地域が主戦場となった。

大津・阿蘇

　大津・阿蘇地方は，県の東北部，広大な阿蘇カルデラ地帯にある。北，東を大分県，宮崎県と接し，歴史的にはこれらの地域や瀬戸内海，さらには近畿地方と熊本

をつなぐ役割を担った地域でもある。阿蘇山は，今でも噴煙を上げる活火山で，世界でも有数の規模を誇るカルデラを持ち，有史以前の活発な活動は九州の地形を大きく変えたと考えられている。

阿蘇外輪山の西の端には，阿蘇神社の主神，健磐龍命が外輪山を蹴破ったとされる立野の火口瀬がある。ここで阿蘇谷の黒川と南郷谷の白川が合流し，白川となって熊本平野を下る。この川の河岸段丘北側に大津町がある。古代，中世には合志氏や菊池氏が支配し，江戸時代には豊後街道の宿場町として，また，大津手永会所がおかれ，阿蘇地方も含めた肥後国東北部の行政の中心地として栄えた。近年は，県内屈指の工業地帯となっている。

阿蘇地方は，外輪山の北部に位置する小国盆地，阿蘇五岳北側の阿蘇谷，南側の南郷谷の3つの地域に分けられ，さらに外輪山の高原地帯の谷々には小さな集落が点在する。気候的には，夏は冷涼で冬は厳しい寒さに見舞われるが，こうした地理的な条件もあり，阿蘇地方はバラエティーに富んだ歴史と文化の宝庫である。旧石器時代以来の遺跡があり，古くから人々の営みがあったと考えられている。7世紀に成立した中国の歴史書『隋書』倭国伝にも，阿蘇山の噴火とそれを鎮める祭祀が記録されているが，阿蘇神社の主神である健磐龍命の子孫とされる阿蘇氏は，有史以来阿蘇山を霊山としてまつるとともに，この地方の政治的支配者として成長した。

熊本

県の中央部に位置し，東部は託麻原台地，西部は金峰山山系，北部は肥後台地となり，これらの間を流れる白川，坪井川，井芹川の堆積によってできた平野が市の中心部を成している。西は島原湾に面しており，平野の中に立田山，神園山などの小高い山々が点在し，熊本城が築城されている一帯も茶臼山とよばれる丘陵である。

小山山の東麓の石の本遺跡（平山町）は約3万2000年前に遡る旧石器時代の遺跡である。九州でもっとも早い段階の旧石器時代の遺跡として注目された。縄文時代は地球温暖化にともない海進現象がおこり，熊本平野の周辺部の丘陵上に縄文の貝塚が確認されている。弥生時代は海岸線が後退して，人びとの生活の場が広がり，5世紀後半から6世紀にかけて千金甲古墳群（小島下町），釜尾古墳（釜尾町）が築造された。

7世紀末から8世紀初めにかけて律令制度が整い，肥後国が誕生する。当初の肥後国は13郡で成立したが，そのうちの飽田郡・託麻郡が現在の熊本市に相当する。国の中心は国府とよばれ，国府は平安時代には益城郡へ移り，10世紀に飽田郡に成立したと考えられ，二本木一帯と推定される。10世紀に藤崎八幡宮・祇園社（北岡神社）が成立したとみられ，国府の都市化が進んだと考えられる。平安時代後期から鎌倉時代にかけては権門（皇族・貴族・寺社）の荘園が肥後国に広がり，13世紀に曹洞宗の高僧の寒巌義尹が河尻氏の支援を受けて大慈寺を建立した。

室町時代には千葉城を拠点とした出田氏や鹿子木氏が勢力をもっていたが，のち

に城氏が隈本城に入り、勢力をもち続けた。
　1587(天正15)年の豊臣秀吉の九州平定によって、肥後国守として佐々成政が入るが、国衆一揆のため改易となり、翌年、肥後の北半国を加藤清正、南半国を小西行長が治めることになった。清正は従来の「隈本」の地名を「熊本」に改め、熊本城を完成させ、新しい城下町を建設した。しかし、御家騒動により加藤家は改易され、豊前小倉城主の細川忠利が肥後に入国する。
　江戸時代、熊本は肥後細川54万石の城下町として発展する。6代藩主細川重賢は藩政改革を行い、藩学の時習館、医学校の再春館などを設立した。幕末には横井小楠が現れ、実学党のリーダーとして政治改革を志した。
　1870(明治3)年から翌年にかけて実学党政権が熊本で成立して、政治改革が進み、外国人教師を招いて熊本洋学校・古城医学校が設立された。しかし、1871年、廃藩置県により熊本県が誕生して中央集権体制が始まった。1876年、社会の急速な西洋化に反発して神風連の乱がおき、1877年には西南戦争がおきた。
　1887(明治20)年、県庁が古城から南千反畑(現、白川公園)に移った。翌年には鎮台制が廃止され、第六師団が熊本市に発足した。以後、軍都として熊本市は歩むことになる。近代都市として発展をみせた熊本だが、1945(昭和20)年に米軍の空襲を受けて灰燼に帰し、城下町としての古い町並みがほとんど残っていないのは惜しまれる。

宇土・益城

　宇土・宇城市と上・下益城郡からなる宇城地方は、県のほぼ中央部に位置し、東は九州山地に連なり、西は有明海・不知火海に面し、その中央を緑川が流れる。
　宇城地方は古代遺跡の宝庫で、貝塚群は九州における縄文土器編年の標式土器として有名である。また、全国でも最大級の方形周溝墓群があり、古墳文化も花開く。律令時代には、肥後国の国府(益城国府)が城南町におかれていたことが推定されている。
　古代末から中世にかけては多くの荘園や郷・保に分かれていたが、益城地方では大宮司阿蘇氏の影響が大きく、宇土では中世宇土城主の宇土氏が断絶した後、八代の名和氏が城主となった。
　豊臣秀吉の九州平定後、一時小西行長が宇土城主となったが、関ヶ原の戦い(1600年)後は加藤氏・細川氏の支配を受けることになり、近世中期には細川藩3万石の支藩がおかれた。
　明治時代になると1889(明治22)年の町村制の施行により、3郡に10町58村が成立し、以後合併を重ねて現在の行政区ができあがった。

天草

　天草地域は、天草上島・下島、大矢野、御所浦など約120の大小の島からなる。温暖な気候に恵まれ、地形としては山々が海岸線まで迫り、平野部は少ない。東は

八代海、南西は天草灘、北は島原湾と四方を海に囲まれ、古来、文化は海から伝播した。

下島の沖ノ原遺跡や大矢遺跡から、古代の海人の活動が推測され、大矢野島、上島北部には装飾古墳も残る。博多の鴻臚館跡から出土した木簡には「肥前国天草郡志記里口」と記されている。

中世では、大矢野・上津浦・栖本・天草・志岐の天草五人衆が知られる。1566（永禄9）年、宣教師ルイス・アルメイダによって天草でのキリスト教布教が始まり、天草氏はキリシタンに改宗して、その保護の下、天草学林とよばれるコレジヨ（宣教師養成学校）が設けられ、天草版（キリシタン版）の出版活動も行われた。その後、豊臣秀吉の全国統一にともない、天草は小西行長の支配下におかれた。

1637（寛永14）年から1638年にかけて天草・島原の乱がおこった。乱後、天草は幕府の直轄領（天領）となり、天草四ヵ本寺（東向寺・円性寺・国照寺・崇円寺）が設けられ、民衆の教化が進んだ。行政組織としては、富岡に代官所がおかれた。乏しい耕地と低い農業生産性のため、江戸時代を通して農民の生活は厳しく、弘化の一揆（1847年）など百姓一揆が頻発した。1805（文化2）年には大規模な隠れキリシタンの発覚騒動もおきた。

明治維新後、天草は1873（明治6）年に白川県（熊本県）に編入され、行政の中心が富岡から町山口村（本渡）へ移った。天草からは積極的に海外へ進出する人が後を絶たず、大陸で成功して財をなす者も現れた。一方で、「からゆきさん」の悲話が今に伝えられる。

1966（昭和41）年には天草五橋が架けられ、九州本土と天草は道路でつながった。2000（平成12）年には天草空港が供用を開始。交通の不便を克服しながら、天草ではあらたな地域振興が進められている。

八代・葦北

県南部に位置し、球磨川河口の三角州から始まり、近世から近代にかけて干拓で発展した八代平野が中心となる。穀倉地帯で農業生産性が高い。東部は九州山地が広がり、宮崎県東白杵郡椎葉村と県境を接している。八代平野の南の葦北・水俣地域は平地が少なく、山地が多くを占める。八代海（不知火海）の海岸線は変化に富むリアス式海岸となっており、温暖な気候に恵まれ、丘陵部での柑橘類の栽培が盛んである。

旧石器時代の遺跡として、石飛遺跡が水俣市の亀嶺高原（標高約550m）にある。古墳時代後期には氷川下流域に野津古墳群を始め古墳が集中しており、豪族の火君一族が氷川流域から八代地域を支配していたことを示す。律令制において八代郡と葦北郡が設けられたが、郡家の場所は特定されていない。

鎌倉幕府打倒に功があった名和氏が1358（延文3・正平13）年に八代に下向、懐良親王を支えて南朝方として行動した。しかし、九州探題の今川了俊の攻撃を受

け、1391(明徳2・元中8)年、南朝最後の戦いで降伏した。名和氏はその後も八代を支配したが、球磨・人吉を本拠地とする相良氏が台頭して、1504(永正元)年、八代へ進出し、以後、約80年間、八代郡と葦北郡を支配した。

戦国時代に薩摩の島津氏が肥後への進出を強めたが、豊臣秀吉の九州平定によって、島津氏は薩摩へ撤退した。1588(天正16)年、豊臣秀吉の命を受け、八代は小西行長の支配下に入った。関ヶ原の戦い(1600年)で小西氏が敗れた後、加藤清正が天草・球磨をのぞく肥後国の支配者となり、1632(寛永9)年、加藤氏にかわり細川忠利が肥後国守として入国する。八代には藩の御蔵がおかれ、肥後の五カ町の1つとして栄え、妙見宮の祭りも盛んで、江戸時代後期は七百町新地を始め八代海の干拓事業があいつぎ、農業生産力は高まった。

1877(明治10)年の西南戦争では、八代・水俣の各地で戦闘が続いた。八代市およびその周辺に1890(明治23)年、日本セメント工場を始め製紙工場や酒造工場が進出して、県南の工業都市として発展を始め、城下町の面影は失われていった。1908(明治41)年、水俣に日本窒素肥料株式会社(日窒)の工場が設立され、のちに「水俣病」として大きな公害問題の発生につながっていく。

人吉・球磨

人吉・球磨地方は、県南端部に位置する。標高1600〜1700m級の峰々が連なり、南西部に広がる標高約100〜220mの人吉盆地を中心とした地域である。中央部は球磨川が東西に流れ、日本3大急流の1つに数えられる。この球磨川は、山地の谷間を蛇行しながら八代海へとそそぎ込み、流域面積は1880km²におよび、熊本県の総面積の約25%を占める。

人吉・球磨地方では旧石器時代から弥生時代の遺跡が数多く発見されている。なかでも算盤玉形の胴に長頸の免田式土器の姿は、弥生式土器の中でももっともシャープで優美である。

古墳時代になると南九州に独特の広がりをもつ地下式板石積石室墓や地下式横穴墓がみられるようになる。これらは隼人や熊襲とされる人びとの墓と考えられている。その後、ヤマト政権の勢力下に入ったことを示す前方後円墳(亀塚古墳群、球磨郡錦町)が築造される。律令制下では10世紀に編纂された『和名類聚抄』に久米・球玖・人吉・東村・西村・千脱の6郷の名がみえる。

平氏滅亡後は、鎌倉幕府の手で再編が行われ、八条女院領の人吉荘、関東御領の永吉荘、国衙領に3分割されている。そして、相良長頼が1205(元久2)年に人吉荘地頭に任命されて以降、相良氏は戦国時代にたび重なる内紛に苦しみながらも、球磨・葦北・八代の3郡を支配する戦国大名に成長した。

幕藩体制下での相良氏は2万2000石の大名として、明治時代の廃藩置県まで存続する。人吉・球磨地方は一貫して相良氏の支配下にあり、平安時代末期の仏像や中世以降の寺社仏閣や庚申塔などの文化遺産が数多く残されている。明治時代初期に

は一時，人吉県が設置されたが，その後は八代県に所属し，最終的には熊本県に統合された。

　1988(昭和63)年に九州縦貫道の八代・人吉間が開通し，熊本県南地域および南九州の拠点として発展を遂げつつある。

【文化財公開施設】　　　　　　　　　①内容，②休館日，③入館料

熊本県立美術館本館永青文庫展示室　〒860-0008熊本市中央区二の丸2　TEL096-352-2111　①古代〜現代，美術，②月曜日(祝日の場合は翌日)，年末年始，③有料

熊本市立熊本博物館　〒860-0007熊本市中央区古京町3-2　TEL096-324-3500　①熊本県内の地質・生物，熊本県内出土の考古資料，加藤氏・細川氏，西南戦争関連資料，②月曜日(祝日の場合は直近の祝日でない日)，年末年始，③有料

熊本大学五高記念館　〒860-0862熊本市中央区黒髪2-40-1　TEL096-342-2050　①旧制第五高等学校の公開，②火曜日，12〜2月の祝日(土・日曜日の場合は開館)，年末年始，③無料

熊本県伝統工芸館　〒860-0001熊本市中央区千葉城町3-35　TEL096-324-4930　①県指定の伝統工芸品，②月曜日(祝日の場合は翌日)，年末年始，③無料(企画展は有料)

熊本県立図書館・くまもと文学・歴史館　〒862-8612熊本市中央区出水2-5-1　TEL096-384-5000　①熊本県ゆかりの文学資料，②火曜日(祝日の場合は翌日)，毎月最終金曜日，年末年始，特別整理期間，③無料

夏目漱石内坪井旧居　〒860-0077熊本市中央区内坪井町4-22　TEL096-325-9127　①夏目漱石関係資料，②月曜日(祝日の場合は翌日)，年末年始，③有料(現在，庭園一部のみ公開)

熊本洋学校教師ジェーンズ邸(休館中)　〒862-0956熊本市中央区水前寺公園22-16　TEL096-382-6076　①ジェーンズ・日本赤十字関係資料，②月曜日(祝日の場合は翌日)，年末年始，③有料

徳富記念園(休館中)　〒862-0971熊本市中央区大江4-10-33　TEL096-362-0919　①徳富兄弟旧居の公開，②月曜日(祝日の場合は翌日)，年末年始，③有料

小泉八雲熊本旧居　〒860-0801熊本市中央区安政町2-6　TEL096-354-7842　①旧居の公開，②月曜日(祝日の場合は翌日)，年末年始，③有料

横井小楠記念館(四時軒)　〒861-2102熊本市東区沼山津1-25-91　TEL096-368-6158　①旧居兼私塾の公開と展示，②月曜日(祝日の場合は翌日)，年末年始，旧館は休，③有料

御馬下の角小屋　〒861-5515熊本市北区四方寄町1274　TEL096-245-2963　①庄屋堀内家住宅の公開，②月曜日(祝日の場合は翌日)，年末年始，③無料

リデル・ライト両女史記念館(休館中)　〒860-0862熊本市中央区黒髪5-23-1　TEL096-345-6986　①ハンセン病関係資料，②月曜日(祝日の場合は翌日)，年末年始，③無料

後藤是山記念館　〒862-4061熊本市中央区水前寺2-6-10　TEL096-382-4061　①是山に関する資料，②月曜日(祝日の場合は翌日)，年末年始，③無料

熊本国際民藝館　〒861-8006熊本市北区龍田1-5-2　TEL096-338-7504　①国内外の民藝品，②月曜日(祝日の場合は翌日)，年末年始，③有料

島田美術館　〒860-0073熊本市西区島崎4-5-28　TEL096-352-4597　①歴史資料・美術工芸品，宮本武蔵関係資料，②火曜日(祝日をのぞく)，年末年始，③有料

神風連資料館　〒860-0862熊本市中央区黒髪5-7-57(桜山神社境内)　TEL096-343-5504　①神風連関係資料・遺品，②火曜日，年末年始，③有料

本妙寺宝物館(準備中)　〒860-0072熊本市西区花園4-13-20(本妙寺境内)　TEL096-354-1411　①加藤・細川氏関係資料，書画，②月曜日(祝日の場合は翌日)，③有料

| 北里柴三郎記念館 | 〒869-2505阿蘇郡小国町北里371-1　TEL0967-46-5560　①柴三郎生家の一部と関係資料の公開，②年末年始，③有料 |

| 坂本善三美術館 | 〒869-2502阿蘇郡小国町黒渕2877　TEL0967-46-5732　①坂本善三の作品展示，②3～11月は月曜日(休日の場合は翌日)，12～2月は月・火曜日(月曜日が休日の場合は翌日)，年末年始，展示替え期間，③有料 |

| 阿蘇火山博物館 | 〒869-2232阿蘇市赤水1930-1　TEL0967-34-2111　①阿蘇カルデラの成立，暮らし，②無休，③有料 |

| 阿蘇古代の郷美術館 | 〒869-2612阿蘇市一の宮町宮地6135　TEL0967-22-3313　①井伊家伝来の美術工芸品，②無休，③有料 |

| 熊本県立装飾古墳館 | 〒861-0561山鹿市鹿央町岩原3085　TEL0968-36-2151　①県内の主要装飾古墳・副葬品など，②月曜日(祝日の場合は翌日)，年末年始，③有料 |

| 歴史公園鞠智城・温故創生館(熊本県立装飾古墳館分館) | 〒861-0425山鹿市菊鹿町米原443-1　TEL0968-48-3178　①城跡と復元建物，出土品など，②月曜日(祝日の場合は翌日)，年末年始，③無料 |

| 荒尾市宮崎兄弟資料館 | 〒864-0041荒尾市荒尾949-1　TEL0968-63-2595　①生家の公開と遺品の展示，②月曜日(祝日の場合は翌日)，年末年始，③有料 |

| 万田炭鉱館 | 〒864-0001荒尾市原万田213-31　TEL0968-64-1300　①荒尾市の石炭産業の歴史と用具，②月曜日(祝日の場合は翌日)，年末年始，③有料 |

| 清浦記念館 | 〒861-0331山鹿市鹿本町来民1000-2　TEL0968-46-5127　①清浦奎吾に関する資料，②月曜日(祝日の場合は翌日)，年末年始，③有料 |

| 山鹿市立博物館 | 〒861-0541山鹿市鍋田2085　TEL0968-43-1145　①菊池川流域の考古・歴史・民俗資料，②月曜日(祝日の場合は翌日)，年末年始，③有料 |

| 山鹿市出土文化財管理センター | 〒861-0382山鹿市方保田128　TEL0968-46-5512　①市内遺跡からの出土品，②土・日曜日，祝日，年末年始，③無料 |

| 来民文庫 | 〒861-0331山鹿市鹿本町来民2034　TEL0968-46-2659　①吉岡家伝来の書籍・民具を展示，②月～金曜日(電話予約による見学)，③有料 |

| 和水町歴史民俗資料館 | 〒865-0136玉名郡和水町江田302(肥後民家村内)　TEL0968-34-3047　①江田船山古墳関係の資料，②月曜日(祝日の場合は翌日)，年末年始，③無料 |

| 玉名市立歴史博物館こころピア | 〒865-0016玉名市岩崎117　TEL0968-74-3989　①玉名市の考古・歴史・民俗資料，②月曜日(祝日の場合は翌日)，祝日の翌日(日曜日をのぞく)，年末年始，③有料 |

| 熊本市田原坂西南戦争資料館 | 〒861-0163熊本市北区植木町豊岡858-1　TEL096-272-4982　①田原坂の戦い関係資料，②年末年始，③有料 |

| 泗水公民館 | 〒861-1212菊池市泗水町豊水3565　TEL0968-25-2028　①三万田遺跡関係の資料，②年末年始，③無料 |

| 菊池神社歴史館 | 〒861-1331菊池市隈府1257(菊池神社境内)　TEL0968-25-2549　①菊池氏関係資料，②無休，③有料 |

| わいふ一番館(まちかど資料館) | 〒861-1331菊池市隈府1　TEL0968-24-6630　①菊池一族と菊池市の歴史，②月曜日(祝日の場合は翌日)，年末年始，③有料 |

孔子公園資料館　〒861-1212菊池市泗水町豊水3381　TEL0968-38-6100　①孔子関係資料，②無休，③有料

合志市歴史資料館　〒861-1116合志市福原2922（合志市総合センターヴィーブル内）TEL096-248-5555　①市内遺跡の出土品など，合志氏関係資料，②月曜日（祝日の場合は翌日），毎月末日，年末年始，③無料

東海大学松前重義記念館　〒861-3106上益城郡嘉島町大字上島2571-1-3　TEL096-237-1151　①松前重義生家と関係資料，②月曜日，土曜日，年末年始，③無料

御船町恐竜博物館　〒861-3207上益城郡御船町御船995-3　TEL096-282-4051　①地球・生命の歴史など，②月曜日（祝日の場合は翌日），年末年始，③有料

通潤橋史料館　〒861-3513上益城郡山都町下市182-2　TEL0967-72-3360　①通潤橋・布田保之助関係資料，②年末年始，資料整理日（年4回），③有料

熊本市塚原歴史民俗資料館　〒861-4226熊本市南区城南町塚原1924（塚原古墳公園内）TEL0964-28-5962　①城南町の歴史，②月曜日（祝日の場合は翌日），年末年始，③有料

宇土市大太鼓収蔵館　〒869-0457宇土市宮庄町406-2　TEL0964-22-1930　①雨乞い関係の民俗，②月曜日（祝日・振替休日の場合は翌日），年末年始，③有料

網田焼の里資料館　〒869-3172宇土市上網田町787　TEL0964-27-1627　①中園家旧宅の公開，網田焼関係資料，②月～金曜日（土・日曜日，祝・祭日のみ開館），年末年始，③有料

宇城市不知火美術館　〒869-0552宇城市不知火町高良2352　TEL0964-32-6222　①市内関係者の美術作品，②月曜日（祝日の場合は翌日），年末年始，③有料

宇城市立郷土資料館　〒861-4301宇城市豊野町糸石3824　TEL0964-45-2102　①歴史・民俗資料，②月・木曜日（祝日の場合は翌日も），年末年始，③無料

氷川町竜北歴史資料館　〒869-4811八代郡氷川町鹿野126-1　TEL0965-52-3517　①旧竜北町の歴史・民俗資料，②月曜日，祝日，年末年始，③無料

八代市立博物館未来の森ミュージアム　〒866-0863八代市西松江城町12-35　TEL0965-34-5555　①八代城・妙見祭関係資料など，②月曜日（祝日の場合は翌日），年末年始，③有料

八代市東陽石匠館　〒869-4302八代市東陽町北98-2　TEL0965-65-2700　①種山石工の歴史，眼鏡橋の工法など，②月曜日（祝日の場合は翌日），③有料

五家荘平家の里　〒869-4512八代市泉町樅木160-1　TEL0965-67-5372　①落人伝説・五家荘の歴史・民俗，②火曜日（祝日の場合は翌日），年末年始，③有料

左座家　〒869-4515八代市泉町仁田尾65　TEL0965-67-5510　①民家の公開，②火曜日（祝日の場合は翌日），年末年始，③有料

緒方家　〒869-4514八代市泉町椎原46　TEL0965-67-5118　①民家の公開，②火曜日（祝日の場合は翌日），年末年始，③有料

つなぎ美術館　〒869-5603葦北郡津奈木町岩城494　TEL0966-61-2222　①熊本県ゆかりの芸術家の作品，②水曜日（祝日の場合は翌日），年末年始，③無料（企画展は有料）

水俣市立水俣病資料館　〒867-0055水俣市明神町1-53　TEL0966-62-2621　①水俣病関連資料（要予約），②月曜日（祝日の場合は翌日），年末年始，③無料

徳富蘇峰・蘆花生家　〒867-0065水俣市浜町2-6-5　TEL0966-62-5899　①徳富兄弟生家を

公開，②月曜日(祝日の場合は翌日)，年末年始，③無料

水俣市立蘇峰記念館(旧淇水文庫)　〒867-0011水俣市陣内1-1-1　TEL0966-63-0380　①徳富蘇峰・大江義塾関係資料の展示，②月曜日(祝日の場合は翌日)，年末年始，③無料(予約制)

山江村歴史民俗資料館　〒868-0092球磨郡山江村山田甲1360　TEL0966-23-3665　①山江村の歴史・民俗・考古，②月曜日(祝日の場合は翌日)，祝日(日曜日をのぞく)，年末年始，臨時整理日，③有料

人吉城歴史館　〒868-0051人吉市麓町18-4　TEL0966-22-2324　①人吉市の歴史，②第2月曜日(祝日の場合は翌日)，年末年始，③有料

湯前まんが美術館(那須良輔記念館)　〒868-0621球磨郡湯前町1834-1　TEL0966-43-2050　①那須良輔の作品を収蔵・展示，②年末年始，③有料

天草四郎ミュージアム　〒869-3603上天草市大矢野中977-1(天草四郎公園内)　TEL0964-56-5513　①キリシタン関係資料，②1月と6月の第2水曜日，年末年始，③有料

天草キリシタン館　〒863-0017天草市船之尾町19-52　TEL0969-22-3845　①天草四郎・キリシタン関係資料，②年末年始，③有料

天草市立本渡歴史民俗資料館　〒863-0013天草市今釜新町3706　TEL0969-23-5353　①天草の歴史・民俗，②月曜日(祝日の場合は翌日)，祝日の翌日，年末年始，③無料

天草市立五和歴史民俗資料館　〒863-2421天草市五和町二江384　TEL0969-33-1645　①沖の原貝塚出土品など，歴史・民俗，②月曜日，祝日の翌日，年末年始，③無料

天草市立御所浦白亜紀資料館　〒866-0313天草市御所浦町御所浦4310-5　TEL0969-67-2325　①恐竜・アンモナイトなどの化石，②月曜日(祝日の場合は翌日)，年末年始，③有料

天草市うしぶか海彩館・漁業展示室　〒863-1901天草市牛深町2286-116　TEL0969-73-3818　①漁具・ハイヤ節関係資料，②第3火曜日，③無料

天草ロザリオ館　〒863-2801天草市天草町大江1749　TEL0969-42-5259　①キリシタン関係資料，②年末年始，③有料

上田資料館　〒863-2804天草市天草町高浜南598　TEL0969-42-1115　①上田家住宅と関連資料の展示，②盆，年末年始，③有料

天草コレジヨ館　〒863-1215天草市河浦町白木河内175-13　TEL0969-76-0080　①南蛮文化・印刷機関係資料，②月曜日(祝日の場合は開館)，年末年始，③有料

熊本県富岡ビジターセンター(富岡城)　〒863-2507天草郡苓北町富岡本丸2245-15(富岡城跡内)　TEL0969-35-0170　①天草下島の歴史・自然，②水曜日(祝日の場合は翌日)，③無料

【無形民俗文化財】

国指定

阿蘇の農耕祭事　　阿蘇市(阿蘇神社・国造神社ほか)　阿蘇の農耕祭事保存会　正月から秋にかけて。阿蘇神社の火振り神事：3月16日・御田植神事式(おんだ祭)：7月28・29日ほか

菊池の松囃子　　菊池市隈府　御松囃子御能保存会　10月13日

国選択(◎は県指定も受けているもの)

早尾のスッキョン行事　　八代郡氷川町早尾　スッキョン行事保存会　1月11日

長野岩戸神楽　　阿蘇郡南阿蘇村長野(長野阿蘇神社ほか)　長野岩戸神楽保存会　春・秋の大祭，毎月第2日曜日

中江の岩戸神楽◎　　阿蘇市波野中江(中江神社ほか)　中江岩戸神楽保存会　4〜11月の第1日曜日

古代踊◎　　八代市泉町久連子(久連子神社ほか)　古代踊保存会　8月15日，9月第1日曜日，9月26日

吉原の岩戸神楽◎　　阿蘇郡南小国町満願寺(吉原神宮ほか)　吉原岩戸神楽保存会　9月20日

球磨神楽　　人吉市・球磨郡　球磨神楽保存会

県指定

阿蘇の虎舞(成川)　　阿蘇市　とくに定められた上演日はなし

阿蘇の牛舞　　阿蘇市　とくに定められた上演日はなし

阿蘇の虎舞(竹原)　　阿蘇市　正月，8月19・20日

阿蘇の虎舞(蔵原)　　阿蘇市　正月，8月19・20日

阿蘇の虎舞(狩尾)　　阿蘇市　正月，8月19・20日

阿蘇の虎舞(折戸)　　阿蘇市　正月，8月19・20日

阿蘇の虎舞(永草)　　阿蘇市　正月，8月19・20日

荻の草の瓢箪つき　　阿蘇市一の宮町　3月20・21日，7月29日

植柳盆踊り　　八代市　8月14日

球磨地方の臼太鼓踊り(七地)　　人吉市七地町　8月16日，10月9日，11月25日ほか

峯の宿ばんば踊り　　阿蘇郡高森町　8月の旧盆の頃

尾下菅原神社獅子舞　　阿蘇郡高森町　10月3日

球磨地方の臼太鼓踊り(東浦)　　球磨郡山江村　10月9日，11月4日ほか

野原八幡宮風流　　荒尾市野原　10月15日

六嘉の獅子舞(六嘉神社大祭)　　上益城郡嘉島町　10月17日

宇土の御獅子舞(西岡神社大祭)　　宇土市本町1丁目　10月19日

栖本太鼓踊り　　天草市栖本町(栖本諏訪神社ほか)　10月第3週と11月第2週の土・日曜日

妙見宮(八代神社)祭礼神幸行列　　八代市　11月22・23日

梅林天満宮流鏑馬　　玉名市　11月25日

肥後神楽　　熊本市(加藤神社・健軍神社ほか)　とくに定められた上演日はなし

球磨地方の臼太鼓踊り(鬼木)　　人吉市鬼木町　とくに定められた上演日はなし

人吉市の棒踊り(大塚)　　人吉市大塚町　とくに定められた上演日はなし

人吉市の棒踊り(田野)　　人吉市田野町　とくに定められた上演日はなし
人吉田野の俵踊り　　人吉市田野町　とくに定められた上演日はなし
人吉田野の錫杖踊り　　人吉市田野町　とくに定められた上演日はなし
ウンスンかるたの遊戯法　　人吉市　とくに定められた上演日はなし
宮浦の棒踊り　　葦北郡芦北町　とくに定められた上演日はなし
内野の棒踊り　　葦北郡芦北町　とくに定められた上演日はなし
球磨地方の臼太鼓踊り(中原)　　球磨郡多良木町　とくに定められた上演日はなし
球磨地方の臼太鼓踊り(青木)　　球磨郡多良木町　とくに定められた上演日はなし
球磨地方の臼太鼓踊り(伏間田)　　球磨郡多良木町　とくに定められた上演日はなし
球磨地方の臼太鼓踊り(庄屋)　　球磨郡あさぎり町　とくに定められた上演日はなし

【おもな祭り】(国・県指定無形民俗文化財をのぞく)

高橋稲荷神社初午大祭　　熊本市　2月の初午の日
八代のひな祭り　　八代市市街地　3月1〜10日
粟嶋神社春季大祭　　宇土市　3月1〜3日
人吉・球磨のひなまつり　　人吉市・球磨郡市街地　3月20〜31日
日輪寺つつじ祭り　　山鹿市　4月7〜26日
里宮神社春季大祭　　球磨郡湯前町　4月15〜20日
牛深ハイヤ祭り　　天草市牛深町　4月第3金〜日曜日
水俣三社祭り　　水俣市　4月18〜20日
虫追い祭り　　天草市新和町　4月下旬
仙酔峡つつじ祭り　　阿蘇市　4月29日
長洲金魚まつり　　玉名郡長洲町　5月1〜10日
七滝神社例大祭　　上益城郡御船町七滝　5月10日
高瀬裏川花しょうぶ祭り　　玉名市　5月下旬〜6月上旬
氷室祭　　八代市　5月31日〜6月1日
犬子ひょうたん祭り　　山鹿市　6月15日
竹迫観音祭り　　合志市　7月10日
虫追い祭り　　天草市河浦町　7月の第3日曜日
本妙寺頓写会　　熊本市　7月23日
高森阿蘇神社夏季大祭　　阿蘇郡高森町　7月30日
草部吉見神社夏季大祭　　阿蘇郡高森町　7月31日
出水神社薪能　　熊本市　8月第1土曜日
山鹿灯籠まつり　　山鹿市　8月15・16日
風鎮祭　　阿蘇郡高森町　8月17・18日
うと地蔵祭り　　宇土市　8月23・24日
八朔祭　　上益城郡山都町矢部　9月第1土・日曜日
藤崎八旛宮秋季例大祭　　熊本市　第3月曜日を最終日とする5日間
人吉おくんち祭り(青井阿蘇神社例大祭)　　人吉市市街地　10月3〜11日
尾下菅原神社秋季大祭　　阿蘇郡高森町　10月3日

六殿神社秋季例大祭　　　熊本市　10月9日
伊倉南北八幡宮秋季例大祭　　玉名市　10月中旬
三神宮秋季大祭　　　八代郡氷川町　10月中旬
疋野神社大祭　　玉名市　10月15日
河尻神宮秋季例大祭　　熊本市　10月15～19日
恵比須神社秋季大祭　　球磨郡多良木町　10月20・21日
高戸神社祭　　　上天草市　10月第3土・日曜日
合津神社祭　　　上天草市　10月第3日曜日
繁根木八幡宮秋季大祭　　玉名市　10月28・29日
彦島八幡宮例祭(海を渡る祭礼)　　天草市温泉街　10月第4土・日曜日
天草殉教祭　　　天草市温泉街　10月第4日曜日
菊池温泉薬師祭　　菊池市　10月30日
奥の院開創・秋の大祭　　玉名市　11月3日
しんわ楊貴妃祭り　　天草市　11月中旬
山北八幡宮秋季例祭　　玉名郡玉東町　11月19日
五木の子守唄祭　　球磨郡五木村　11月上旬
十島菅原神社秋の大祭　　球磨郡相良村　11月23日
玉名大俵まつり　　　玉名市(高瀬)菊池川河川敷　11月23日
塩屋八幡宮祭　　　八代市　11月25日
山鹿温泉復活感謝祭　　山鹿市　12月20日
大江冬まつり　　　天草市　12月24日

【有形民俗文化財】

県指定
真宗禁制の遺物一括　　　人吉市下林町　楽行寺
キリシタン禁制の遺物一括　　　天草市天草町大江　天草ロザリオ館
菊池松囃子能場　　菊池市隈府　菊池市ほか
迫の庚申塔1基　　　球磨郡錦町木上　迫集落
平等寺の庚申塔1基　　　球磨郡あさぎり町須恵　恒松末光
馬草野の庚申塔1基　　　人吉市上原田町　相良ミサヨ
西福寺の庚申塔1基　　　熊本市小沢町　西福寺
宇土雨乞い大太鼓及び関係資料　　　宇土市宮庄町　大太鼓収蔵館
妙見宮祭礼神幸行列関係資料　八代市

【無形文化財】

国選択
肥後透及び肥後象嵌　　米光太平(光正)
肥後琵琶　　熊本市水前寺6-18-1　熊本県教育委員会　肥後琵琶保存会

県指定
清和文楽人形芝居　　　上益城郡山都町　清和文楽人形芝居保存会

-22-4801

小国町教育委員会　　〒869-2501阿蘇郡小国町宮原1567-1　TEL0967-46-2111
南小国町教育委員会　　〒869-2401阿蘇郡南小国町大字赤馬場143　TEL0967-42-1122
南小国町観光協会　　〒869-2401阿蘇郡南小国町赤馬場1789-1　TEL0967-42-1444
高森町教育委員会　　〒869-1602阿蘇郡高森町高森2168　TEL0967-62-0227
高森町観光協会　　〒869-1602阿蘇郡高森町高森1614-3(高森町観光交流センター内)　TEL0967-62-2233
産山村教育委員会　　〒869-2703阿蘇郡産山村山鹿488-3　TEL0967-25-2214
南阿蘇村教育委員会　　〒869-1404阿蘇郡南阿蘇村河陽1705-1　TEL0967-67-1602
みなみあそ村観光協会　　〒869-1412阿蘇郡南阿蘇村大字久石2807　TEL0967-67-2222
西原村教育委員会　　〒861-2402阿蘇郡西原村大字小森3259　TEL096-279-3111
御船町社会教育課　　〒861-3204上益城郡御船町木倉1168(御船町カルチャーセンター内)　TEL096-282-0888
嘉島町教育委員会　　〒861-3192上益城郡嘉島町上島530　TEL096-237-1111
益城町生涯学習課　　〒861-2295上益城郡益城町大字木山594　TEL096-286-3337
甲佐町教育委員会　　〒861-4696上益城郡甲佐町豊内719-4　TEL096-234-1111
山都町生涯学習課　　〒861-3592上益城郡山都町浜町6番　TEL0967-72-0443
山都町観光協会　　〒861-3513上益城郡山都町下市184-1　TEL0967-72-3855
八代市文化振興課　　〒866-0862八代市旭中央通3-11　TEL0965-33-4533
八代市観光振興課　　〒866-8601八代市旭中央通3-11　TEL0965-33-4115
八代よかとこ宣伝隊　　〒866-0831八代市上日置4772-10(JR新八代駅内)　TEL0965-31-8200
氷川町教育委員会　　〒869-4814八代郡氷川町島地642　TEL0965-52-5860
水俣市教育委員会　　〒867-8555水俣市洗切町1-1公民館　TEL0966-61-1659
みなまた観光物産協会　　〒867-0002水俣市初野305-1(新水俣駅内)　TEL0966-63-2079
芦北町教育委員会　　〒869-5392葦北郡芦北町田浦町653　TEL0966-87-1171
芦北町観光協会　　〒869-5498葦北郡芦北町芦北2015(芦北町役場商工観光課内)　TEL0966-82-2511
津奈木町教育委員会　　〒869-5603葦北郡津奈木町大字岩城1588-1　TEL0966-78-5400
人吉市教育部　　〒868-8601人吉市下城本町1578-1　TEL0966-22-2111
人吉市観光案内所　　〒868-0008人吉市中青井町326-1(人吉駅内)　TEL0966-22-2411
人吉温泉観光協会　　〒868-0008人吉市中青井町326-1(JR人吉駅内)　TEL0966-22-1370
錦町教育委員会　　〒868-0302球磨郡錦町大字一武1587　TEL0966-38-4450
あさぎり町教育委員会　　〒868-0408球磨郡あさぎり町免田東1774　TEL0966-45-7226
多良木町教育委員会　　〒868-0595球磨郡多良木町多良木1648　TEL0966-42-6111
湯前町教育課　　〒868-0621球磨郡湯前町1989-1　TEL0966-43-4111
水上村教育委員会　　〒868-0701球磨郡水上村大字岩野90　TEL0966-44-0311
相良村教育委員会　　〒868-8501球磨郡相良村深水2500-1　TEL0966-35-0211
五木村教育委員会　　〒868-0201球磨郡五木村甲2672-7　TEL0966-37-2211
山江村教育委員会　　〒868-8502球磨郡山江村大字山田甲1356-1　TEL0966-23-3604
球磨村教育委員会　　〒869-6401球磨郡球磨村大字渡丙1730　TEL0966-32-1111

上天草市教育委員会　　〒861-6192上天草市大矢野町上1514　TEL0969-28-3361
天草四郎観光協会　　〒869-3603上天草市大矢野町中11582-36　TEL0964-56-5602
天草市観光文化部　　〒863-8631天草市東浜町8-1　TEL0969-32-6784
苓北町教育委員会　　〒863-2503天草郡苓北町志岐660　TEL0969-35-1111
苓北町観光協会　〒863-2502天草郡苓北町志岐660　TEL0969-35-1111
一般社団法人天草宝島観光協会　　〒863-0023天草市中央新町15-7　TEL0969-22-2243
［おもな公共交通機関］
天草エアライン　　TEL0969-34-1515
九州産業交通　　TEL096-325-0100（バスに関する問合せ）
熊本バス　　TEL096-378-3447（バスに関する問合せ）
熊本市交通局　　TEL096-361-5233（バスに関する問合せ）・TEL096-361-5244（市電に関する問合せ）
熊本電気鉄道　　TEL096-343-3023（電鉄バスに関する問合せ）・TEL096-343-2552（熊本電鉄に関する問合せ）
JR九州熊本支社　　TEL096-211-2406（案内センター）
南阿蘇鉄道株式会社　　TEL0967-62-0058（予約・問合せ）
肥薩おれんじ鉄道　　TEL0996-63-6860（問合せ）
九商フェリー株式会社熊本支店　　TEL096-329-6111（問合せ）
熊本フェリー株式会社熊本支店　　TEL0957-63-8008（問合せ）
三和フェリー　　TEL0969-73-2103（問合せ）
有明フェリー　　TEL0957-78-2105（問合せ）

【参考文献】

『芦北町誌』　芦北町史編集委員会編　芦北町役場　1977
『阿蘇郡誌』　熊本県教育会阿蘇郡支会編　西岡乙平(非売品)　1925
『天草建設文化史』　天草地区建設業協会編　天草地区建設業協会　1978
『天草の概況 平成14年版 陽と風の郷 天草』　熊本県天草地域振興局編　熊本県天草地域振興局　2002
『荒尾市の文化財(Ⅰ)』　荒尾市教育委員会編　荒尾市教育委員会　1982
『荒尾の文化遺産』　荒尾市史編集委員会編　荒尾市　2003
『有明町史』　有明町史編纂室編　有明町　2000
『石橋は生きている』　山口祐造　葦書房　1992
『遺跡が語るくまもとのあゆみ―白川編―』　熊本県文化財保護協会・熊本県教育委員会編　熊本県文化財保護協会　2003
『一勝地焼』(熊本の風土とこころ13)　松本雅明　熊本の風土とこころ編集委員会編　熊本日日新聞社　1978
『上村焼』(熊本県大百科事典)　高田素次　熊本日日新聞社・熊本県大百科事典編集委員会編　熊本日日新聞社　1982
『産山村史』　産山村史編纂委員会編　産山村教育委員会　1988
『江戸時代人づくり風土記43 熊本』　牧野昇・会田雄次・大石慎三郎監修　農山漁村文化協会　1990
『鶯宿の里』(私家版)　木下昭二郎　2009
『大津町史』　大津町史編集委員会編纂室編　大津町　1988
『大村横穴墓群』(熊本県文化財調査報告第68集)　高木正文　熊本県教育委員会編　熊本県教育委員会　1984
『小国郷史』正・続(非売品)　禿迷盧　河津泰雄　1960・65
『改訂 合志川芥・全』　合志芳太郎改訂　合志史談会　1932
『賀庭寺調査報告書』　荒尾市教育委員会編　荒尾市教育委員会　1972
『角川日本地名大辞典43 熊本県』　「角川日本地名大辞典」編纂委員会編　角川書店　1987
『聞き書 熊本の食事 日本の食生活全集43』　日本の食生活全集熊本編集委員会編　農山漁村文化協会　1987
『菊鹿町史』　菊鹿町史編集委員会編　菊鹿町　1996
『菊池郡誌』(復刻版)　菊池郡教育会編　名著出版　1980
『菊池氏三代 人物叢書132』　杉本尚雄　日本歴史学会編　吉川弘文館　1988
『菊池市史』上・下巻　菊池市史編纂委員会編　菊池市　1982・86
『菊池市の文化財』　菊池市文化財保護委員会・菊池市教育委員会編　菊池市　2008
『鞠智城跡 熊本県文化財調査報告』　熊本県教育委員会編　熊本県教育委員会　2009
『菊池風土記 肥後文献叢書第3巻』　渋江松石　隆文館　1910
『菊陽町史』　菊陽町史編纂室編　菊陽町　1995
『木柑子遺跡群 菊池市文化財報告書』　菊池市教育委員会編　菊池市　2002
『九州古代中世史論集』　志方正和　志方正和遺稿集刊行会　1967
『九州相良の寺院資料』　上村重次編　青潮社　1986

『郷土史譚100話・菊池』　堤克彦　熊本出版文化会館　2008
『郷土史譚』全9巻(私家版)　堤克彦　2000-05
『旭志村史』　旭志村史編纂委員会編　旭志村　1993
『旭志村の有形文化遺産』旭志村史資料編　旭志村史編纂委員会編纂室編　旭志村　1996
『久木野村誌』全4巻　久木野村誌編纂委員会編　久木野村教育委員会　1985-2002
『球磨郡誌』　球磨郡教育会編　球磨郡教育会　1941
『球磨地区』(熊本県文化財調査報告第30集)　熊本県教育委員会編　熊本県教育委員会　1978
『熊本県史蹟名勝天然紀念物調査(全4冊)』　熊本県編　熊本県　1922
『熊本県神社誌』　上米良利晴(純臣)編　青潮社　1981
『熊本県大百科事典』　熊本日日新聞社・熊本県大百科事典編集委員会編　熊本日日新聞社　1982
『熊本県の地名　日本歴史地名大系44』　平凡社地方資料センター編　平凡社　1985
『熊本県の文化財　第2集　建造物・絵画・考古資料』　熊本県教育委員会編　熊本県教育委員会　1980
『熊本県の文化財　第3集　史跡』　熊本県教育委員会編　熊本県教育委員会　1981
『熊本県の歴史　県史シリーズ43』　森田誠一　山川出版社　1972
『熊本県の歴史　県史43』　松本寿三郎・板楠和子・工藤敬一・猪飼隆明　山川出版社　1999
『熊本県文化財一覧(平成16年3月15日現在)』　熊本県教育委員会編　熊本県教育委員会　2004
『熊本県文化財ガイドブック』　熊本県教育委員会編　熊本県教育委員会　1990
『熊本県文化財調査報告　第54集　熊本県歴史の道調査　豊後街道』　熊本県教育委員会編　熊本県教育委員会　1982
『熊本県文化財調査報告　第66集1　熊本県歴史の道調査　天草路』　熊本県教育委員会編　熊本県教育委員会　1984
『熊本県文化財調査報告　第68集　熊本県装飾古墳総合調査報告書』　熊本県教育委員会編　熊本県教育委員会　1984
『熊本県文化財調査報告　第120集　くまもとの民俗芸能』　熊本県教育委員会編　熊本県教育委員会　1991
『熊本県文化財調査報告　第134集　柏木谷遺跡』　熊本県教育委員会編　熊本県教育委員会　1993
『熊本県文化財調査報告　第167集　二本木前遺跡』　熊本県教育委員会編　熊本県教育委員会　1998
『熊本県文化財調査報告　第182集　熊本県の近代化遺産』　熊本県教育委員会編　熊本県教育委員会　1999
『熊本県文化財調査報告　第188集　祇園遺跡』　熊本県教育委員会編　熊本県教育委員会　2000
『熊本県民俗事典』　丸山学　日本談義社　1965
『熊本市の文化財』　熊本市教育委員会編　熊本市教育委員会　1994
『熊本の平成年表』　熊本日日新聞社　2009

『熊本のやきもの　球磨地方』(日本やきもの集成12 九州2・沖縄)　　　前田一洋　満岡忠成・楢崎彰一・林屋晴三編　平凡社　1982

『熊本歴史叢書3　乱世を駆けた武士たち』　熊本日日新聞社　2003

『合志町史』　合志町史編纂協議会編　合志町　1988

『泗水町史』上・下巻　泗水町史編集委員会編　泗水町　2001

『一の宮町史　自然と文化阿蘇選書①〜⑫』　一の宮町史編纂委員会編　一の宮町　1997-2001

『七城町誌』　七城町誌編纂委員会編　七城町　1991

『城下町八代の歴史と文化』　高野茂ほか　八代ロータリークラブ　1998

『浄業寺と小代氏　荒尾市文化財調査報告　第1集』　荒尾市教育委員会編　荒尾市教育委員会　1965

『史料　阿蘇』　阿蘇町教育委員会編　阿蘇町教育委員会　1978

『新・阿蘇学　地域学シリーズ1』　熊本日日新聞社編集局編　熊本日日新聞社　1987

『新・菊池史譚』全10巻(私家版)　堤克彦　2005-10

『新・菊池文化物語』　菊池文化物語編集委員会・菊池市教育委員会編　菊池市　2004

『新熊本市史　別編第2巻　民俗・文化財』　新熊本市史編纂委員会編　熊本市　1996

『新・熊本の歴史』1〜10巻　「新・熊本の歴史」編集委員会編　熊本日日新聞社　1978-83

『新　トピックスで読む熊本の歴史』　岩本税・島津義昭・水野公寿・柳田快明　弦書房　2007

『陣ノ内遺跡　合志市文化財調査報告』　合志市教育委員会編　合志市教育委員会　2007

『新版　熊本県の歴史散歩』　熊本県高等学校社会科研究会編　山川出版社　1993

『新聞に見る世相くまもと　明治・大正編』　熊本日日新聞社　1992

『新編菊池郡誌』(町村合併記念)　菊池郡町村会編　菊池郡町村会　1956

『新水俣市史』上・下巻　水俣市史編纂委員会編　水俣市役所　1991

『すきです球磨川(自然編)』　田中均監修　国土交通省八代工事事務所　2000

『すきです球磨川(土木編)』　山尾敏孝監修　国土交通省八代工事事務所　2000

『すきです球磨川(歴史編)』　鈴木喬・中神司・山尾敏孝監修　国土交通省八代工事事務所　2000

『図説　熊本県の歴史　図説日本の歴史43』　平野敏也・工藤敬一編　河出書房新社　1997

『図説　日本民俗誌・熊本』　牛嶋盛光　岩崎美術社　1987

『図説　人吉・球磨の歴史』　渋谷敦監修　郷土出版社　2007

『石仏と石塔　文化財探訪クラブ8』　石井進・水藤真監修　山川出版社　2001

『続七城町誌』　「続七城町誌」編纂委員会編　七城町　2005

『高森町史』　高森町史編さん委員会編　高森町　1979

『たたらもと製鉄遺跡調査報告書』　荒尾市教育委員会編　荒尾市教育委員会　1978

『田浦町誌』　田浦町誌編集委員会編　田浦町役場　1988

『玉名市史』　玉名市史編集委員会編　玉名市史編集委員会　1987

『玉名市歴史資料集成』　玉名市史編集委員会編　玉名市史編集委員会　1987

『多良木町史』　多良木町史編纂委員会編　多良木町　1980

『多良木町の文化財』　多良木町教育委員会編　多良木町教育委員会　2007

『中世球磨郡の展開と河川』(熊本県文化財調査報告第99集)　　工藤敬一　熊本県教育委員会編　熊本県教育委員会　1988

『中世の八代』資料編(私家版)　　高野茂　1993

『長陽村史』　　長陽村史編纂室編　熊本日日新聞情報文化センター　2004

『津奈木町誌』上巻　　津奈木町誌編集委員会編　津奈木町　1993

『長洲町史』　　長洲町史編纂委員会編　長洲町　1987

『南関の史蹟』　　南関町教育委員会編　南関町教育委員会　1963

『西合志史』　　西合志町史編纂協議会編　西合志町　1995

『日本城郭大系18　福岡・熊本・鹿児島』　　児玉幸多・坪井清足監修　新人物往来社　1979

『白水村史』　　白水村史編纂委員会事務局編　白水村史編纂委員会　2007

『肥後一の宮　阿蘇神社』　　阿蘇神社　2006

『肥後国衆一揆』　　荒木栄司　熊本出版文化会館　1987

『肥後郷名考・菊池温故　菊池古文書叢書第2輯』　　堤克彦監修　菊池古文書研究会編　1996

『肥後国誌』上・下巻(復刻版)　　森本一瑞編　青潮社　1972

『肥後の一勝地焼』(茶碗122号)　　前田幾千代　寶雲舎　1941

『肥後の伝説』　　牛嶋盛光編　第一法規出版株式会社　1974

『肥後細川藩幕末秘聞』　　河津武俊　弦書房　2003

『人吉・球磨地域の表層地質図』(土地分類基本調査　人吉・球磨地域　5万分の1)　熊本県企画開発部土地利用対策課編　熊本県企画開発部　1981

『第4章　人吉・球磨地区』(子どもと歩く戦争遺跡3)　　山下完二　熊本の戦争遺跡研究会編　熊本の戦争遺跡研究会　2007

『人吉城』(歴史群像シリーズ　よみがえる日本の城12)　　鶴嶋俊彦　学習研究社　2005

『深田村文化財調査報告　第3集　新深田遺跡』　　深田村教育委員会編　深田村教育委員会　2000

『豊後街道を行く』　　松尾卓次　弦書房　2006

『松島町史』　　松島町史編纂委員会編　松島町　1987

『水上村史』　　高田素次編　水上村教育委員会　1970

『目で見る　人吉・球磨の100年』　　前山光則監修　郷土出版社　2001

『八代・球磨の山岳издания』(熊本県文化財調査報告第99集)　　菖蒲和弘・村上豊喜　熊本県教育委員会編　熊本県教育委員会　1988

『「八代日記」にたどる求麻～八代間の交通路』(角川日本地名大辞典月報37号)　　乙益重隆　「角川日本地名大辞典」編纂委員会編　角川書店　1987

『湯前町史』　　高田素次編　湯前町役場　1968

『湯前の古建築　湯前町文化財調査報告　第2集』　　湯前町教育委員会社会教育課編　湯前町教育委員会　1990

『湯前の文化財　平成17年』　　湯前町教育委員会社会教育課・湯前まんが美術館編　湯前町教育委員会　2005

【年表】

時代	西暦	年号	事項
旧石器時代	3万年前		石の本遺跡(熊本市),曲野遺跡(宇城市),狸谷遺跡(人吉市),下城遺跡(阿蘇郡小国町)
縄文時代		草創期	白鳥平B遺跡(人吉市)
		早期	瀬田浦遺跡(菊池郡大津町)
		前期	轟貝塚・曽畑貝塚(宇土市)
		中期	阿高遺跡(宇城市),沼山津遺跡(熊本市)
		後期	三万田東原遺跡(菊池市)
		晩期	太郎迫遺跡・四方寄遺跡(熊本市)
弥生時代		前期	斎藤山遺跡(玉名市)
		中期	黒髪町遺跡(熊本市)
		後期	本目遺跡(球磨郡あさぎり町)
古墳時代		前期	迫ノ上古墳・弁天山古墳(宇土市)
		中期	江田船山古墳(玉名郡和水町),野津古墳群(八代郡氷川町)
		後期	大坊古墳(玉名市),チブサン・オブサン古墳(山鹿市) 弁慶ヶ穴古墳(山鹿市),千金甲古墳(熊本市)
	665	(天智4)	この頃,鞠智城が築かれる
	698	(文武2)	大宰府,大野・基肄・鞠智の3城を修築
奈良時代	713	和銅6	道君首名,筑紫国守に就任,肥後国守を兼任
	718	養老2	肥後国守道君首名死去。この間,味生池などを築造し,善政を行う
	770	宝亀元	葦北郡の日奉部広主売・益城郡の山稲主の2人,白亀を献上。これにより宝亀と改元
	778	9	第10回遣唐使船が帰途難破し,藤原河清ら41人が天草に漂着
平安時代	795	延暦14	肥後国,上国から大国となる
	828	天長5	益城郡浄水寺,定額寺(官寺)となる
	840	承和7	玉名郡疋野社が官社となる
	847	14	阿蘇国造神社が官社となる
	866	貞観8	肥後守紀夏井,応天門の変に連座して土佐に流される
	935	承平5	藤崎八幡宮が創建される
	986	寛和2	清原元輔(清少納言の父),が肥後守となる
	1019	寛仁3	九州北部に刀伊の賊船が来襲。大宰権帥藤原隆家とその郎等藤原蔵規(菊池氏祖)らが,撃退
	1092	寛治6	白河院領山鹿荘が成立
	1097	承徳元	山鹿荘が白河院から醍醐無量光院に寄進される
	1137	保延3	平清盛,中務大輔兼肥後守となる
	1167	仁安2	平清盛,八代郡南郷などを大功田として与えられる
	1180	治承4	菊池隆直・阿蘇惟安・木原盛実らが平家に叛く

時代	西暦	和暦	事項
鎌倉時代	1186	文治2	大江広元，肥後国山本荘の地頭となる
	1192	建久3	球磨御領の再編成により人吉荘・永吉荘成立
	1205	元久2	相良長頼，人吉荘の地頭となる
	1229	寛喜元	湯前明導寺(城泉寺)の阿弥陀堂建立
	1247	宝治元	小代重俊，宝治合戦の功により玉名郡野原荘の地頭となる
	1275	建治元	竹崎季長，文永の功により海東郷の地頭となる
	1281	弘安4	弘安の役。菊池武房・竹崎季長らが参戦
	1293	永仁元	竹崎季長，『蒙古襲来絵詞』を作成。鎮西探題設置
南北朝時代	1333	正慶2 元弘3	菊池武時ら，筑前博多の鎮西探題館を攻めるが，少弐・大友氏の離反により敗死(博多合戦)
	1336	建武3 延元元	菊池武敏・阿蘇惟直，筑前多々良浜で足利尊氏に敗北
	1338	暦応元3	菊池武重，「寄合衆内談の事」(菊池家憲)を定める
	1348	貞和4 正平3	征西将軍懐良親王，宇土に到着。その後，菊池へ入る
	1378	永和4 天授4	菊池武朝，九州探題今川了俊(貞世)の軍を託麻原で破る
	1381	永徳元 弘和元	今川了俊の攻撃により，菊池氏の本城(隈府城)陥落
室町時代	1448	文安5	永留(相良)長続，上相良氏を滅ぼして球磨郡を統一(雀ヶ森合戦)
	1451	宝徳3	阿蘇大宮司家が統一される
戦国時代	1477	文明9	菊池重朝，隈府に桂庵玄樹を招き，釈奠の礼を挙行
	1520	永正17	菊池武包，大友義鑑に追われる。大友義長の2男大友重治(のちの菊池義武)，菊池氏家督として隈本城に入城
	1534	天文3	菊池義武，隈本城を大友氏に攻められ，肥前高来に敗走
	1566	永禄9	志岐麟泉，ポルトガル人イエズス会士ルイス・アルメイダを領内に招く
安土・桃山時代	1581	天正9	響ケ原の合戦で相良義陽，阿蘇氏の重臣甲斐宗運(親典)に敗北
	1586	14	島津勢，大宮司阿蘇氏の矢部「浜の館」を攻略。さらに高森惟直の高森城を攻略
	1587	15	豊臣秀吉の九州平定。秀吉，佐々成政を肥後国主とする。これより先に成政，肥後国内に検知指出を命ず。隈部親永，隈府で佐々氏に反抗，国衆一揆に進展
	1588	16	豊臣秀吉，佐々成政に切腹を命ずる。秀吉，肥後国を二分し，北半を加藤清正，南半を小西行長に与える
	1589	17	小西行長，加藤清正の援助を受け天草五人衆を討ち，天草を平定

年表

	1592	文禄元	加藤清正・小西行長ら朝鮮に出陣(文禄の役)
	1597	慶長2	加藤清正・小西行長ら朝鮮に出陣(慶長の役)
江戸時代	1600	5	関ヶ原の戦い。行長、敗れて処刑される。清正、肥後全領(天草・球磨をのぞく)・豊後3郡(海部・大分・直入)54万石を拝領する
	1607	12	隈本新城落成。清正新城に移り、隈本を熊本と改称
	1615	元和元	一国一城令により、南関・内牧・佐敷城を壊す。八代城はとくに存続を許される
	1632	寛永9	幕府、加藤忠広を改易処分。細川忠利、豊前小倉より肥後へ入部
	1637	14	天草・島原の乱
	1638	15	原城落ち、天草・島原の乱終結
	1640	17	人吉藩主相良頼寛、老臣相良清兵衛父子の専横を幕府に訴える。清兵衛、津軽に流罪(お下の乱)
	1641	18	天草が幕府直轄領となる。代官に鈴木重成が任命される
	1643	20	阿部一族の乱がおこる
	1651	慶安4	郷帳を幕府に提出。熊本藩の現高75万3739石余
	1653	承応2	天草代官鈴木重成自刃。前日天草の石高半減を訴え、老中に願い出るという
	1659	万治2	天草の石高が半減され、2万1000石余となる
	1672	寛文12	八代城、落雷により焼失
	1677	延宝5	初めて戸数改めを行う。8万250戸余
	1702	元禄15	旧赤穂藩士大石内蔵助良雄ら17人、江戸の熊本藩下屋敷に預けられる。翌年2月切腹
	1732	享保17	幕府、虫害の西南諸国の大名に拝借金を許す。熊本藩の餓死者6125人
	1748	寛延元	熊本藩主細川重賢による「宝暦の改革」始まる
	1754	宝暦4	熊本城内二の丸に藩校時習館できる
	1756	6	再春館(医学校)・蕃滋園(薬草園)を設ける
	1782	天明2	人吉藩で浄土真宗信徒山田伝助、発覚し殉教
	1786	6	人吉藩の藩校習教館設立
	1792	寛政4	島原温泉岳爆発し、肥後沿岸に津波襲来。熊本藩内流失家屋2252軒、死者5520人、被害甚大
	1805	文化2	天草郡大江・崎津・今富村で、多数の隠れキリシタン発覚
	1810	7	伊能忠敬、天草・肥後領内を測量
	1837	天保8	大塩平八郎の与党のうち10人、熊本藩預かりとなる
	1841	12	人吉藩に茸山騒動(百姓一揆)おこる
	1847	弘化4	天草の百姓、宮田村銀主形右衛門宅などを打ちこわす。以後、2月3日まで打ちこわしは天草全郡に拡大
	1852	嘉永5	矢部惣庄屋布田保之助、通潤橋の工事に着手(1854年完成)

	1853	6	ペリー来航。熊本藩は相模沿岸の警備にあたる
	1858	安政5	横井小楠、越前福井藩主松平慶永(春嶽)に招かれる
	1863	文久3	熊本藩主細川慶順、京都警備につく。人吉藩主相良頼基、内勅を受け、朝廷警備
	1864	元治元	宮部鼎蔵・松田重助ら京都池田屋事件で死亡
	1865	慶応元	人吉藩の洋式派藩士、上意討ちにされる(丑歳騒動)
明治時代	1869	明治2	参与横井小楠、京都で暗殺される。版籍奉還により細川韶邦は熊本藩知事、相良頼基は人吉藩知事となる
	1870	3	実学党による熊本藩政改革始まり(〜1873年)、時習館・再春館・洋学所などを廃止
	1873	6	肥後国全体が白川県となる。安岡良亮、白川県権令として着任。天草郡崎津村で徴兵令反対の血税騒動おこる
	1874	7	県下最初の新聞『白川新聞』(のちの『熊本新聞』)発行される
	1876	9	海老名弾正ら、花岡山で熊本バンド結成。白川県、熊本県となる。神風連(敬神党)の乱おこる
	1877	10	西南戦争(2〜9月)。熊本城天守閣炎上
	1887	20	第五高等中学校開校(のち第五高等学校)
	1889	22	市制町村制により熊本市誕生。国権党結成
	1895	28	ハンナ・リデル、回春病院を設立
	1896	29	夏目漱石、五高教師に赴任
	1900	33	第一・第二済々黌が県立となり、熊本県中学済々黌、熊本県熊本中学校と改称
	1908	41	日本窒素肥料株式会社、水俣で操業開始
大正時代	1917	大正6	三池炭鉱万田坑で、労働争議おこる
	1924	13	清浦奎吾、首相となる
昭和時代	1942	昭和17	民政党系『九州日日新聞』と政友会系『九州新聞』が合併し、『熊本日日新聞』が創刊される
	1945	20	熊本市大空襲。市内の大部分焼失
	1946	21	戦後初の男女普通選挙による衆議院総選挙。熊本からも山下ツネが当選
	1947	22	戦後初の公選知事に桜井三郎当選
	1949	24	国立熊本大学・県立熊本女子大学発足
	1950	25	桜井知事、「球磨川総合開発計画」を表明
	1953	28	集中豪雨により白川大氾濫(死者・行方不明者537人)
	1955	30	球磨川に荒瀬ダム完成
	1956	31	チッソ付属病院の細川一院長ら、水俣保健所に原因不明の奇病発生を報告、水俣病が公式確認される
	1958	33	NHK熊本テレビ局開局
	1959	34	水俣病の原因は有機水銀であると熊大医学部研究班が結論。不知火海沿岸の漁民が総決起大会を開き、2000人が工場に乱入し、

			警官隊と衝突
	1960	35	下筌ダム強制測量始まる
	1964	39	下筌ダムの蜂の巣城強制撤去
	1966	41	建設省(現，国土交通省)，相良村の川辺川ダム建設計画を発表
	1968	43	政府が水俣病を公害認定する。新熊本空港の起工式が行われる
	1973	48	水俣病裁判で判決，患者側全面勝訴。熊本市の太洋デパート火災，死者103人
	1976	51	熊本県立美術館，熊本城二の丸に開館
	1979	54	免田事件再審開始の決定(福岡高裁)
	1980	55	最高裁，免田栄被告の再審確定
	1983	58	免田被告に無罪判決
平成時代	1990	平成2	水俣湾のヘドロ処理事業が終わる
	1993	5	細川護熙，首相となる
	1994	6	熊本女子大学，男女共学の熊本県立大学に再編
	1996	8	建設省・県と球磨郡五木村・相良村との間で，川辺川ダムの本体着工にともなう協定書に調印
	1997	9	水俣湾の仕切り網撤去始まる
	2000	12	県知事選で潮谷義子当選，熊本初の女性知事誕生
	2001	13	大阪高等裁判所が水俣病関西訴訟の控訴審で判決，高裁レベルで初めて水俣病に関する国と県の責任を認定
	2003	15	中球磨5町村が合併して「あさぎり町」となり，「平成の大合併」のスタートを切る。川辺川利水訴訟で福岡高裁は一審判決を覆し，農水省敗訴の判決。黒川温泉(南小国町)のホテルで，ハンセン病元患者の宿泊拒否事件がおきる
	2006	18	天草2市8町が合併した天草市が誕生。94市町村から始まった「平成の大合併」はこれで48市町村となる
	2007	19	熊本城築城400年。熊本市の慈恵病院が「こうのとりのゆりかご」(赤ちゃんポスト)の運用開始
	2008	20	熊本城築城400年記念事業の一環として，本丸御殿が復元される。ハンセン病問題の解決の促進に関する法律(ハンセン病問題基本法)が成立。人吉市の青井阿蘇神社，国宝に指定される。蒲島郁夫知事が，県議会で川辺川ダム建設反対の意向を表明。熊本市と富合町が合併し，市町村数は47になる
	2011	23	九州新幹線鹿児島ルート全線開通。前年に植木町，城南町と合併して，人口が70万人を超えた。熊本市が政令指定都市に移行

【索引】

―ア―
相良寺 …………………………………41
青井阿蘇神社 ……………………248,249
青木磨崖梵字群 ………………………22
赤坂家石倉 …………………………255
阿蘇神社 …………26,82-84,92,182,248
阿高・黒橋貝塚 ……………………172
阿部一族屋敷跡 ……………………106
天草キリシタン館 …………………195
天草市立天草コレジヨ館 ………206,207
天草市立天草ロザリオ館 ………205,206
天草市立五和歴史民俗資料館 ………199
天草市立本渡歴史民俗資料館 ………197
阿弥陀スギ …………………………86,87
安国寺 ………………………………142

―イ―
医王寺 ………………………………228
伊倉南八幡宮・伊倉北八幡宮 ………16,17
井沢権現社 …………………………262
石貫穴観音横穴 ………………………20
石貫ナギノ横穴群 ……………………20
市房山神宮 …………………………278
厳島神社(北区植木町) ………………45
井寺古墳 ……………………………156
稲佐廃寺跡 ……………………………27
稲荷山古墳(熊本市) ………………129
稲荷山古墳(玉名市) …………………13
井口八幡神社 ………………………252
今泉製鉄跡 …………………………225
今村家住宅 …………………………149,150
岩原古墳群 …………………………46
岩原横穴群 …………………………47
岩本橋 …………………………………7,8
岩屋熊野座神社 ……………………257
岩城跡 ………………………………261,262
印鑰神社 ……………………………218

―ウ―
上田家住宅(上田資料館) ……………204
上村城跡 ……………………………260
上村焼窯跡及び灰原 ………260,261,268
宇賀岳古墳 …………………………163
宇城市立郷土資料館 ………………163
内牧 ……………………………79,84,87
宇土城跡(中世・近世) ……………174,176
鵜ノ瀬堰 ……………………………158,159
馬塚古墳 ………………………………39
梅尾城跡 ………………………………9
梅ノ木遺跡 ……………………………69
浦山横穴群 …………………………122
雲巌禅寺(霊巌洞・岩戸観音)
　　　　　　　　………121,135,136,145

―エ―
永安寺東古墳・永安寺西古墳 ………21,22
永国寺 ………………………………249
永尾(剱)神社 ………………………181
江田穴観音古墳 ………………………23
江田熊野座神社 ………………………23
江田船山古墳 …………………………22
江藤家住宅 …………………………71,72
延慶寺(兜梅) ………………………196
円性寺 ………………………187,191,197
円台寺磨崖仏群 ………………………44
円通寺 …………………………………62

―オ―
老神神社 ……………………………250
王宮神社 ……………………………269,270
往生院 ………………………………128
網田焼窯跡 …………………………178
大江義塾跡 …………………………111
大江天主堂 …………………………204-206
大川阿蘇神社農村舞台 ………………162
大権寺跡 ……………………………190
大鞘樋門群 …………………………231
大鼠蔵古墳群 ………………………232
太田家住宅 …………………………275
大津街道杉並木 ………………………68

大津山	25, 26
大戸鼻古墳群	188
大野窟古墳	215
大野貝塚	214
大野下の大ソテツ	18
大浜外嶋住吉神社	18
大宮神社(山鹿市)	35, 40
大村横穴群	248
大矢遺跡	197
大矢野城(中村城)跡	186, 188
岡本家住宅	72
沖ノ原遺跡	199
尾下菅原神社	76
小国両神社	85, 86
雄亀滝橋	167, 168
御大師堂	276
小田良古墳	178
鬼の釜古墳	264, 265
オブサン古墳	36-38

―カ―

甲斐神社	156
岳林寺	135
春日神社(菊池市)	52
桂原古墳	180
堅志田城跡	166
賀庭寺古塔群(賀庭寺跡)	9
加藤清正	12, 14, 17, 21, 28, 51, 68, 69, 71, 77, 79, 85, 98, 100-102, 104, 106-108, 116, 127, 128, 132-135, 139, 142, 146, 148, 156, 158, 159, 176, 195, 202, 224, 229, 238, 239, 240
方保田東原遺跡	39
懐良親王の御陵	224
釜尾古墳	138
上津浦城跡	192
上御倉古墳・下御倉古墳	83
亀塚古墳群1号墳	258
柏木谷遺跡	73
仮又古墳	177
川尻御蔵前船着場跡	148, 150
河尻神宮	149
願行寺	13, 15, 16
観乗寺	190
願成寺	251, 252
含蔵寺	74

―キ―

祇園橋	194
菊池郡衙(郡家)跡	56, 57
鞠智城跡	53
菊池神社	48, 50, 51, 54, 55, 59
菊池の松囃子	50, 51
菊之池跡	55
菊之城(深川城)跡	55, 56
木柑子(双塚)古墳	57
北岡神社	141
北里柴三郎記念館	87
北宮阿蘇神社	56
木山城跡	158
旧天草教育会館本館(天草文化交流館)	194, 195
旧井芹銀行本店(氷川町まちつくり情報銀行)	216
旧井芹家住宅主屋(氷川町まちつくり酒屋)	216, 217
旧大津宿	70
旧国鉄宮原線幸野川橋梁	88
旧国鉄矢岳駅駅長官舎井戸・主屋	266
九州学院高等学校講堂兼礼拝堂	112
九州女学院高等学校本館	119
旧第一銀行熊本支店	108
旧豊前街道	26, 27, 34-37
旧細川刑部邸	103
旧三角海運倉庫(三角築港記念館)	179
旧三角簡易裁判所本館(宇城市国際交流村法の館)	180
旧山江村役場庁舎	253
京ガ峰横穴群	258
経塚・大塚古墳群	28
清浦記念館	40, 41
玉祥寺	52

清原神社	141
金性寺	189
金波楼	234

—ク—

草部吉見神社	75
楠浦の眼鏡橋	196
久玉城跡	207, 208
国越古墳	180
球磨地域農業協同組合第26倉庫(山江倉庫2号)	255
隈庄城跡	172
隈部館跡	41, 42
くまもと文学・歴史館	115, 116
熊本県立鞠智城温故創生館	54
熊本県立装飾古墳館	46, 47, 179
熊本県立玉名高等学校正門・前庭池・本館	12
熊本県立美術館	21, 102, 103, 121, 138, 146-148, 152
熊本城跡(本丸地区, 二の丸・三の丸地区)	98-103
隈本城跡	104, 105
熊本市立熊本博物館(本館・分館)	100, 103, 137, 260
熊本大学(五高記念館)	118, 119, 124, 125, 135
熊本地方裁判所旧庁舎	127
熊本藩主細川家墓所(泰勝寺跡・立田自然公園)	120, 121
熊本藩主細川家墓所(妙解寺跡・北岡自然公園)	120, 141, 142
久米城跡	272, 273
久米若宮古墳	59
倉岳歴史民俗資料館	190
黒松古墳群	60
桑原家住宅	259
郡築三番町樋門(旧郡築新地甲号樋門)	230, 231
郡築神社	231

—ケ・コ—

袈裟尾高塚古墳	53
健軍神社	116, 182
見性禅寺	126
小泉八雲旧居	104
光永寺	128
光行寺	27
甲佐神社	159, 182
孔子堂跡の碑	54
光専寺	36
興善寺廃寺跡	221
轟泉水道	175, 177
神殿原陸軍飛行場跡	260
神瀬鍾乳洞	254-256
神瀬住吉神社	256
幸野溝取水口	277, 278
廣福寺	20, 21, 55
康平寺	45
光明寺跡阿弥陀堂	222
高麗門跡	107
肥猪町官軍墓地	26
郡浦神社	182
五家荘	219, 220
古閑原貝塚	18
虚空蔵塚古墳	23
国照寺	187, 197, 202
国造神社	83, 86
御所浦白亜紀資料館	190, 191
悟真寺	224, 225
小西行長	174, 176, 187, 192, 195, 202, 219, 226, 227, 229
小林虚空蔵堂(黒肥地寺)	270
御領貝塚	172
御霊塚古墳	41
金剛乗寺	34
金福寺	161

—サ—

西巌殿寺	84, 85
才園古墳群	259, 260
西念寺	239, 240

西福寺(菊池市)······················50, 56, 57
西福寺(熊本市)······························109
西福寺古墳群·································37
坂梨····································78, 79, 81
坂本善三美術館······························86
相良家墓地···································252
相良頼景居館跡······························272
下り山須恵窯跡群···························259
﨑津天主堂···································206
桜の上横穴群·································47
桜山神社······································122
佐敷城跡······························236, 238
里宮神社(湯前城跡)························277
三の宮古墳·····································7
三宝寺·································164, 165
ーシー
慈愛園モード・パウラス記念資料館(旧宣教師館)·····································116
ジェーンズ邸(洋学校教師館・日赤記念館)
···114, 125
四王子神社····································10
慈恩寺経塚古墳······························45
志岐城跡······································202
色見熊野座神社······························74
四所神社······································272
実照寺·································237, 238
島田美術館···································134
下岩官軍墓地································27
下筌ダム·································88, 89
下城のイチョウ······························88
霜宮神社······································84
釈迦院··219
シャルトル聖パウロ修道院記念館·······228
寿福寺跡·······································14
殉教公園(本渡城跡)·······················195
春光寺··225
隼鷹天満宮····································78
正覚寺··192
正観寺·······························50, 51, 137
浄業寺古塔群··································4

浄光寺蓮華院跡······························19
浄国寺·······························128, 129, 145
聖護寺跡·································54, 55
正勝寺··24
浄水寺跡(下郷神社)·················165, 166
生善院(猫寺)·································276
勝専坊··215
小岱山······································9, 11, 21
小代焼窯跡群(古小代の里公園)···········11
成道寺··137
正念寺··275
松浜軒(旧熊本藩八代城代浜御茶屋)
···228, 229
勝福寺古塔碑群······················263, 264
正法寺跡······································10
城横穴群······································39
常楽寺··158
正立寺··142
青蓮寺·································270, 271
如見水源·····································222
白川水源······································74
新開大神宮(お伊勢さん)··················148
新宮寺··258
陣内官軍墓地································240
陳内廃寺·····································170
陣ノ内館跡····························159, 160
神風連資料館································122
新深田遺跡(地下式板石積石室墓群)···263
ースー
水前寺成趣園····················112-114, 125, 143
瑞林寺··201
須恵諏訪神社································264
鈴木神社······································197
栖本諏訪神社································191
須屋城跡······································61
栖山観音堂···································269
諏訪神社(上天草市)························187
ーセー
西安寺跡·································27, 28
清源寺跡······································16

清爽園	105, 106
清和文楽館	161, 162
赤松館	236
千金甲古墳群	147
瀬戸口百穴	59
千光寺	89
千人塚古墳群	278

―ソ―

崇円寺	187, 197, 206
宗覚寺	224
蘇古鶴神社	68
曽畑貝塚	174
遜志堂跡	52

―タ―

泰雲寺跡(原泉社跡)	177
大円寺跡	54
大王山古墳第3号	216
大慈寺	125, 126, 150, 152, 157, 173
大信寺	252
大坊古墳(鬼ノカマ)	21
高島舟着場跡	58-60
高瀬船着場跡	14, 15
高瀬眼鏡橋	15
高月官軍墓地	27
高寺院	253
高橋東神社	147
竹迫城(合志城・上庄城)跡	61
高畑赤立遺跡	76, 162
高浜焼窯跡及び灰原	203
高森城跡	74
滝室坂	78, 81
託麻国府跡	115
竹崎城跡	164
竹崎季長	164, 165
田中城跡	26, 27
棚底城跡	189, 190
谷川第1号・第2号古墳	221, 222
田川内第1号古墳	233
田原坂古戦場	43
玉名市立歴史博物館こころピア	16, 17
玉名大神宮	22
多良木町交流館石倉	255

―チ―

千葉城跡	103, 104, 121
チブサン古墳	36-38
池辺寺(跡)	146, 147
長寿寺(木原不動尊)	173
長伝寺跡	164
重盤岩眼鏡橋	238, 239
長明寺坂古墳群	59
鎮道寺	201

―ツ―

通潤橋	7, 80, 160, 167, 217
塚坊主古墳	22
塚原古墳群	171
塚原歴史民俗資料館	171, 172
槻木大師堂	272
付城横穴群	39
筒ヶ嶽城跡	10
つつじヶ丘横穴群	122
蘁嶽城跡	26
津奈木城跡	239
津袋古墳群	41
妻の鼻墳墓群	197

―テ・ト―

鼎春園	157
伝佐山古墳	14
東向寺	187, 197
東禅寺	157
東福寺	50-52
塔福寺	164, 165
徳成寺	27
徳富旧邸(徳富記念館・徳富記念園)	111, 112
徳富蘇峰・蘆花生家	241
十島菅原神社	261
轟水源	177
富岡吉利支丹供養碑	200
富岡城跡	201, 202
冨重写真所	108

豊臣秀吉……26, 83, 102, 104, 133, 143, 156, 176, 215, 227
豊福城跡 …………………………………163, 164
——ナ——
長岩横穴群…………………………………46
長崎次郎書店 ………………………………107
長砂連古墳 …………………………………188
永田隆三郎の法界平等碑 …………………191
中通古墳群 …………………………………84
長野阿蘇神社 ……………………………72, 73
和水町歴史民俗資料館 ……………………22
夏目漱石……28, 79, 110, 112, 114, 115, 118, 124, 125, 127, 135, 137
夏目漱石内坪井旧居 ………………………124
七本官軍墓地 ………………………………44
鍋田横穴 …………………………………36, 38
鍋城跡 ………………………………………270
波野 …………………………………………81
奈良木神社 …………………………………232
楢崎古墳 ……………………………………174
南福寺跡 …………………………………50, 58
南福寺貝塚 …………………………………240
——ニ——
新山八幡神社 ………………………………269
西岡神社 ……………………………………176
西原製鉄遺跡 ………………………………28
日輪寺(赤穂義士遺髪塔) ………………38, 39
二本木神社(西郷本営地跡の碑) …………145
如来寺 ………………………………150, 173, 174
——ノ・ハ——
野津古墳群 …………………………………214
野原八幡宮 ………………………………8, 9
登立天満宮(菅原神社) ……………………186
八景水谷公園 ………………………………129
長谷寺 ………………………………………164
八勝寺阿弥陀堂 ……………………………274
花岡山 …………………………………139, 143
鼻ぐり井手 …………………………………69
花畑屋敷跡 …………………………………106
花房飛行場跡 ………………………………60

繁根木八幡宮 ……………………………12-14
濱田醬油店舗 ………………………………148
浜の館跡 ……………………………………161
早野ビル ……………………………………107
腹切り坂 ……………………………………27
——ヒ——
東嶽城跡 ……………………………………70
氷川町竜北歴史資料館 ……………………218
疋野神社(玉名郡倉跡推定地) ……………12
肥後国分寺跡 ………………………………115
肥後民家村(旧境家住宅・旧上田家住宅)
 …………………………………………22
人吉城跡 …………………………249, 250, 251, 255
日奈久温泉神社 ……………………………233
響ヶ原古戦場 ………………………………166
姫石神社 …………………………………189, 190
平山瓦窯跡 ………………………………232, 233
——フ——
福城寺 ………………………………………168
藤尾支石墓群 ………………………………62
藤崎八旛宮 …………103, 109, 110, 125, 139, 141
豊前街道南関御茶屋跡 ……………………24, 25
二重峠 ………………………………71, 77, 78
二子山石器製作遺跡 ……………………60, 61
二俣五橋 …………………………………166, 168
府本御茶屋跡(荒木家別邸跡) ……………9
古池城跡 ……………………………………58
古麓城跡 ……………………………………225
文政神社 ……………………………………231
——ヘ・ホ——
ぺーが墓(キリシタン墓碑群) ……………198
碧巌寺 ………………………………………59
弁慶ヶ穴古墳 ………………………………39
報恩寺 ………………………………125, 126, 152
芳證寺(御領城跡) ………………………198, 199
法浄寺 ………………………………………219
宝成就寺跡古塔碑群・石仏群 ……………15
宝陀寺観音堂 ………………………………274
北福寺 ……………………………………50, 52, 53
保田木神社(保田木城跡) ………………15, 16

本覚寺	142
本光寺	126
本成寺	230
本妙寺	132-134, 139

—マ—

前田家別邸	28
益田(天草四郎)時貞	186-188, 195
松合郷土資料館	181
松合土蔵白壁群	180, 181
松井神社	228
的石御茶屋跡	78
満願寺	89
満福寺(上益城郡山都町)	161

—ミ—

水島	231, 232
三角西港	179
味噌天神宮	112
御舘御門橋	255
三井石炭鉱業株式会社三池炭鉱旧万田坑施設	6
水俣城跡	239, 240
水俣市立蘇峰記念館(旧淇水文庫)	240
水俣市立水俣病資料館	242
御船城跡	157
御馬下の角小屋(堀内家の屋敷跡)	129, 130
三万田東原遺跡	59
宮崎兄弟の生家(荒尾市宮崎兄弟資料館)	5
宮園のイチョウ	261
宮浦阿蘇神社	237
宮原三神宮	216
宮部鼎蔵旧居跡	124
宮本武蔵	35, 104, 120, 121, 123, 134, 135, 259
妙永寺	142
妙見浦	203
妙見上宮跡	224
明言院	221
明照寺	40
明導寺阿弥陀堂	272-274

明導寺本堂	277
明徳寺	195

—ム—

向野田古墳	174
武蔵塚公園	121, 123
無田原遺跡	71
無量寺	207

—メ・モ・ヤ—

メガロドン化石群産地	256
持松塚原古墳	46
本目遺跡	259
八坂神社(旧唐崎神社)	56
八勢眼鏡橋	158
八千代座	34, 36
八代市東陽石匠館	217, 219
八代城(白鷺城・松江城)跡	226, 227
八代市立博物館未来の森ミュージアム	229
八代神社(妙見宮)	222-225
柳町遺跡	16
矢野家住宅	72
山鹿市立博物館	36-38
山鹿灯籠民芸館(旧安田銀行山鹿支店)	34
山口の施無畏橋	196
山崎練兵場跡	106
山田大王神社	253
山田日吉神社	19

—ユ・ヨ—

湯町橋	38, 39
湯山城跡	278
横井小楠記念館(四時軒)	117
四ツ山古墳	5

—ラ・リ—

来迎院	144, 145
来光寺	17
楽行寺	254
リデル・ライト両女史記念館(旧熊本回春病院らい菌研究所)	121, 122
利明寺	191
龍驤館	179

レ・ロ

霊台橋……………………80, 167, 168
蓮花寺跡古塔碑群 ……………………272
蓮台寺 ……………………………145, 146
六反製鉄跡……………………………21
六殿神社 ……………………………173
六嘉神社 ……………………………156

ワ

隈府城(雲上の城・守山城)跡 ………48, 49
若宮古墳……………………………………23

【執筆者】(五十音順，執筆時)

編集委員長
瀬尾友信 せおとものぶ(県立玉名高校)

編集委員
粟谷昌史 あわたにまさし(県立第二高校)
高野茂 たかのしげる(県立南関高校)
森川英司 もりかわえいじ(県立荒尾養護高校)

執筆者
大塚正宏 おおつかまさひろ(県立済々黌高校)
岡本真也 おかもとしんや(教育庁文化課)
奥田和秀 おくだかずひで(県立八代高校)
北村誠司 きたむらせいじ(県立氷川高校)
古閑千尋 こがちひろ(県立教育センター)
坂本憲昭 さかもとのりあき(県立東稜高校)
瀬口和弘 せぐちかずひろ(県立熊本高校)
堤克彦 つつみかつひこ(菊池女子高校)
濱田彰久 はまだあきひさ(県立鹿本高校)
松下宏則 まつしたひろのり(教育庁学校人事課)
水野哲郎 みずのてつろう(県立八代東高校)
溝辺浩司 みぞべこうじ(教育庁文化課)
山下義満 やましたよしみつ(教育庁文化課)

【写真所蔵・提供者】(五十音順，敬称略)

青井阿蘇神社
あさぎり町総務課
あさぎり町教育委員会
芦北町商工観光課
阿蘇市観光協会
阿蘇市商工観光課
天草市牛深支所商工観光係
天草市教育委員会
天草切支丹館
荒尾市商工観光課
出水神社
植木町役場
宇城市総合政策課
宇土市教育委員会
宇土市役所
雲巌禅寺
江藤武紀
大津町教育部生涯学習課
小国町　熊本県観光物産課
(株)システム工房
(株)城野印刷所
上天草市商工観光課
含蔵寺
菊池市教育委員会
菊陽町総合政策課
球磨村役場商工観光係
熊本県
熊本県観光交流国際課
熊本県教育委員会
熊本県教育庁文化課
熊本県立装飾古墳館
くまもと工芸会館館長
　宅野雄二朗
熊本市観光政策課
熊本市教育委員会
熊本城総合事務所
熊本市立熊本博物館
熊本大学五高記念館坂
　本徹
熊本日日新聞
合志市教育委員会
相良村役場
(社)天草宝島観光協会
浄国寺
城南町歴史民俗資料館
大慈寺
東京国立博物館所蔵・
　Image:TNM Image
　Archives Source
和水町教育委員会
錦町企画観光課
西日本新聞社
日輪寺
氷川町教育委員会
氷川町役場
人吉温泉観光協会
人吉観光振興課
日奈久温泉金波楼
報恩寺
本妙寺
八代市教育委員会
八代市立博物館未来の森
　ミュージアム
山鹿市観光課
山都町役場
苓北町役場
六殿神社

本書に掲載した地図の作成にあたっては，国土地理院長の承認を得て，同院発行の2万5千分の1地形図，5万分の1地形図及び20万分の1地勢図を使用したものである(承認番号　平21業使，第35-M044922号　平21業使，第36-M044922号　平21業使，第37-M044922号)。

歴史散歩㊸
くまもとけん　れきしさんぽ
熊本県の歴史散歩

| 2010年2月25日　1版1刷発行　　2020年5月25日　1版3刷発行 |

編者────熊本県高等学校地歴・公民科研究会日本史部会
発行者───野澤伸平
発行所───株式会社山川出版社
　　　　　〒101-0047　東京都千代田区内神田1-13-13
　　　　　電話　03(3293)8131(営業)　　03(3293)8135(編集)
　　　　　https://www.yamakawa.co.jp/　　振替　00120-9-43993
印刷所───株式会社加藤文明社
製本所───株式会社ブロケード
装幀────菊地信義
装画────岸並千珠子
地図────株式会社昭文社

Ⓒ　2010　Printed in Japan　　　　　　　　ISBN 978-4-634-24643-0
・造本には十分注意しておりますが，万一，落丁・乱丁などがございましたら，
　小社営業部宛にお送りください。送料小社負担にてお取り替えいたします。
・定価は表紙に表示してあります。

熊本県全図

凡例
- 都道府県界
- 市郡界
- 町村界
- JR線路
- 高速道路
- 有料道路
- 国道
- 県庁

縮尺 1:720,000　0　8　16km